Klartext

Michael Weier, Rainer Schlautmann (Hg.)

Oberhausen entdecken

7 Rundgänge und 1 Fahrradtour

Textredaktion: Eckhard Piennak, Rainer Schlautmann, Michael Weier
Bildredaktion: Rainer Schlautmann

Die Herausgeber danken dem Stadtarchiv Oberhausen, das einen großen Teil der Abbildungen zur Verfügung gestellt hat.
Der Abdruck der Kartenausschnitte erfolgt mit freundlicher Genehmigung der Stadt Oberhausen, Fachbereich Vermessung und Kartografie.

Die Umschlagabbildung zeigt den Gasometer Oberhausen
(Foto: Rainer Schlautmann, Oberhausen).

Künstlerische Umschlagbearbeitung: Klaus D. Schiemann, Mülheim

CIP-Titelaufnahme der Deutschen Bibliothek

Oberhausen entdecken: 7 Rundgänge und 1 Fahrradtour / Michael Weier, Rainer Schlautmann (Hg.). –
1. Aufl. – Essen : Klartext-Verl., 2001
ISBN 3-88474-893-9
NE: Weier, Michael [Hrsg.]

1. Auflage April 2001
Satz und Gestaltung: Achim Nöllenheidt
Druck: Koninklijke Wöhrmann, Zutphen / NL
© Klartext Verlag, Essen 2001
Alle Rechte vorbehalten
ISBN 3-88474-893-9

Inhalt

Hilmar Hoffmann
Vorwort 10

Gerburg Jahnke
Vorwort 11

Alexandra Stößel
Alt-Oberhausen:
Das Dreieck zwischen Bahnhof, Altmarkt und Galgenberg 13

Milena Karabaic
„Mit 'nem Bahnhof fängt alles an;
die anderen kommen dann schon von selbst." 15

Daniel Stemmrich
Eisen und Stahl erzählen ihre Geschichte 20

Axel Biermann
Urlaub in Oberhausen? 30

Barbara Tünnemann
Filme für Ungeduldige:
Internationale Kurzfilmtage Oberhausen 35

Claudia Leyendecker, Eckhard Piennak
Lipperfeld: Ausblick und Durchblick auf Tempelchen,
Henkelmänner und einen Gläsernen Menschen 41

Christine Ferreau
„Gute Hoffnung in Oberhausen":
Von der Eisenhütte zum Weltkonzern 46

Claudia Bruch
Moderne Industriearchitektur für Schrauben und Schreibpapier:
Das Peter-Behrens-Hauptlagerhaus 52

Anette Kolkau
IBA Emscher Park: Impulse für den Wandel des Ruhrgebiets 57

Rainer Schlautmann
**Ab durch die Neue Mitte –
eine Zeitreise von vorgestern bis übermorgen**......................... 63

Caroline Schumacher-Kethler
Schloß Oberhausen: Ort der schönen Künste
und lebenslanger Entscheidungen... 66

Rainer Schlautmann
Gasometer Oberhausen – die Renaissance eines Relikts.................... 74

Roswitha Czajkowski
Der Rhein-Herne-Kanal – die „kumpelriviera"............................. 79

Sabine Deckers
Osterfeld: Ein Stück Westfalen im Rheinland.......................... 86

Katja Illmann
Burg Vondern: Chronik einer Wasserburg in der Emscherniederung........... 87

Burkhard Zeppenfeld
St. Antony-Hütte – die Wiege der Ruhrindustrie........................... 92

Sabine Deckers
„Für Herz und Lunge" – der Revierpark Vonderort......................... 96

Michael Weier
Oberhausen blüht auf! - Neue Gärten auf alten Industrieflächen.............. 100

Roland Günter
„Die Helden von Eisenheim"... 103

Johann Grohnke
Der Fischhändler... 115

Klaus Bielecki
Sterkrade: Die Nonnen, die Hütte und der Rabe....................... 119

Roswitha Czajkowski
Die Halde lebt!.. 122

Axel Hoppe
Die Oberhausener Straßenbahn – angeschafft, abgeschafft, wiederentdeckt 129

Monika Elm
Holten: Steine erzählen Geschichte 139

Monika Elm
Von tollkühnen Männern und fliegenden Kisten. 150

Roswitha Czajkowski
Die Emscher: Schwarz – Braun – Blau? Wird geklärt!. 154

Karl-Heinz Rochlitz
Wo das Ruhrgebiet zu Ende ist
Eine Radtour von Oberhausen-Holten nach Wesel 156

Rainer Schlautmann
Friedensdorf International – Hilfe für Kinder in Not 158

Werner Becker
„Ja, wo laufen sie denn?" – Auf der Trabrennbahn Dinslaken! 162

Praktische Hinweise und Tips 168

Quellen und weiterführende Literatur 170

Abbildungsverzeichnis 172

Autorenverzeichnis 173

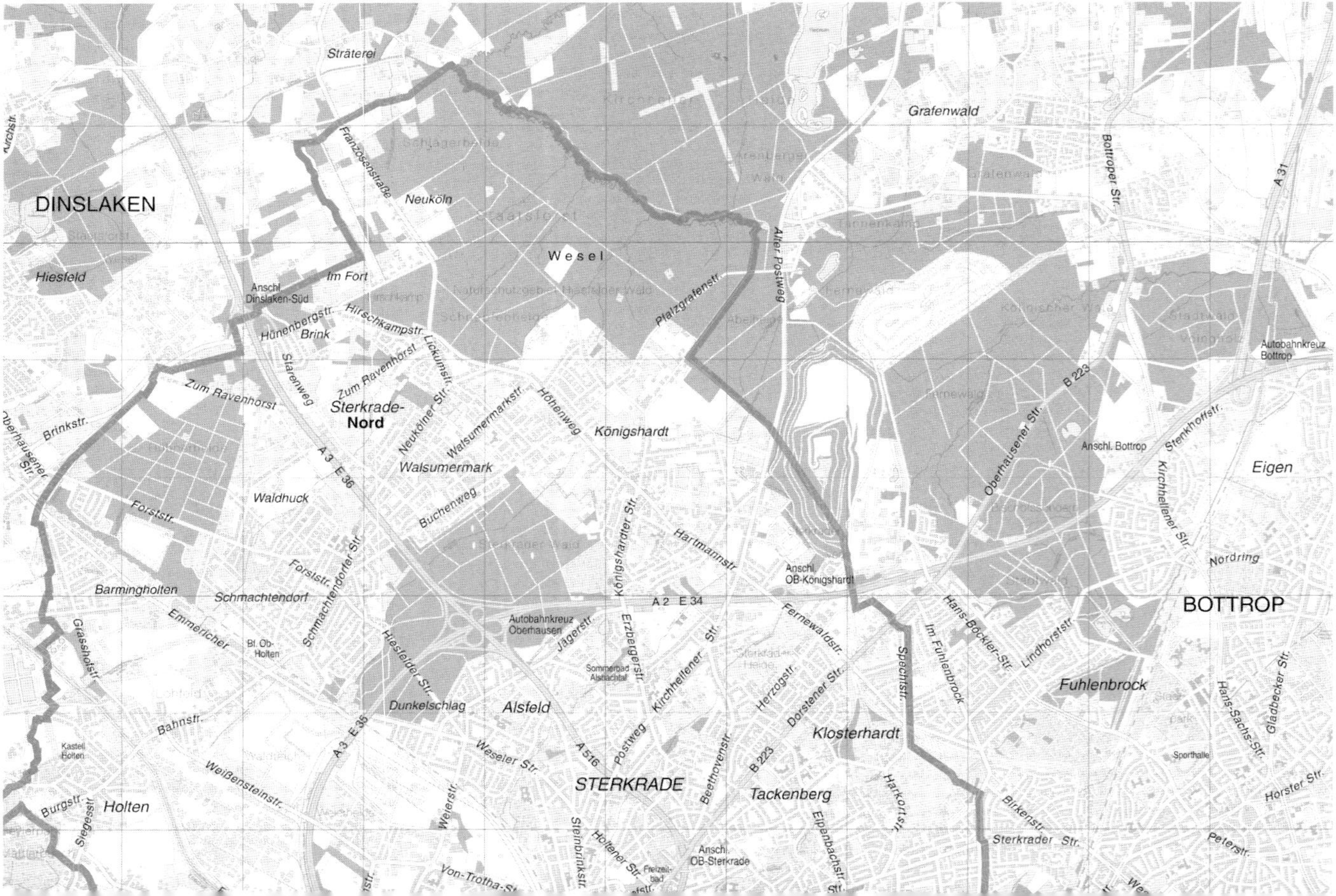
DINSLAKEN
Hiesfeld
Sträterei
Franzosenstraße
Neukölln
Wesel
Grafenwald
Bottroper Str.
A 31
Alter Postweg
Pfalzgrafenstr.
Im Fort
Anschl. Dinslaken-Süd
Hünenbergstr.
Brink
Hirschkampstr.
Lickumstr.
Starenweg
Zum Ravenhorst
Sterkrade-
Nord
Neukölner Str.
Walsumermarkstr.
Höhenweg
Königshardt
Walsumermark
Brinkstr.
Oberhausener Str.
A 3 E 36
Waldhuck
Buchenweg
Forststr.
Königshardter Str.
Hartmannstr.
Schmachtendorfer Str.
Barmingholten
Schmachtendorf
A 2 E 34
Anschl. OB-Königshardt
Autobahnkreuz Oberhausen
Jägerstr.
Erzbergerstr.
Sommerbad Alsbachtal
Kirchhellener Str.
Emmericher
Bf. Ob-Holten
Grasshofstr.
Hiesfelder Str.
Dunkelschlag
Alsfeld
Herzogstr.
Dorstener Str.
Fernewaldstr.
Spechtstr.
Im Fuhlenbrock
Hans-Böckler-Str.
Lindhorststr.
Fuhlenbrock
Klosterhardt
Bahnstr.
Kastell Holten
A 3 E 35
Weseler Str.
A 516
Postweg
B 223
Beethovenstr.
Tackenberg
Harkortstr.
Weißensteinstr.
STERKRADE
Burgstr.
Holten
Siegesstr.
Weierstr.
Steinbrinkstr.
Holtener Str.
Freizeitbad
Anschl. OB-Sterkrade
Eibenbachstr.
Birkenstr.
Sterkrader Str.
Von-Trotha-Str.
Oberhausener Str.
B 223
Anschl. Bottrop
Stenkhoffstr.
Kirchhellener Str.
Eigen
Nordring
Autobahnkreuz Bottrop
BOTTROP
Hans-Sachs-Str.
Gladbecker Str.
Sporthalle
Horster Str.
Peterstr.

OBERHAUSEN
NEUE MITTE
ALT - OBERHAUSEN
DUISBURG
ESSEN
MÜLHEIM
MEIDERICH
Vonderort
Schmidthorst
Neumühl
Buschhausen
Borbeck
Dellwig
Frintrop
Dümpten
Bedingrade
Lirich
Obermeiderich
Alstaden
Styrum
Winkhausen
Duissern
A 42
A 40
A 3 E 35
A 59
B 231
B 223
B 8
Rhein - Herne - Kanal
Emscher
Ruhr
Ruhrwiesen
Mülheimer Str.
Essener
Osterfelder Str.
Dellwiger Str.
Frintroper Str.
Danziger Str.
Ruhrorter Str.
Duisburger Str.
Buschhausener Str.
Alstadener Str.
Essen-Steeler-Str.
Emmericher Str.
Westfälische Str.
Bottroper Str.
Ripshorster Str.
Falkensteinstr.
Ebertstr.
Hansastr.
Concordiastr.
Fr.-Karl-Str.
Landwehr
Ohrenfeld
Steinkampstr.
Fritz-Thyssen-Str.
Ruhrschnellweg
Emscherschnellweg
Anschl. OB-Zentrum
Anschl. OB-Eisenheim
Anschl. OB-Osterfeld/Neue Mitte
Anschl. OB-Buschhausen
Anschl. OB-Lirich
Anschl. OB-Alstaden
Anschl. MH-Styrum
Anschl. MH-Dümpten
Anschl. MH-Winkhausen
Anschl. DU-Neumühl
Anschl. DU-Kaiserberg
Autobahnkreuz Oberhausen-West
Autobahnkreuz DU-Kaiserberg
Autobahnkreuz Duisburg
Gasometer
Radio NRW
Theater
Rathaus
© Stadt Oberhausen -Bereich 5-2-10

Hilmar Hoffmann

Vorwort

Die alte Ruhrgebietskulisse existiert nicht mehr. Was für mich, der in Oberhausen aufgewachsen ist und hier wichtige Jahre beruflicher Tätigkeit verbracht hat, für das äußere Bild dieser Stadt kennzeichnend war, ist verschwunden. Von dem Dutzend luftiger Fördergerüste aus soliden Kreuz- und Querstreben aus Stahl zeugen nur noch wenige von der einstigen Bedeutung der Kohle im Revier.

So wie einige von ihnen zum Baudenkmal wurden, so steht auch der Wasserturm längst unter Denkmalschutz. Eines der letzten noch stehenden Fördergerüste ist Teil der Landesgartenschau, und der alles beherrschende Gasometer ist auf bezeichend symbolische Weise zu einem einzigartigen modernen Ausstellungsort geworden. In seiner gewandelten Funktion mag er uns Zeichen für den Wandel sein, dem Oberhausen und das Revier unterworfen sind.

Die erwähnte Ruhrgebietskulisse ist denjenigen unvergeßlich, die mit ihr groß geworden sind. Sie war für ganz Deutschland Zeichen einer Industrieregion, die mit Rauch, Staub und Hochofenglut den industriellen Wohlstand sicherte. Diese Kulisse aber war ja selbst kaum hundert Jahre alt. Im Rhythmus der Zeit war ihre Entstehung für die Menschen des 19. Jahrhunderts in gleicher Weise eine Herausforderung wie für die heutigen Bewohner.

Die heutige Neuorientierung ist nicht mehr in gleicher Weise von der Euphorie des Wachstums geprägt wie zu Zeiten der Industrialisierung. Da lohnt es sich, Oberhausen auch in seiner historischen Vielfalt wieder zu entdecken. Alle Historische Spurensuche nimmt ja ihren Ausgang in der Gegenwart, wenn auch mit den unterschiedlichsten Motiven. In der jüngeren Vergangenheit war viel davon die Rede, daß die Geschichte kompensatorischen Ausgleich für zu schnelle Veränderungen liefern solle. Aber soll die Selbstvergewisserung in der Vergangenheit nur die Wunden heilen, die andere geschlagen haben, oder soll sie mit ihren Befunden und Beispielen aus der Vergangenheit auch die Phantasie anregen für den Umgang mit der Gegenwart?

Ich denke, wenn wir intensiver darüber nachdenken, wie wir in Zukunft leben wollen, wird die Begegnung mit der Geschichte als dem Feld der Vielfalt menschlicher Möglichkeiten uns manch beindruckendes Erlebnis bieten können. Dieses Buch wird vielen aus Oberhausen und vielen Besuchern dieser Stadt dabei helfen können.

Gerburg Jahnke

Vorwort

Je langsamer man sich bewegt, um so mehr sieht man.

Oberhausen kann man in neun Minuten schaffen, ohne den üblichen Stau auf der Mülheimer Straße. Was hat man gesehen? Vielleicht, daß das Schloß irgendwie rosa ist, daß ein gewisses Möbelhaus immer nur ein „paar hundert Meter" entfernt ist und mehrere Tankstellen. Schwupp, ist man in der nächsten Stadt. Von der man genausowenig mitbekommt.

Manchmal, wenn wir von einer Tour nach Hause kommen, versuche ich mir vorzustellen, was ein Fremder denken mag, der in diese Stadt kommt. Oberhausen öffnet sich nicht einfach so, macht es einem Fremden nicht leicht. Vielleicht bleibt sein Blick am Gasometer hängen, vielleicht hat er das Glück, einen dieser verzaubernden Sonnenuntergänge über der A 42 zu sehen, und vielleicht landet er vor dem Ebertbad, um bei einem Glas Wein auf den Springbrunnen zu blicken. Aber wenn er Pech hat, regnet es, er verfährt sich und muß auf der oberen Marktstraße nach dem Weg fragen.

Ein bißchen bin ich selbst fremd in meiner Stadt. Ich bewege mich mit dem Auto, zu schnell, um was zu sehen. Letztens, als meine Nichte zu Besuch war, die sich mit fast vier Jahren lieber zu Fuß und sehr, sehr langsam bewegt, habe ich gestaunt über die kleinen Plätze, die grünen Ecken, die Fußwege, die meinem hektischen Blick bislang verborgen geblieben waren.

Also: Bremsen wir, steigen wir aus, werden wir zur Schnecke und gucken uns Oberhausen mal ordentlich an. Daß man bei der Gelegenheit auch etwas über die Geschichte der Stadt erfährt, die wir besuchen oder in der wir leben und arbeiten, kann ja nicht schaden. Darum machen Sie sich auf den Weg und entdecken Oberhausen.

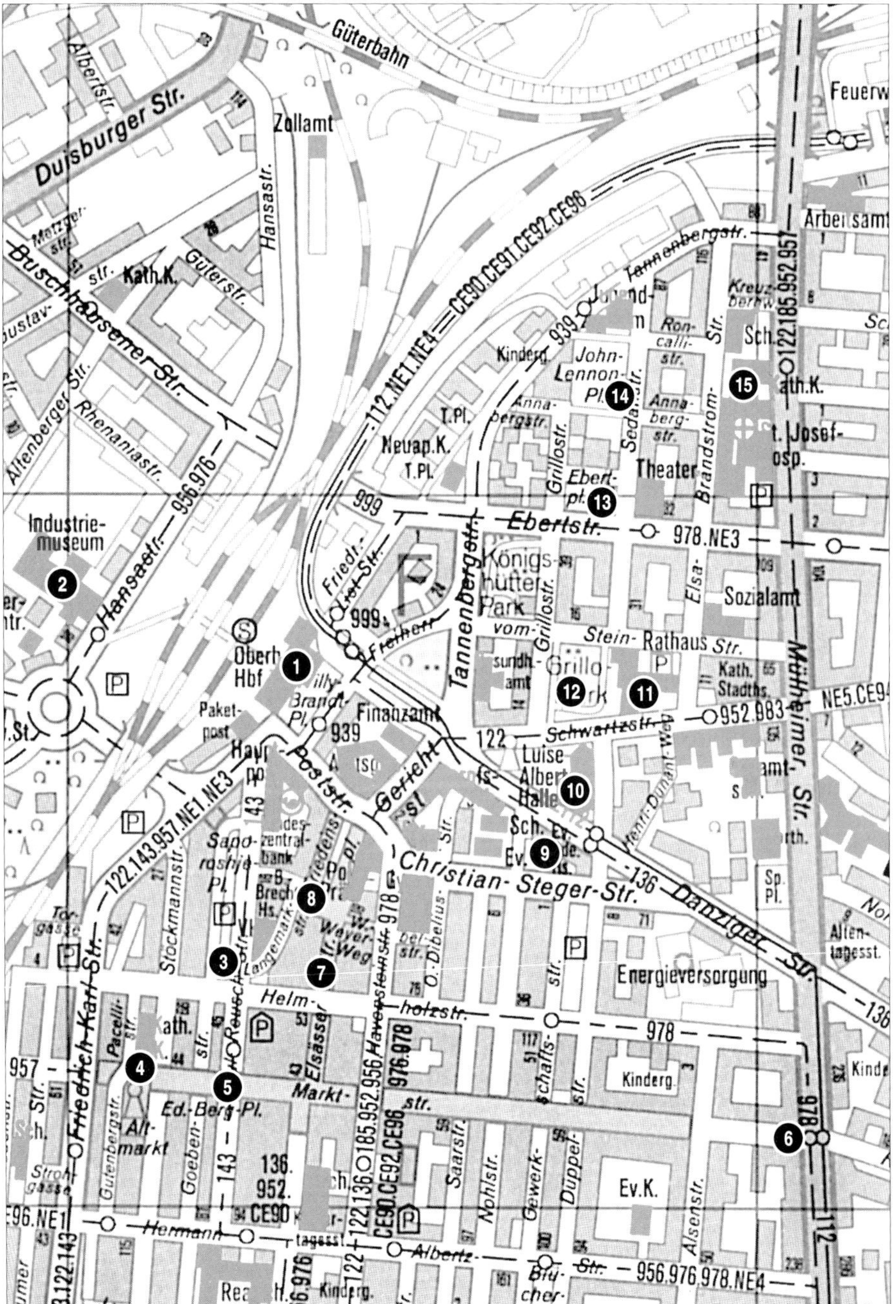
Güterbahn
Duisburger Str.
Zollamt
Hansastr.
Güterstr.
Kath.K.
Buschhausener Str.
Rhenaniastr.
Altenberger Str.
Industrie-
museum
Hansastr.
956.976
CE90.CE91.CE92.CE96
112.NE1.NE4
Tannenbergstr.
Feuerw
Arbeitsamt
122.185.952.957
Kinderg.
John-
Lennon-
Pl.
Roncallistr.
Annabergstr.
Sedanstr.
Brandstromstr.
Sch.
Kath.K.
St. Josef-
Hosp.
Neuap.K.
T.Pl.
Grillostr.
Ebertpl.
Theater
999
Ebertstr.
978.NE3
Königshütter
Park
Tannenbergstr.
Sozialamt
Elsa-
Stein-
Rathaus Str.
Friedr.-List-Str.
Freiherr-vom-
Oberh
Hbf
Willy-
Brandt-
Pl.
Finanzamt
Paket-
post
939
Gesundh.
amt
Grillo-
Park
Kath.
Stadths.
NE5.CE94
952.983
122
Schwartzstr.
Luise-
Albertz-
Halle
Poststr.
Gericht
Sch.
Ev.
Henri-Dunant-Weg
Mülheimer Str.
Sandroshije-
Pl.
Landeszentral-
bank
B.-
Brecht-
Hs.
Christian-Steger-Str.
Danziger Str.
136
122.143.957.NE1.NE3
Stockmannstr.
Langemarkstr.
W.-
Weyer-
Weg
Havensteinstr.
978
O.-Dibelius-
str.
Energieversorgung
Alten-
tagesst.
Sp.
Pl.
Torgasse
Friedrich-Karl-Str.
Helmholtzstr.
Pacellistr.
Kath.
K.
Reuschstr.
Elsässer
Marktstr.
976.978
Wirtschaftsstr.
Kinderg.
957
Ed.-Berg-Pl.
Altmarkt
Gutenbergstr.
Goebenstr.
143
136.
952.
CE90
185.952.956
122.136
CE90.CE92.CE96
Saarstr.
Nohlstr.
Gewerkstr.
Düppelstr.
Ev.K.
Alsenstr.
Strohgasse
CE96.NE1
NE3.122.143
Hermann-
Albertz-
Str.
956.976.978.NE4
Styrumer
J.-
Kampert-
Str.
Kinderg.
Blücherpl.
Blücherstr.
112
Bau
1
2
3
4
5
6
7
8
9
10
11
12
13
14
15

Alexandra Stößel

Alt-Oberhausen: Das Dreieck zwischen Bahnhof, Altmarkt und Galgenberg

Ausgangspunkt: *Hauptbahnhof Oberhausen*

Endpunkt: *Haltestelle Arbeitsamt (Straßenbahn 112, Busse CE 90, CE 91, CE 92, CE 96)*

Dauer: *2-3 Stunden*

Der Rundgang durch die alte Mitte Oberhausens ist eine Reise durch 150 Jahre industrielle und städtische Entwicklung im Zeitraffer. Auf den Spuren der Pioniere von Eisen, Stahl und Kohle gilt es Alt-Oberhausen zu entdecken.

Ausgangspunkt ist der **Hauptbahnhof (1)**; er ist markantes und signifikantes Zeichen der Oberhausener Stadtgeschichte. Mit ihm und seiner Eröffnung am 15. Mai 1847 beginnt der Aufstieg und Wandel einer Stadt, die bis zum Bau des Bahnhofs bzw. der Köln-Mindener Strecke noch gar keine Stadt war, sondern vielmehr eine Heidelandschaft. Erst 1862 wurde die Landgemeinde Oberhausen gegründet, die 1874 die Stadtrechte erhielt. Das heutige Stadtgebiet entstand durch den Zusammenschluß der bis dahin selbständigen Städte Sterkrade, Osterfeld und Oberhausen im Jahr 1929. Rund 225.000 Einwohner zählt Oberhausen heute und erreicht damit eine Einwohnerzahl, die sich kaum von der des Jahres 1929 (200.000 Einwohner) unterscheidet. Der Bahn, die den Transport von Eisen, Kohle und Stahl im nördlichen Ruhrgebiet möglich machte, ist also Oberhausen zu verdanken – oder, um es mit den Worten des ehemaligen Direktors der Gutehoffnungshütte, Karl Lueg, auszudrücken: „Oberhausen ist ein Kind der

Eisenbahn." Als solches hatte es sich schon Ende des 19. Jahrhunderts mit einem repräsentativem Bahnhof im historisierenden Stil der Gründerzeit ein stattliches Denkmal gesetzt, das 1888 eröffnet wurde. Das heutige Bahnhofsgebäude wurde 1934 fertiggestellt (1938 wurde der letzte Bahnsteig in Betrieb genommen) und entwickelte sich in rasantem Tempo zu einem der bedeutendsten Verkehrsverbindungen, dem „Eisenbahnknotenpunkt Oberhausen". Geschichte schrieb das

Eingangsbereich des Hauptbahnhofs, um 1934

Oberhausener Verkehrsleben auch 1897, als hier die Straßenbahn als erster städtischer Verkehrsbetrieb in Deutschland ihre Fahrt aufnahm. Unübersehbar ist auch heute noch der 32 Meter hohe Wasserturm, der in der Ära der Dampflok die Wasserversorgung des gesamten Bahnhofs sicher stellte. Zugleich ist er auch Uhrenturm, der nunmehr wie die gesamte Fassade denkmalgerecht erneuert ist. Auffallend und für die Architektur Alt-Oberhausens signifikant ist die nüchterne

Empfangshalle, um 1934

Wartesaal, um 1934

Milena Karabaic

„Mit 'nem Bahnhof fängt alles an; die anderen kommen dann schon von selbst."

Treffender als mit diesem Zitat aus dem Italo-Western „Spiel mir das Lied vom Tod" läßt sich die Situation in der öden Gegend nahe des kleinen Adelssitzes namens Oberhausen im Jahr 1847 kaum beschreiben. Vergleichbar „amerikanischen Verhältnissen" verläuft hier die Besiedlung. Aber nicht rauchende Colts, sondern die ersten rauchenden Fabrikschlote und die Rauchwolke der Köln-Mindener Eisenbahn, die am 15. Mai 1847 zum ersten Mal in den Bahnhof Oberhausen einläuft, sorgen für folgenreiche Entscheidungen.

Was passiert in der trostlosen Heidelandschaft um den Bahnhof ohne Stadt, nachdem die Jubelrufe des Festzuges verklungen sind und der Qualm der Lokomotiven sich langsam aufgelöst hat? Die Heide boomt. Im Zuge von Eisenbahn und Industrie entwickelt sich eine Stadt: Oberhausen – Schienen, Schranken und Übergänge markieren ihr Erscheinungsbild.

Die 1845 durch die Köln-Mindener Eisenbahngesellschaft festgelegte Streckenführung zwischen Köln und Minden über Oberhausen – entlang der Rheinebene und Emscherniederung – passierte im Bereich der heutigen Stadt Oberhausen dünnbesiedeltes Gebiet. Hier gab es lediglich die Bauernschaften Lippern und Lirich; die größten Ansiedlungen im Umland waren die Kirchdörfer Sterkrade und Osterfeld. In ihrer unmittelbaren Nachbarschaft befanden sich die Werke der Hüttengewerkschaft und Handlung Jacobi, Haniel & Huyssen (JHH). Das Unternehmen fertigte neben gußeisernen Produkten für den täglichen Bedarf bereits Dampfmaschinen und Kräne sowie Eisenbahnmaterial, wie z.B. Schienen, Schwellen und ganze Lokomotiven. Mit Nachdruck hatte sich der bei den Eisenbahnunternehmen und bei Regierungsstellen einflußreiche Unternehmer und Miteigentümer der JHH, Franz Haniel, für die Führung der neuen Eisenbahnlinie durch die Lipper-Liricher Heide und die Einrichtung eines Haltepunktes eingesetzt. Das war nur zu verständlich: Ein Bahnhof in der Nähe der Eisenhütten und seines Kohlenhandels in Ruhrort versprach Gewinn.

Für die Köln-Mindener Eisenbahngesellschaft lag diese öde Gegend strategisch günstig, um hier einen Verkehrsknotenpunkt anzulegen: Sie plante Zweigbahnen nach Ruhrort zum dortigen Hafen (eröffnet am 14. Oktober 1848), in die Niederlande (Eröffnung der Strecke nach Arnheim am 1. Juli 1856) und nach Mülheim an der Ruhr. Diese Verbindung kam jedoch nicht zustande, sondern wurde 1862 von der Bergisch-Märkischen Eisenbahn angelegt.

In den folgenden Jahrzehnten vollzog sich auf der ehemals stillen Heide ein ungeheures Wachstum von Eisenbahn und Industrie. Neben der Köln-Mindener Eisenbahn unterhielten hier nun auch die Bergisch-Märkische Eisenbahn und die Rheinische Eisenbahn eigene Bahnhöfe, Betriebswerke und andere Funktionsgebäude. Schon kurz nach Inbetriebnahme mußte der Bahnhof Oberhausen aufgrund des ständig ansteigenden Schienenverkehrs erweitert werden. Das provisorische Stationshaus aus Fachwerk ersetzte ab 1855 ein massives Gebäude: „... im Mittelbau dreistöckig in den beiden Seitenflügeln zwiestöckig und mit einer von Eisen und Glas konstruierten Perronhalle." Das Fachwerkgebäude wurde abgetragen „und auf einer anderen Stelle mit Unterkellerung aufgestellt und zu einer Dienstwohnung in Verbindung mit Bureau, Werkstätten und Magazinen für die Verwaltung der elektromagnetischen Telegraphenlinien eingerichtet".

In den folgenden Jahren wurde das Gelände um das Stationsgebäude durch weitere Betriebsanlagen – Lokschuppen, Schmiede, Reparaturwerkstätten – erweitert. Der Geschäftsbericht der Köln-Mindener Eisenbahngesellschaft von 1863 setzt weitere, zukunftsträchtige Weichenstellungen: Mit dem Bau einer Umgehungsbahn mit Anschluß an die Ruhrorter Zweigbahn zur „Entlastung der Station Oberhausen, welche täglich über 100 fahrplanmäßige Züge resp. Maschinen zu passiren haben."

Die Köln-Mindener Eisenbahn bildete nicht nur das materielle Rückgrat des aufstrebenden Industriestandorts, sondern kümmerte sich auch um das Seelenheil ihrer zahlreichen Arbeiter und Beamten mitsamt ihren Familien: Mit der Schenkung eines Grundstücks an der Bahntrasse – im Kreuzungsbereich der Oberhausen-Mülheimer Chaussee – ermöglichte sie bereits Mitte der 1850er Jahre den Bau der „Heidekirche". Ein Teil des liturgischen Geräts wurde der Kirchengemeinde 1857 gestiftet: Der vergoldete Kelch von den Kiesarbeitern der Köln-Mindener Eisenbahn, ein Brustkreuz für Versehgänge von den Beamten der Bahnstation Oberhausen.

Mit der erhöhten Transportkapazität und dem Materialbedarf der Eisenbahn expandierte die Industrie. Um den Bahnhof Oberhausen herum siedelten sich zahlreiche neue Fabriken an, Schachtanlagen nahmen ihren Betrieb auf. Im Norden der Stadt etablierte sich eine breite Industriezone. Das gesamte Stadtgebiet war von Industrieflächen durchsetzt. Werkseisenbahnen verbanden die einzelnen Betriebsstätten miteinander.

Schranken und Bahndämme bestimmten das Bild der Stadt. Verkehrsfluß und Stadtentwicklung waren stark beeinträchtigt: „Überall Schienen! Man kann es gar nicht begreifen was all die Bahnen sollen", so beschreibt der zeitgenössische Schriftsteller Wilhelm Schäfer seinen Eindruck von der Stadt.

Angesichts der beschränkten Möglichkeiten entwarf die mit der Gemeindegründung im Jahre 1862 eingerichtete Ortsverwaltung umgehend Pläne für die weitere Entwicklung der Stadt. Doch trotz mehrerer Anläufe, im geteilten Ort durch die Anlage eines Zentrums stadtplanerische und infrastrukturelle Akzente zu setzen, blieb das Ergebnis unzureichend.

Die Verstaatlichung der Eisenbahngesellschaften ab 1879 ließ eine Verbesserung der Situation erhoffen. Die Stillegung überflüssiger Parallelstrecken und der Bau von Unterführungen im Ortskern ließ die Stadt allmählich zusammenwachsen. Begünstigt wurde diese Entwicklung zudem durch den Konkurs der Styrumer Eisenindustrie AG, die mit ihrem Werksgelände inmitten der Stadt den Ausbau dieses Bereichs blockiert hatte. Mit der Eingemeindung von Sterkrade und Osterfeld erfuhr die Entwicklung der Stadt Oberhausen 1929 einen weiteren Impuls. Die Bahn war frei für einen neuen, repräsentativen Hauptbahnhof. Der Bau eines neuen Empfangsgebäudes – sowie anderer wichtiger öffentlicher Bauten – verliehen der städtischen Blüte entsprechen-

Alt-Oberhausen

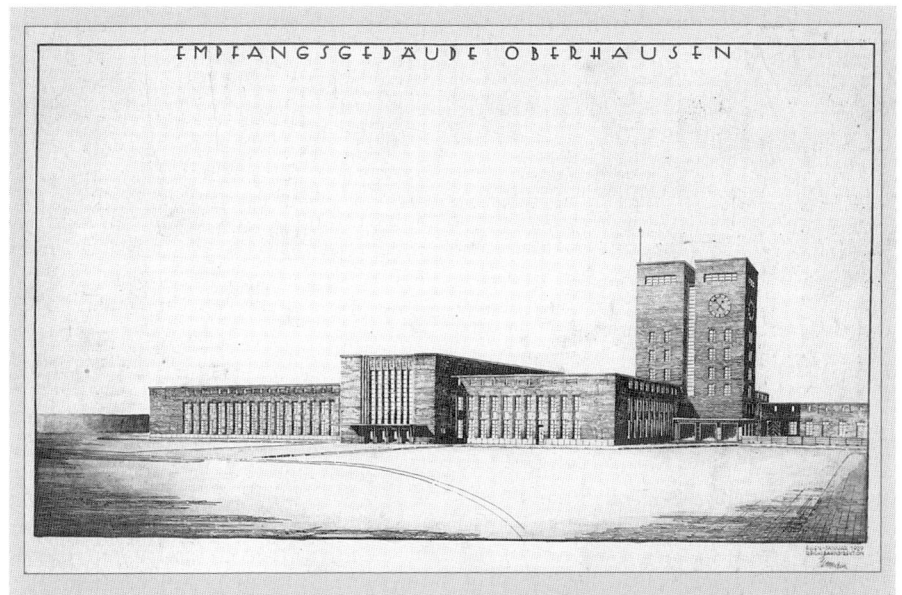

Empfangsgebäude des Hauptbahnhofs, Bauzeichnung von Reichsbahndirektor Hermann, 1929

den architektonischen Ausdruck.

Der Niedergang des Bergbaus, die Umstrukturierung in der Eisen- und Stahlindustrie und nicht zuletzt der Bedeutungsverlust der Eisenbahn in den vergangenen Jahrzehnten haben zum Abriß zahlreicher Industrieanlagen und zum Rückbau von Eisenbahntrassen geführt. Heute präsentiert sich der Ort, an dem sich die ersten Fahrgäste vor 150 Jahren auf der Suche nach einer Stadt verwundert die Augen rieben, wiederum in neuem Outfit. Aufpoliert, mit schmuckem Vorplatz für Bus- und wiederbelebtem Straßenbahnanschluß sowie mit fußgängerfreundlichem Durchstich und Park & Ride-Anlage am Westausgang, spiegelt das Empfangsgebäude ungeahntes Geschehen wider, diesmal nicht auf öder Heide, sondern auf industrieller Brache. Im renovierten Hauptbahnhof unterhält das Rheinische Industriemuseum einen Museumsbahnsteig: Für Reisende ein erster Hinweis auf die schwerindustrielle Vergangenheit Oberhausens.

Funktionalität des Bahnhofsgebäudes, das in den Jahren 1929-34 vom Architekten und Reichsbahnrat Schwingels errichtet wurde. Stilistisch ist es damit der „Neuen Sachlichkeit" zuzuordnen, für die eine objektive und präzise Realitätswiedergabe charakteristisch ist und die sich somit durch den Verzicht auf jedwede historisierende Verzierung und Ornamente auszeichnet. Vor sich sehen Sie ein Bauensemble, das aus vier kontrastreich versetzten kubischen Blöcken unterschiedlicher Höhe besteht. Sie spiegeln die formale Zweckmäßigkeit und nüchtern-zurückhaltende Eleganz wider, die kennzeichnend ist für eine ganze Reihe öffentlicher Bauten Oberhausens aus den 20er Jahren, die Ihnen im folgenden noch begegnen werden. Der Oberhausener Bahnhof hat Maßstäbe gesetzt, ist die „Zierde der Stadt" und „Oberhausens prächtige Visitenkarte", so der damalige Oberbürgermeister zur Eröffnung am 27. Januar 1934. In den Jahren 1996-99 hat der Bahnhof einmal mehr einen Umbau erfahren, dieses Mal jedoch unter den Auflagen des Denkmalschutzes, so daß die Veränderungen im wesentlichen sein Inneres betreffen. Kernstück des Bahnhofsumbaus war die Restaurierung der 40 Meter langen Halle. Sie präsentiert sich heute dem Besucher als lichtdurchfluteter, von Läden und Gaststätten gesäumter Erlebnisraum. Auch das neugestaltete Reisezentrum samt Fahrgast-Informationsanlage trägt zur Kundenfreundlichkeit bei. Schließlich wurde auch die

Ernst Müller-Blensdorf:
Die drei Lebensalter, 1932

„Hintertür des Hauptbahnhofs" zur Hansastraße hin geöffnet – eine Forderung, die bereits Anfang der 30er Jahre erhoben worden war. „Endlich ist hier Licht am Ende des Tunnels zu sehen", jubelte denn auch der damalige Oberbürgermeister Friedhelm van den Mond 1996 anläßlich des Tunneldurchstichs.

Zurückgekehrt in den Bahnhof ist auch „Die Familie", ein Stahlrelief des Bildhauers Ernst Müller-Blensdorf. „Die Familie" aus dem Jahre 1932 zeigt auf 3 x 1,5 Meter vier Generationen, die als Arbeiter oder Handwerker dargestellt sind. Bestellt wurde das Kunstwerk von der Reichsbahn für den Wartesaal der Dritten Klasse – dort, wo „der kleine Mann" die Nacht verbringen konnte, wenn er den letzten Zug verpaßt hatte. Müller-Blensdorf verließ als Pazifist 1933 Deutschland und obwohl seine „Familie" sicher nicht dem „Kunst"-Verständnis der Nazis entsprach, war das Kunstwerk bei der Bahnhofseröffnung 1934 doch am richtigen Platz. Nachdem der Wartesaal geschlossen worden war, verschwand sie im wahrsten Sinne des Wortes aus dem Blickfeld und wurde erst in den 70er Jahren bei Umbauarbeiten wiederentdeckt. Jedoch fand sich für die gewaltige Plastik keine geeignete Stelle mehr, weshalb die Bundesbahn sie in die Obhut der Stadt gab. Von da an mußte „Die Familie" ihr Dasein wenig beachtet in der Grünanlage gegenüber dem Concordiahaus fristen, bis sich der Oberhausener Werner Busch für sie stark machte, dessen Eltern gelegentlich eine Tasse Kaffee im Wartesaal getrunken hatten. Für 36.000 DM denkmalpflegerisch restauriert prangt sie nun unübersehbar unmittelbar am Treppenaufgang zur Halle wieder im Oberhausener Bahnhof und erfüllt den Wunsch der Stadtplaner mühelos: „Das Kunstwerk soll wahrgenommen werden." Architekt des gesamten Bahnhofsprojekts war übrigens der Essener Heinrich Böll, Großneffe des gleichnamigen Literaturnobelpreisträgers. Vom Bahnhof aus erschließen sich die anderen Knotenpunkte der Stadt, aber auch ein Abstecher hinter den Bahnhof lohnt sich. Wer „Die Familie" passiert und den original Pylon der Wuppertaler Schwebebahn über der Hansastraße unterquert hat, den erwartet auf der gegenüberliegenden Seite das **Rheinische Industriemuseum (2)**, das in den Gebäuden der ehemaligen Zinkfabrik Altenberg untergebracht ist, die bis 1981 produzierte. Erzählt wird dort von Menschen, Maschinen und Maloche. Das Rheinische Industriemuseum entführt die Besucher in die Welt des Eisens und der Konzerne und führt imposant anhand von 1.500

Alt-Oberhausen

Zinkfabrik Altenberg an der Hansastraße, um 1920

Objekten vor Augen, was Arbeit damals und heute hieß. Neun Themenkreise zeichnen die Geschichte von Eisen und Stahl nach, vom Leben der Menschen mit und rund um die rauchenden Schlote an Rhein und Ruhr. Technische, wirtschaftliche und soziale Aspekte der Schwerindustrie lassen diesen Begriffen am Ende eine völlig neue Bedeutung zukommen. Doch nicht nur der „Hinterhof" des Bahnhofs erstrahlt in neuem Glanz, auch der Bahnhofsvorplatz beeindruckt mit seiner überdachten Mittelinsel für den Linienverkehr. Die Glas-Stahl-Konstruktion – im Volksmund als „Surfbrett" bezeichnet – ist ebenso neu wie die an der Nordseite entstandenen Wohn- und Geschäftshäuser, die sich damit in die Erscheinung des Bahnhofsgebäudes einfügen. Benannt ist dieser Platz nach Willy Brandt, jedoch erst seit 1993. Von 1934-1945 war dies der Franz-Seldte-Platz, benannt nach dem damaligen Reichsarbeitsminister und Gründer des Wehrverbandes „Der Stahlhelm". Nach 1945 hieß dieser Ort schlicht – und neutral – „Am Hauptbahnhof". Am 28. August 1961 faßte der Rat der Stadt Oberhausen den Beschluß, diesen Platz in Berliner Platz umzubenennen, nachdem am 13. August 1961 die Machthaber in Ostberlin die Grenzen nach Westberlin hermetisch abriegelten und mit dem Bau der Mauer begonnen hatten. So sollte die Verbundenheit Oberhausens sowie der BRD mit Berlin zum Ausdruck gebracht werden.

Der Weg ins historische Zentrum der Stadt, zum Altmarkt, führt vom Bahnhof an der Hauptpost vorbei, die den Bahnhofsvorplatz nach Süden abschließt. Die

Daniel Stemmrich

Eisen und Stahl erzählen ihre Geschichte

Direkt am Bahnhof Oberhausen, auf dem früheren Werksgelände der Zinkfabrik Altenberg, liegt das Rheinische Industriemuseum – Deutschlands einziges Museum der Schwerindustrie. Träger ist der Landschaftsverband Rheinland.

Die Museumsgebäude stammen zum Teil noch aus dem vorigen Jahrhundert; sie wurden in den vergangenen Jahren aufwendig renoviert und für das Museum umgebaut, das 1997 eröffnet wurde. In der alten Walzhalle mit ihren fast 4.000 Quadratmetern ist ein Rundweg durch die Geschichte der Eisen- und Stahlindustrie an Rhein und Ruhr von fast einem halben Kilometer Länge eingerichtet worden.

Die Reise durch die Geschichte der Schwerindustrie beginnt zeitlich in der Mitte des vorigen Jahrhunderts, als der Oberhausener Bahnhof zur Keimzelle einer neuen Stadt wurde, die binnen weniger Jahrzehnte zur Großstadt wuchs. Eine der ersten Firmen, die sich in unmittelbarer Nachbarschaft des Bahnhofs niederließ, war die Zinkfabrik Altenberg, eine belgische Aktiengesellschaft. Andere Firmen folgten rasch und entwickelten eine Dynamik, die Tausende von Arbeit suchenden Menschen herbeilockten. Vor allem die großen Zechen und die Gutehoffnungshütte im Emschertal brauchten immer mehr Arbeitskräfte. Technische Erfindungen und ein ungeheurer Bedarf an Eisen- und Stahlprodukten ermöglichten eine gewaltige Steigerung der Produktion. Die Hüttenwerke im Revier erreichten bis zur Jahrhundertwende Ausmaße, die jede Vorstellung sprengten. Diese Entwicklung wird im Museum anschaulich, eine Fülle von Gegenständen, Bildern und frühen Filmaufnahmen machen sie nachvollziehbar.

Die Arbeit in den großen Fabriken war schwer und gefährlich. Mit immer

Portrait des Walzers Michael Seiwert, Zinkfabrik Altenberg, um 1870

neuen Reglements versuchten die Firmenleitungen die komplexen Abläufe zu steuern; zugleich suchten sie nach Möglichkeiten, die erfahrenen Arbeiter an ihre Fabrik zu binden: Werkswohnungen, Schulen für die Kinder, Einrichtung von Konsumläden und vieles mehr sollte bewirken, daß die für die Qualität der Erzeugnisse so wichtigen Facharbeiter mit ihren Erfahrungen

Alt-Oberhausen

nicht anderswo eine bessere Arbeitsmöglichkeit suchten. Gleichzeitig wurden aber die ersten Versuche der Arbeiter, sich in Gewerkschaften zu organisieren, von Anfang an und zum Teil erbittert bekämpft. Gerade in der Schwerindustrie blieb die 'Herr im Haus'- Haltung der Arbeitgeber noch bis weit in unser Jahrhundert vorherrschend. Im

Dampfhammer aus der Zeit um 1910 in der Ausstellung Schwer.Industrie

zentralen Teil der Ausstellung werden nicht nur in Vorführungen mehrerer Großmaschinen Arbeitsbelastungen und Gefährdungen erlebbar, sondern auch die komplexen, aufeinander abgestimmten Arbeitsabläufe in den schwerindustriellen Fabriken nachvollziehbar.

Kaum eine Industrie ist so eng mit den großen Kriegen unseres Jahrhunderts verflochten gewesen wie die Schwerindustrie. Dabei waren es nur wenige Firmen, die Fertigprodukte für die Rüstung herstellten. Allerdings waren die Stähle, die an der Ruhr produziert wurden, für alle Firmen, die im Rüstungsgeschäft tätig waren, Grundlage ihrer Fertigung. Kriege waren Hochkonjunkturen an der Ruhr. Da zugleich viele Männer als Soldaten an die Front mußten, kam es in den Weltkriegen zum massiven Einsatz von Frauen bzw. von Kriegsgefangenen in der Produktion. Eine Vielzahl von Außenstellen der Konzentrationslager lagen verstreut in den Städten an der Ruhr und stellten Arbeitskräfte für die Schwerindustrie bereit, oftmals in einem so erbärmlichen Zustand, daß sich die Firmenleitungen beschwerten, da sie die geschundenen Menschen nicht in der Produktion einsetzen konnten. Auch diese Seite der Geschichte der Ruhrindustrie spielt in der Ausstellung eine wichtige Rolle. Bis dato unveröffentlichte Bilder und Dokumente, Filme und viele Produkte der Rüstungsfirmen illustrieren die Verstrickung der Industrie in die Kriegsgeschichte.

Waren im 19. Jahrhundert große Erfindungen von Produktionsprozessen und neuen Produkten ein wesentlicher Motor des Wachstums der Industrie, so wurde es in unserem Jahrhundert, vor allem in der Zwischenkriegszeit, ein ständiges Feilen an den Abläufen in der Produktion. Verbesserungen in vielen kleinen Schritten und genauere Feinabstimmungen des Zusammenwirkens von Menschen und Maschinen führten zu Einsparungen und verbesserter Produktivität. Rationalisierung war schon in den 20er Jahren ein zentrales Anliegen und Amerika ein großes Vorbild. Forschung an den Werkstoffen Eisen und Stahl wurde dabei ergänzt durch Arbeitsforschung, Untersuchungen über Arbeitsabläufe und -rhythmen sowie Möglichkeiten der Erhöhung der Arbeitsproduktivität.

In den vergangenen 20 Jahren haben erneut gewaltige Rationalisierungsschübe die Produktivität der Schwerindustrie weiter gesteigert, ohne daß die dadurch nicht mehr benötigten Arbeitskräfte an anderer Stelle in der Produktion eingesetzt werden konnten. Eine Krise der schwerindustriellen Arbeit hat Zehntausende aus der Arbeit gebracht, zwar durch soziale Maßnahmen meist vor Verarmung geschützt, aber doch in eine perspektivlose Arbeitslosigkeit geworfen.

Dabei ist es der Eisen- und Stahlindustrie mit einer einschneidend verringerten Arbeiterzahl gelungen, ihre Produktionszahlen noch zu steigern. Das Museum zeigt den Weg in diese Krise der schwerindustriellen Arbeit und die Folgen für die Region an der Ruhr bis in unsere Tage.

Mit zum Ensemble des Rheinischen Industriemuseums Oberhausen gehört seit 1999 die Dauerausstellung Stadt.Werk und die KinderwerkstattKesselhaus. Die Ausstellung Stadt.Werk, eingerichtet in der ehemaligen Elektrozentrale der Zinkfabrik, zeigt die Entwicklung der städtischen Infrastruktur seit den 60er Jahren des 19. Jahrhunderts am Beispiel der Stadt Oberhausen. Die Versorgung von Kommune und Bevölkerung mit Gas, Wasser und Strom geht in Oberhausen auf die Initiative industrieller Unternehmen zurück. In der KinderwerkstattKesselhaus finden regelmäßig auf Kinder und Jugendliche zugeschnittene Wechselausstellungen statt.

erste Poststation gab es schon 1809, ein gutes halbes Jahrhundert vor Gründung der Gemeinde. Die Oberhausener Bahnpost war auch für den Postverkehr mit Holland zuständig und war somit von besonderer Bedeutung als Bahnpostamt. 1914 wurde dann die Oberhausener Hauptpost eingeweiht. Das massive Sandsteingebäude steht nunmehr unter Denkmalschutz und zeigt sich im Innern ebenso rundum erneuert wie der Oberhausener Bahnhof. Oberhausens Hauptpost feierte Anfang Januar 2000 Wiedereröffnung und ist damit die 300. „Center-Filiale" der Deutschen Post AG im gesamten Bundesgebiet. Überqueren Sie nun die Poststraße an der Fußgängerampel in Höhe der Paketpost, umrunden den vorspringenden Gebäudeteil der Hauptpost Ecke Post-/Paul-Reusch-Straße und biegen Sie dann rechts in die Paul-Reusch-Straße ein, die nach dem Vorstandsmitglied der Gutehoffnungshütte, einem Ehrenbürger der Stadt Oberhausen (1913) Paul Reusch benannt ist. Die Straße gabelt sich nach kurzer Zeit und gibt den Blick frei auf einen langen, schmalen, von Platanen umsäumten Platz: dem **Saporoshje-Platz (3)**. Hier wird an die 1986 eingegangene Partnerschaft zwischen Oberhausen und der ukrainischen Stadt Saporoshje gedacht, die wie Oberhausen eine Industriestadt war bzw. ist. Von hier aus sind es noch genau 2.674 km bis nach Saporoshje. Hier steht auch ein Granitblock, ein Geschenk der Stadt Saporoshje an Oberhausen als Zeichen der Verbundenheit und des Dankes. An der Südwestseite des Platzes

Postamt Oberhausen, 1920

sticht das Bert-Brecht-Haus ins Auge, vor allem durch die sternförmig zugespitzte Eckfassade an der Paul-Reusch-/Langemarkstraße. Sein Vorbild, das Hamburger Chile-Haus (1922/23 von Fritz Höger erbaut) kann und will es nicht verleugnen. Die körperliche Präsenz des Bert-Brecht-Hauses ist förmlich zu spüren. Der markante Bau gilt als eines der qualitätvollsten Gebäude des Backsteinexpressionismus. Erbaut wurde es 1928 nach Entwürfen des Kölner Architekten Otto Scheib als Warenhaus der Firma Tietz und Verlagshaus der „Ruhrwacht". Die Nazis „arisierten" das ehemals jüdische Kaufhaus, während die Zeitung als „Der neue Tag" fortan nationalsozialistisches Gedankengut propagierte. Nach dem Krieg war hier der „Kaufhof" untergebracht, bis er ins gegenüberliegende Gebäude umzog, wo er sich heute befindet. Das Gebäude stand kurz vor dem Abriß, ehe es die Stadt schließlich 1978 kaufte und das Baudenkmal zum Kulturzentrum ausbaute, in dem seit 1985 die VHS und die Stadtbücherei Oberhausen untergebracht ist. Eine erste Stadtbücherei wurde im übrigen schon 1907 gegründet, und zwar im Hause Marktstraße 193 mit einem Bestand von 470 Bänden. 1913 war dieser Bestand bereits auf 4.348 Bände angewachsen. 1944 wurde das Gebäude – die Bücherei war inzwischen zur Friedrich-Karl-Straße umgezogen – von einer Bombe getroffen und läßt nur noch Trümmer übrig. In der Adolf-Feld-Schule fand sie nunmehr ihre dritte Unterkunft und öffnete bereits im November 1945 wieder ihre Pforten für lesehungrige Bürger. Doch auch diese Stätte war nur ein Notbehelf und von kurzer Dauer. Bis die Stadtbücherei ihren heutigen Standort gefunden hatte, sollte noch viel Zeit und einige Umzüge mehr vergehen. So fand sie 1953 beispielsweise in der ehemaligen Direktorenvilla der Zeche Concordia an der Grillostraße eine Herberge. Auf dem Platz vor dem Bert-Brecht-Haus finden

Kaufhaus Tietz
(Bert-Brecht-Haus), 1930

Sie den „Eisenmann" des Oberhausener Stadtkünstlers Walter Kurowski, der an das berühmte „Menschenbild" von Leonardo da Vinci erinnert. Gehen Sie nun weiter bis zum südlichen Ende des Saporoshje-Platzes, der Helmholtzstraße. Überqueren Sie die Straße, folgen ihr ein Stück nach rechts und biegen Sie dann in die zweite Querstraße nach links ein. Sie befinden sich nun auf der Stöckmannstraße, benannt nach jenem Styrumer Bauern und späterem Ratsmitglied Wilhelm Stöckmann (1801-1877), der der noch jungen Gemeinde Styrum bzw. Oberhausen ein Grundstück zur Anlegung des Altmarktes schenkte. Folgen Sie der Stöckmannstraße ein Stück weiter und Sie sehen vor sich den **Altmarkt (4)**, das Herz Alt-Oberhausens. 1859, als besagter Bauer und Kaufmann Wilhelm Stöckmann dieses Gelände übergab, war der Platz von Tannenwäldern umgeben,

Altmarkt mit Siegessäule, um 1900

Altmarkt mit Siegessäule und Herz-Jesu Kirche, 1950er Jahre

von denen heute keine Nadel mehr zu sehen ist. Wie in einem Brennspiegel aber faßt der Altmarkt die Geschichte Oberhausens zusammen. 1874 wurde Oberhausen zur Stadt ernannt. In diesem Zusammenhang erhielt der Platz zwei Jahre später eine symbolhafte Aufwertung in Gestalt eines Kriegerdenkmals. Eine geflügelte Siegesgöttin fordert auf einer hohen Säule über pyramidenförmigen Sockel das „Gedenken an die heldenmuethigen Kaempfe und Siege unserer Krieger..." ein, in Erinnerung an die preußischen Feldzüge gegen Dänemark, Österreich und Frankreich in den Jahren 1864-71. Heute bieten unter der Siegessäule Markthändler täglich ihre Waren feil, ganz so wie es der Bauer Stöckmann gegen die Stadtverwaltung durchzusetzen verstand. Ein Blick zurück und vor Ihnen steht die katholische Pfarrkirche Herz-Jesu. Die Katholiken, deren Anteil in der Bevölkerung um 1900 durch eine starke Zuwanderung von polnischen Arbeitern und ihren Familien enorm anstieg, errichteten hier eine Behelfskirche. Doch die 1889 gegründete Gemeinde wuchs stetig an und mit ihr der Ruf nach einer repräsentativen Kirche. In den Jahren 1909/1911 wurde schließlich die stattliche neugotische Hallenkirche Herz-Jesu errichtet. Ursprünglich hatte sich die Gemeinde für einen Kirchenbau im romanischen Stil entschieden, doch auf Wunsch des Kölner Erzbischofs wurde ein Bauwerk im „frühgotischen Stil" errichtet. Beauftragt wurde damit der Bochumer Architekt Hermann Wielers. Nach seinen Plänen entstanden eine dreischiffige neugotische Hallenkirche. Der Turm mit Spitzhelm ist dem Mittelschiff vorangestellt und prägt seitdem das Profil der Innenstadt von Alt-Oberhausen. 1943 schlug eine Brandbombe in den Kirchen-

Alt-Oberhausen

bau ein und zerstörte den Turm und die Innenausstattung zum größten Teil. Nach Kriegsende wurde dann nicht einfach nur wieder aufgebaut, sondern gleich umgebaut. Mit der umfassenden Neugestaltung beauftragte die Gemeinde Dominikus Böhm, der als Wegbereiter des modernen Kirchenbaus in Deutschland gilt, sowie dessen Sohn Gottfried. Wichtigstes Anliegen der Architekten war es, die historischen Bauformen des Innenraums mit den neuen, von der Liturgie bestimmten, Raumlösungen zu harmonisieren. Diese zum Teil radikale Umgestaltung der Jahre 1956/57 war anfänglich durchaus umstritten, doch gilt die Herz-Jesu-Kirche heute als geglückte Symbiose alter und neuer Formelemente. Die markanteste Veränderung im Innern betrifft das Mittelschiff. Die ursprünglichen Gewölbe wurden durch Flachdecken ersetzt,

so daß das Mittelschiff gegenüber den Seitenschiffen stark erhöht ist, was ihm einen zentralisierenden Charakter verleiht. Die Fenster des Chorraums sind bis auf den Boden hinabgezogen und unterstreichen damit diesen Effekt. Für die künstlerische Gestaltung der Fenster zeichneten Ludwig Ronig und Josef Diekmann verantwortlich, die die Fenster mit Motiven der „Auferstehung" und der „Weihnachtsgeschichte" (Ronig) sowie dem Motiv „Pfingsten" (Diekmann) verzierten. Die Engelfigur über dem Hauptportal stammt von Toni Zenz. Der Monumentalbau zwischen Neugotik und Moderne mißt 62,50 Meter in der Länge und 30,50 Meter in der Breite.

Wenden Sie sich nun nach rechts der Marktstraße zu, der Einkaufsstraße von Alt-Oberhausen, die hier als Fußgängerzone ausgebaut ist. Auf rund einem Kilo-

Marktstraße, 1920er Jahre

meter finden Sie hier Warenhäuser, Fachgeschäfte und Cafés. Am Schnittpunkt **Marktstraße/Paul-Reusch-Straße (5)** setzt das Kaufhaus P & C (ehemals Magis) einen städtebaulichen Akzent. Das ab 1912 entstandene Gebäude von Otto Engler ist ein bedeutendes Beispiel großstädtischer Warenhaus-Architektur im frühen 20. Jahrhundert. Der ursprüngliche Charakter der streng vertikal gegliederten Sandsteinfassade ist weitgehend erhalten. Ursprünglich war die Marktstraße als Brücke zwischen den beiden alten Verkehrsstraßen der Mülheim-Weseler Chaussee in südlicher Richtung und der Duisburger-Chaussee in nördlicher Richtung entstanden, doch die Einrichtung des Altmarkts, der schnell zum Zentrum des Handels wurde, führte dazu, daß bereits ab 1860 die ersten eingeschossigen und ab 1870 bereits dreigeschossige Bauten hier entstanden. So sehen Sie hier – vor allem im südlichen Teil – die Folgen

Lichtburg, Elsässer Straße, 1976

des schnellen Wachstums, das städtebauliche Planung ignorierte. Verschärft wurde die Situation noch durch die sich ebenfalls in der Stadtmitte rasch ansiedelnde Industrie, sowie die Eisenbahn, die die Entwicklung urbaner Strukturen stark behinderten. Mit der Reißschiene zog der damalige Baumeister Kind parallele Linien zu schon bestehenden Straßen, z.B. der Grenzstraße, legte dann die Reißschiene senkrecht dazu an und zeichnete Straßen parallel zur alten Mülheimer Straße. So entstand ein fast rechtwinkliges Straßennetz, das als Schachbrettmuster beschrieben wird. Dieses System von 114 Straßen und 347 Wegen rechteckiger Baublöcke stellt damit eine frühe stadtplanerische Leistung von Rang dar, wie sie heute noch im Stadtbild erkennbar ist, wenngleich 1943 eine einzige Nacht genügte, um die City Oberhausens in Schutt und Asche zu legen.

Wenn Sie jetzt einen Abstecher zum oberen Ende der Marktstraße unternehmen, sehen Sie die **Plastik „Phoenix im Wind" (6)** des gebürtigen Oberhauseners Otto Wesendonck. Seit 1999 bildet die Skulptur aus Bronze und Edelstahl den wind- und wassertriebigen Abschluß der Einkaufsstraße.

Der Rundgang führt Sie nun, nachdem sie das Kaufhaus P & C rechts liegen gelassen haben, in die nächste Querstraße

Marktstraße, 1950er Jahre

nach links, die **Elsässer Straße (7)**. Hier finden Sie vor allem kleinere Einzelhandelsgeschäfte sowie die schon legendären Cafés „Transatlantik" und „Café Lux" sowie diverse andere Szenekneipen und Kinos. Vor allem die alljährlich hier stattfindenden Internationalen Kurzfilmtage Oberhausen haben weit über die regionalen Grenzen hinweg für Furore gesorgt. Jedoch ist weder an der Elsässer- noch an der Marktstraße das CentrO. spurlos vorübergegangen. Dessen Anziehungskraft hat vielen Einzelhändlern der alten Mitte die Kunden genommen, so daß einige alteingesessene Geschäfte bzw. Kneipen schließen mußten. Beide Einkaufsstraßen weisen derzeit eine hohe Fluktuationsrate der Geschäfte auf. Verstärkt bemüht sich nun die Kaufmannschaft von Alt-Oberhausen die Innenstadt durch verkaufsoffene Sonntage und andere Aktionen attraktiver zu gestalten. So beleben im Sommer und Herbst City-Fest und die Gastronomische Meile die Innenstadt. In Höhe des Cafés „Transatlantik" finden Sie „beste deutsche Wertarbeit", nämlich ein Turmuhrwerk aus dem Jahre 1910. 14 Zentner wiegt dieses Grahamuhrwerk, das 1988 vom Oberhausener Uhrmachermeister Schmiemann restauriert und vor seinem Laden aufgestellt wurde. Schlendern Sie die Elsässer Straße nun bis zum Ende entlang, gelangen Sie auf den **Friedensplatz (8)**. Auch dieser Platz hat eine wechselhafte Geschichte erlebt, die wiederum kennzeichnend für die gesamte Stadtentwicklung Oberhausens ist. Von 1854 bis 1902 war hier die Styrumer Eisenhütte angesiedelt – also mitten in der Stadt. Nach der Stillegung der Hütte wurde auf dem Industriegelände dieser 50 x 180 Meter große Platz angelegt, der

Amtsgericht, 1930er Jahre

ab 1904 Kaiserplatz hieß. Bis 1933 hieß er Industrieplatz und bis 1945 dann Adolf-Hitler-Platz. Nach dem Zweiten Weltkrieg schließlich wurde er in Friedensplatz umbenannt. Inzwischen hat der Friedensplatz seinem Namen alle Ehre gemacht: In den 70ern war er Schauplatz leidenschaftlicher Demonstrationen der Friedensbewegung. Die Stadt wurde symbolisch zur atomwaffenfreien Zone erklärt und der Friedensplatz diente als Ort von Mahnwachen, die die Freilassung des Bürgerrechtlers Nelson Mandela und ein Ende der Apartheid in Südafrika forderten. Gedenkplatten vor den Wasserspielen sind Erinnerung und Mahnung. Den „Wasservogel" von Szoltan Szekessy stiftete die Stadtsparkasse Oberhausen im Jahr 1962 zum hundertsten Stadtjubiläum.

Innerhalb der stadtplanerischen Gesamtkonzeption der 20er Jahre stellt der Friedensplatz ein wichtiges Bindeglied zwischen Altmarkt, Bahnhof und Rathaus dar. Wasserbecken, Platanenreihen und Rasenpaterre gliedern die Weitläufigkeit des Platzes. Dominierender Bezugspunkt des Friedensplatzes ist das Amtsgericht an der Nordseite. Dies ist das einzige Gebäude am Platz aus der Zeit vor dem Ersten Weltkrieg. Stilistisch und architektonisch unterscheidet es sich damit markant von den übrigen Bauten aus Ziegelstein, die für Alt-Oberhausen und den gesamten Niederrhein so charakteristisch sind. Das Amtsgericht präsentiert sich im Stil der Staatsbauten des kaiserlichen Deutschlands. Der historische Bau aus Sandstein verkörpert die hierarchische Klassengesellschaft des Kaiserreichs. Wer einen genaueren Blick auf das Gebäude wirft, kann getrennte Eingänge entdecken. Über dem von Löwenköpfen bewachten Portal ist das Haupt der römischen Göttin der Weisheit Minerva oder auch der griechischen Göttin Pallas Athene dargestellt. Das Gebäude aus dem Jahre 1907 vereint verschiedene Bauelemente bis hin zu den Jugendstil-Wandreliefs: Wahrheit, Sünde, Strafe, Reue. Den Gegenakzent zum Amtsgericht setzt eine Doppelturmanlage mit Wohnungen, Gewerberäumen und Hotel am Südende des Platzes. Umsäumt wird der Friedensplatz von dreigeschossigen, langgestreckten Baublöcken im Stil des Backsteinexpressionismus´. Maßgeblich beteiligt an der Gestaltung des Platzes und der ihn umgebenden Gebäude aus den zwanziger Jahren war der Stadtbaumeister Ludwig Freitag (1888-1973), der das Polizeipräsidium plante, das als dunkelrotes Ziegelbauwerk die gesamte Ostseite des Platzes einnimmt. Die gegenüberliegende, dreigeteilte Häuserzeile mit der früheren Reichsbank – heute Landeszentralbank – und den anschließenden Wohngebäuden begrenzen den Friedensplatz im Westen. Ludwig Freitag prägte mit seinen Bauten das Bild der alten Mitte und führte eine geordnete Stadtplanung ein. Seine Ausbildung erhielt er in der Künstlerkolonie

Einladungskarte zur Einweihung des Polizeipräsidiums, 1927

„Mathildenhöhe" in Darmstadt u.a. bei einem dort lebenden niederländischen Architekten. Er arbeitete als Sachbearbeiter im Büro des Architekten Friedrich Pützer in Darmstadt. Dieser nahm ihn 1910 mit nach Oberhausen, als er den Wettbewerb für den Rathausneubau gewonnen hatte. Hier heiratete Freitag in die Familie des Bauern Stöckmann ein. Bis Anfang der 50er Jahre entwarf er zahlreiche öffentliche Gebäude für die Stadt, von denen Sie noch einige auf diesem Rundgang sehen werden.

Gehen Sie nun in Richtung Norden auf das Amtsgericht zu und wenden sich am Ende nach rechts in die Poststraße, die nach wenigen Metern in die Christian-Steger-Straße übergeht. Christian Steger war Bergmann und bis 1933 Bezirksleiter des Gewerkschaftsvereins Christlicher Bergarbeiter für den Bezirk Oberhausen und ebenfalls bis 1933 Stadtverordneter in Oberhausen sowie Landtagsabgeordneter der Zentrumspartei. 1933 wurde er durch Auflösung der Gewerkschaften arbeitslos und blieb bis zu seinem Tod 1940 ohne Beschäftigung. Wenn Sie das auf der rechten Seite gelegene Elsa-Brändström-Gymnasium passieren – entworfen von Friedrich Pützer und Ludwig Freitag – sehen Sie an der Fassade ein Relief zum Gedenken an die 1933 ermordeten Leo de Longueville und Konrad Klaas. Sie waren mit rund 600 Angehörigen der kommunistischen Partei nach den Reichstagswahlen am 5. März desselben Jahres verhaftet und in die Turnhalle dieses Realgymnasiums eingesperrt worden.

Sie überqueren die Straße und stehen der Silhouette der **Christus-Kirche (9)** gegenüber, der ältesten evangelischen Kirche und der Hauptkirche der evangelischen Christen in Oberhausen. Gegründet wurde die Gemeinde 1864 und bald darauf begann auch der Bau der Kirche, durchgeführt von Kirchenbaumeister Maximilian Nohl (1830-1863) aus Köln,

an den auch ein Straßenname erinnert. Nohl war vom Klassizisten Carl Friedrich Schinkel, dem Leiter der Königlichen Oberbaudeputation in Berlin beeinflußt. Acht Jahre nach Schinkels Tod 1841 nahm Nohl sein Studium an der Berliner Bauakademie auf und setzte sich intensiv mit Schinkels Werk auseinander. Nohl gilt darüber hinaus als der erste in Oberhausen tätige Baumeister, der einen wichtigen Beitrag zur Baukunst im Rheinland

Staatliches Realgymnasium
(Elsa-Brandström-Gymnasium), 1910er Jahre

geleistet hat. Zunächst jedoch verzögerten Schwierigkeiten in der Finanzierung und Einwände seitens der Regierung den seit 1862 geplanten Kirchenbau. Er ist nicht in allen Details nach den Entwürfen Nohls realisiert worden, der im übrigen kurz nach Baubeginn verstarb. Besonders die eindrucksvolle Hauptfassade besticht jedoch durch baukünstlerische Qualität. Nohl gelang eine Raumschöpfung, die spätklassizistische Elemente mit neugotischen Details kombiniert. An der Ostseite hat Nohl eine in Breite und Höhe gestaffelte, aus streng voneinander abgegrenzten Baukörpern gebildete klassizistische Schauseite mit neugotischen Elementen vorangestellt. Den Hauptteil der rückwärtigen Wand bildet der hochrechteckige Block der Turmfassade. Ihr Mittel-

Axel Biermann
Urlaub in Oberhausen?

Prospekt der Tourismus & Marketing Oberhausen GmbH, 2001

Urlaubsziel Oberhausen. Oberhausen? – Ja, Sie haben richtig gelesen.

Nun aber genug des Staunens. Der nachfolgende Beitrag soll Ihnen dabei helfen, das zu verstehen, was Sie bis jetzt noch nicht glauben möchten.

Es begann mit einem Paukenschlag. Im September 1996 wurde das CentrO., Herzstück des Stadtteils „Neue Mitte", eröffnet. Mit Europas größtem Einkaufs- und Freizeitzentrum wurden ein Hotel und die Großveranstaltungshalle „Arena" eingeweiht, und seitdem begann Oberhausen, für Städtereisende interessant zu werden. Shopping, Events und Entertainment sind Angebotsmerkmale, auf die eine Stadt, die ihren Gästen etwas bieten möchte, heutzutage nicht mehr verzichten kann. So ist es denn auch nicht verwunderlich, daß eine deutliche Mehrheit der Besucher bei einer Befragung angab, wegen CentrO. und Arena nach Oberhausen gekommen zu sein.

Zwar ist der Welten- oder Städtebummler von heute immer auf der Suche nach etwas Neuem, gleichzeitig stöbert er auch gern in der Vergangenheit seines Ziels. Wie sah das denn früher hier aus? Wie hat man hier gelebt vor 100 oder 1.000 Jahren? Gibt es noch steinerne Zeugen der Vergangenheit?

Was vor 1.000 Jahren in der Gegend von Oberhausen los war, ist nicht unbedingt von überregionaler Bedeutung. Aber wie man vor 100 Jahren hier gelebt hat, ist spannender als viele denken. Die Zeit des Bergbaus und der Eisenerzeugung ist noch allgegenwärtig, da frühzeitig damit begonnen wurde, Gebäude und Maschinen aus jener Zeit zu erhalten, um sie heute einem interessierten Publikum zu präsentieren.

Da wäre zum Beispiel die „Route der Industriekultur", die sich durch das gesamte Ruhrgebiet zieht und in Oberhausen an besonders markanten Bauwerken halt macht. Wer beispielsweise einmal die kathedrale Wucht im Innern des Gasometers selbst erlebt hat, weiß, wie klein man sich fühlt, wenn man in Europas größtem umbauten Raum steht. Hat man dann noch den Mut, mit einem gläsernen Aufzug durch 350.000 m³ diffusen Raums 115 Meter bis unter das Dach zu gleiten, wird man diesen Eindruck nicht mehr so schnell vergessen. Nicht nur der Gasometer wurde zu neuem Leben erweckt. Die ehemalige Zinkfabrik Altenberg beherbergt heute die Ausstellung „Schwerindustrie" des Rheinischen Industriemuseums, und im Schloß Oberhausen hat die Ludwig Galerie Schloß Oberhausen 1998 ihre neu gestalteten Räume bezogen.

Konsequent verfolgt die Stadt eine Politik, deren Ziel es ist, ein attraktives Oberhausen für Besucher und Einheimische zu schaffen. Dabei ist es überaus schwierig, das über Jahrzehnte anhaftende Image vom Ruhrgebiets-Aschenputtel zu korrigieren.

Was das Freizeitangebot angeht, wird ein zweigleisiges Konzept umgesetzt: Auf der einen Seite ein kurzweiliges Unterhaltungs- und Veranstaltungsangebot mit Projekten wie dem Rockmärchen „Tabaluga und Lilli" von Peter Maffay, einem Meerwasseraquarium, einem „Gläsernen Menschen" sowie einer Skiabfahrtspiste. Auf der anderen Seite die Inwertsetzung industriehistorischer Relikte wie dem ehemaligen Gelände der Zeche Osterfeld, 1999 Schauplatz der Landesgartenschau, dem ehemaligen Hauptlagerhaus der Gutehoffnungshütte, heute Magazin des Rheinischen Industriemuseums oder der ältesten Arbeitersiedlung im Ruhrgebiet, Eisenheim.

Daß dieser Kurs Erfolg verspricht, dokumentiert die Entwicklung der Übernachtungszahlen der letzten vier Jahre: Die Zahl der Gäste hat sich von 1994 bis 1999 von 22.700 auf 92.500 mehr als vervierfacht. Ähnlich sieht es bei den Übernachtungen aus. Ihre Anzahl nahm im gleichen Zeitraum von 49.800 auf 165.300 um mehr als das Dreifache zu. Im Vergleich zu den Nachbarstädten sind diese Zahlen einmalig. Sie stehen sogar im bundesweiten Vergleich mit an der Spitze.

Die Entwicklung der letzten vier Jahre ist auch ein Beleg dafür, daß sich Kurzurlauber von neuen und ungewöhnlichen Angeboten im Städtetourismus begeistern lassen. Insbesondere mit der Industriekultur haben Stadt und Region etwas zu bieten, mit dem in Deutschland fast konkurrenzlos geworben werden kann. Der Mut, sich von den traditionellen „Sehenswürdigkeiten" wie Kirchen und mittelalterlichen Stadtensembles abzuwenden und die jüngste Geschichte einer Region zu vermarkten, wird in Zukunft weitere Erfolge erzielen.

teil wird durch einen viergeschossigen Turm mit Spitzhelm beherrscht. Der Innenraum wurde mehrfach umgebaut und hat die Form einer dreischiffigen Stufenhalle, die früher durch eine flache Holzdecke abgeschlossen war. Beim Wiederaufbau nach dem Zweiten Weltkrieg wurde eine Stahlbetondecke eingezogen, die im Mittelschiff konvex überhöht ist. Gegenüber dem ursprünglichen Bau ist der Innenraum vor allem durch den Einbau von sechs dünnen Rundstützen anstelle der Steinpfeiler stark verändert. Erst 1951 wurde die Kirche neu eingeweiht. Altar, Taufstein, Kanzel und Bodenbelag sind aus mittelfränkischem Muschelkalk, während das Altarkreuz aus Moorholz ist.

Wenden Sie sich beim Verlassen der Kirche nach links. Linkerhand sehen Sie nun einen kleinen Backsteinbau, die Adolf-Feld-Schule, heute eine Grundschule. Mit ihr begann 1857 das geordnete Schulwesen in Oberhausen. Benannt ist sie nach dem ersten Lehrer der Schule, die damals noch mitten in der Heide lag. Hier drückte schon Regisseur Roland Suso Richter 1965 die Schulbank, der 1994/95 nach Oberhausen zurückkehrte, um an seiner ehemaligen Schule den Film „Svens Geheimnis" für die ARD mit Katharina Meinecke und Richy Müller in den erwachsenen

Arbeitsamt (Bereich Wohnungswesen), 1930

Hauptrollen zu drehen.

Sie stoßen auf die Danziger Straße und folgen ihr nach rechts. An der nächsten Kreuzung treffen Sie auf einen Backsteinkomplex aus dem Jahre 1929. Dies ist das ehemalige Arbeitsamt, das aus zwei im Winkel versetzten Baukuben besteht, zwischen die ein an der Ostseite gebogener Längstrakt eingespannt ist. Der Entwurf stammt wiederum von Ludwig Freitag.

Überqueren Sie nun die Danziger Straße und betreten Sie den Weg zwischen der Grünanlage und der Stadthalle. Die „gute Stube" Oberhausens ist nach der langjährigen Oberbürgermeisterin und SPD-Politikerin Luise Albertz (1901-1979) benannt. Die gebürtige Duisburgerin machte sich als „Mutter Courage des Ruhrgebiets" weit über Oberhausen hinaus einen Namen durch ihr vehementes und eben couragiertes Eintreten für die Bergleute, als sich in den 50er Jahren bereits die Bergbaukrise abzeichnete. Von 1946 bis 1948 und von 1956 bis 1975 war sie beliebte Oberbürgermeisterin Oberhausens. Eröffnet wurde die **Luise-Albertz-Halle (10)** am 1. September 1962 zum hundertjährigen Bestehen der Stadt. Bis zum Jahre 2000 wurde die Halle zu einem Kongreßzentrum umgebaut, in dem bei Konzerten, Show- und Tanzveranstaltungen, Konferenzen und Tagungen mehr als 2.000 Menschen Platz finden.

Folgen Sie nun dem Weg durch die Grünanlage vorbei an der Büste des Friedrich Ludwig Jahn bis zur Schwartzstraße. Das Denkmal entwarf August Bauer auf Initiative des Verbands Oberhausener Turnvereine, das 1932 zum 80. Todestag Jahns enthüllt wurde. Die Schwartzstraße ist nach dem ersten Bürgermeister Oberhausens, Friedrich August Schwartz (1816-1892), benannt. Er übernahm am 1862 die Einrichtung und Leitung der neugebildeten Gemeinde

Rathausturm, um 1930

Alt-Oberhausen

Altes und neues Rathaus, 1945

und Bürgermeisterei, der späteren Stadt Oberhausen.

Auf der gegenüberliegenden Straßenseite steht zur rechten das **Rathaus (11)** von Oberhausen. Mit dem zwischen 1927 und 1930 erbauten Rathaus ist dem schon erwähnten Stadtbaumeister Ludwig Freitag ein Meisterwerk gelungen. Es zählt zu den bedeutendsten expressionistischen Bauwerken in Deutschland. Ursprünglich war das heutige Rathaus als Erweiterungsbau für das alte Rathaus konzipiert. Dieses stand vor dem Seitentrakt an der Schwartzstraße. Es wurde in den Jahren 1873/74 im neoklassischen Stil auf dem Galgenberg erbaut. An dieser Stelle befand sich vermutlich eine Gerichtsstätte, auf der ehemals der Galgen des Territoriums Broich weit sichtbar errichtet war. Der Galgen galt wahrscheinlich eher als Grenzzeichen und Hoheitssymbol, das unmißverständlich ausdrückte: Hier gelten andere Gesetze. 1942 wurde das alte Rathaus zerbombt, während das neue weitgehend erhalten blieb. An das alte Rathaus erinnert ein korinthisches Kapitell aus Sandstein, das unmittelbar hinter dem Rathaus an der Bushaltestelle „Rathaus" zu finden ist. Unter ihm sind die Urkunden der Grundsteinlegung eingelassen. Wie der Hauptbahnhof ist das Rathaus ein durch großformatige Quader klar gegliedertes Gebäude. Um Gebäudeschäden durch Bergsenkungen zu vermeiden, sind die Quader statisch unabhängig voneinander. Zuordnung und Inszenierung der großformatigen Baukuben unterschiedlicher Höhe und Breite unterstreichen eindrucksvoll die jeweilige Zuständigkeit von Rat und Verwaltung. Markant tritt der Mittelblock mit dem Ratssaal aus der Längsfront hervor. Zu beiden Seiten der Fensterfront des Rathaussaales symbolisieren zwei Skulpturen aus Muschelkalkstein von Adam Antes Handel (Merkur) und Industrie (Schmied mit Hammer). Das Natursteinmaßwerk und der asymmetrisch angeordnete Uhrenturm betonen die Vertikale, während Schmuckbänder aus Muschelkalk, Ornamente und reliefartig hervortretende Backsteinflächen die Horizontale hervorheben. Auch die Innenausstat-

Kapitell des alten Rathauses an der Schwartzstraße

Altes und neues Rathaus, 1958

tung mit weitläufigem Treppenhaus, Wänden mit Marmorverkleidung und glasierter Keramik an Tür- und Wandsockeln sind von Ludwig Freitag entworfen worden. Wenden Sie sich nun der kleinen Parkanlage unterhalb des Rathauses zu. Hier, am Fuße der Treppenanlage erinnert eine Gedenktafel an die im Ersten Weltkrieg gefallenen städtischen Angestellten. Der **Grillopark (12)**, benannt nach dem Großindustriellen und Pionier Wilhelm Grillo, ist eine ehemalige Kiesgrube, die zu einer kleinen Parkanlage umgestaltet wurde. 1854 verlegte Wilhelm Grillo sein Zinkwalzwerk wegen der besseren Eisenbahnanschlüsse nach Oberhausen. Elf Jahre später errichtete er hier eine Zinkweißfabrik und war über viele Jahre Gemeinderat in Oberhausen. Die am Grillopark verlaufende Grillostraße ehrt dagegen Friedrich Grillo, der im Ruhrgebiet zahlreiche Unternehmen gründete und das erste Stadttheater im Ruhrgebiet – das Grillotheater in Essen – stiftete. Der Park symbolisiert das Selbstbewußtsein der jungen Stadt Oberhausen und ihrer zu Wohlstand gekommenen Bürger. Hier, in unmittelbarer Nähe des Grilloparks, finden sich auch weitere herausragende Bauwerke, wie etwa die Stadt-

Grillopark mit Stadtsparkasse, um 1930

Barbara Tünnemann

Filme für Ungeduldige: Internationale Kurzfilmtage Oberhausen

Als ältestes Kurzfilmfestival der Welt sind die Internationalen Kurzfilmtage Oberhausen seit mehr als 40 Jahren fester Bestandteil der Kulturlandschaft Ruhrgebiet. Gegründet wurden sie 1954, als der damalige Volkshochschulleiter Hilmar Hoffmann im Rahmen einer Arbeitstagung 200 der besten in- und ausländischen Dokumentar- und Animationsfilme zeigte und damit die „Westdeutschen Kulturfilmtage" aus der Taufe hob. Der Grundstein für ein Festival war gelegt, das bereits vier Jahre später als internationaler Wettbewerb des Kurzfilms weltweite Anerkennung fand. Mit ihm wurde Oberhausen Jahr für Jahr zu einem Treffpunkt der filmkünstlerischen Avantgarde, wo sich die jungen und zukunftsweisenden Talente des Mediums trafen. Hier wurden Roman Polanski, David Lynch, Martin Scorsese und George Lucas entdeckt, lange bevor sie den Weltmarkt eroberten. Hier war der Schauplatz zentraler kultur- und filmpolitischer Debatten, die in den 50er und 60er Jahren Geschichte machten.

Unter dem Motto „Weg zum Nachbarn" wurden in Oberhausen 1958 erstmals die sozialistischen Länder Mitteleuropas eingeladen. In den Jahren des Kalten Krieges, als sich an der Berlinale noch keine Filme aus diesen Ländern beteiligen durften, entstand hier ein Forum für die Filmkunst des Ostens, etablierte sich ein Treffpunkt ost-westlicher Begegnungen, der die politische Öffnung der bundesdeutschen „Ostpolitik" kulturpolitisch vorwegnahm. Zugleich konnte man in Oberhausen mit

VII. Westdeutsche Kurzfilmtage, 1961

den ersten Kurzfilmen François Truffauts, Jean-Luc Godards oder Jacques Rivettes die Wegbereiter der französischen Nouvelle Vague entdecken, ebenso wie die Protagonisten des Aufbruchs im britischen und kanadischen Kino.

Vier Jahre später proklamierten die Regisseure des Neuen Deutschen Films das „Oberhausener Manifest". Mit den Worten: „Der alte Film ist tot. Wir glauben an den Neuen" erklärten sie den Beginn des deutschen Autorenfilms –

Signal einer filmpolitischen und ästhetischen Rebellion, die dem deutschen Kino wieder international zu künstlerischer Bedeutung verhalf. Oberhausen war inzwischen längst zum „Mekka des Kurzfilms" geworden. Mehrere Tausend Besucher drängten sich Jahr für Jahr in der Stadthalle, Filmemacher aus aller Welt trafen auf ein Publikum, das begeistert stritt und diskutierte, Skandale liebte und sich den ästhetischen Revolten ebenso begierig stellte wie den politischen Fragen seiner Zeit. Der amerikanische Avantgarde- und Experimentalfilm der 60er fand hier ebenso sein Zuhause wie das Kino Asiens, Afrikas oder der politisch engagierte lateinamerikanische Kurzfilm der 70er Jahre. Zugleich waren die Internationalen Kurzfilmtage Oberhausen immer auch ein Festival der Region, deren Programme die Themen und Umbrüche des Ruhrgebiets spiegelten.

Vor allem die Unabhängigkeit des Kurzfilms und seine Fähigkeit, unmittelbarer und radikaler auf die jeweils aktuellen künstlerischen, politischen und medientechnologischen Fragen zu reagieren, machten die Internationalen Kurzfilmtage Oberhausen zum idealen Diskussionsforum über die Möglichkeiten von Filmkunst und Kultur. Während überall im In- und Ausland spezialisierte, auf einzelne Szenen und Interessen zugeschnittene Film- und Medienfestivals entstanden, blieb Oberhausen Schnittstelle und Treffpunkt aller. Offenheit gegenüber Grenzbereichen der Film- und Medienkunst und Neugier auf die Produktionen der medientechnologischen Avantgarde waren dabei von je her Programm. So wurde bereits in den 60er Jahren der Werbefilm zur Diskussion gestellt, hier sah man früher als auf anderen Festivals auch Fernsehproduktionen, und schon seit 1970 wurden Computeranimationen auf die Leinwand gebracht. Die rasanten technologischen Entwicklungen des digitalen Zeitalters waren für die Internationalen Kurzfilmtage Oberhausen eine Herausforderung besonderer Art. So wurden seit Beginn der 90er Jahre – der gewandelten Bedeutung des Kurzfilms gemäß – neue Akzente gesetzt: mit internationalen Symposien zum Videoclip, zu High-Definition-TV, zum Industriefilm, zur Entwicklung im Bereich CD-ROM, zu Internetpräsentationen, zur Ästhetik von Computerspielen und zur Zukunft des Geschichtenerzählens im multimedialen Zeitalter. Aktuelle Symposien zur internationalen Entwicklung der kurzen Form im Fernsehen sind seit Jahren fester Bestandteil des Programms.

sparkasse an der Schwartzstraße, die 1912 errichtet wurde. Der Entwurf stammte von Friedrich Pützer und seinem Schüler Ludwig Freitag. Der haubengeschmückte Eckturm sowie die Rundbögen über dem Eingang bilden einen repräsentativen Blickfang. Verlassen Sie die Parkanlage und folgen Sie der Grillostraße nach rechts. Großbürgerliche Häuser in repräsentativem Stil mit zahlreichen Erkern, Giebeln, Zierleisten und Ornamenten prägen hier das Straßenbild. Erbaut wurden sie allesamt nach der Jahrhundertwende. Auf der gegenüberliegenden Straßenseite sehen Sie das Organisationsbüro der Internationalen Kurzfilmtage Oberhausen. Die zweigeschossige Renaissancevilla aus dem Jahre 1897 war das Domizil des Bergwerkdirektors Wilhelm Liebrich, der zum Gründerkonsortium der Concordia-Bergbaugesellschaft gehörte. Den Entwurf mit Flachdach und Friesen, einem repräsentativen von der Straße abgekehrten, säulengeschmückten Haupteingang und zwei großen Veranden lieferte die Bauabteilung des Bergwerks. Zur

Alt-Oberhausen

Stadtbad (Ebertbad), 1930

Villa gehörten ein weitläufiger Garten, heute Königshütter Park, ein Gartenhaus sowie ein Gewächshaus. Gehen Sie die Grillostraße weiter bis zum **Ebertplatz (13)**. Benannt sind Straße, Platz und Bad nach Friedrich Ebert, dem ersten Reichspräsidenten der Weimarer Republik. Das Ebertbad wurde 1895 nach den Plänen des Stadtbaumeisters Regelmann als Volksbadeanstalt erbaut, wird aber seit 1983 nicht mehr als Hallenbad genutzt. Diese erste Badeanstalt Oberhausens stellt ein sozial- und kulturgeschichtlich wichtiges Beispiel für die Anstrengungen im Gesundheits- und Hygienewesen des ausgehenden 19. Jahrhunderts dar. Der basilikaähnlichen Schwimmhalle im Innern entspricht die wohlproportionierte Fassade mit Lisenen und Blendbögen. Nach der Schließung 1983 entbrannte eine heiße Diskussion über ihre zukünftige Nutzung. 1985 schließlich gründeten vier Kommunalpolitiker, drei Architekten und engagierte Bürger eine Initiative Ebertbad, der es letztlich zu verdanken ist, daß das denkmalgeschützte Gebäude heute als Veranstaltungshalle für Konzerte, Theateraufführungen sowie für Tanzveranstaltungen genutzt wird. Der Platz neben dem Ebertbad ist in diesem Zusammenhang zu einem gemütlichen Biergarten umgestaltet worden. Spätestens seit der „Geflügelwoche" 1999 im Ebertbad mit Götz Alsmann, Meret Becker sowie Stefan Stoppok, Georgette Dee und den Missfits haben Susanne Fünderich und Hajo Sommers das Ebertbad zum kulturellen Highlight gemacht. Zur rechten Seite des Platzes liegt das Theater Oberhausen, das 1920 als Sprechtheater gegründet wurde und seitdem immer wieder Umstrukturierungen

Stadttheater, 1930er Jahre

erfahren hat. Der „Kaaksche Saal" war das erste Theatergebäude Oberhausens in den ersten Jahrzehnten des 20. Jahrhunderts, das ganz im repräsentativen Stil der Kaiserzeit am damaligen Hindenburgplatz, dem heutigen Ebertplatz, lag. Dabei war der Kaaksche Saal ursprünglich nur eine Gasthausbühne, dessen Saal- und Bühnenverhältnisse „recht mangelhaft" und „äußerst primitiv" waren, so der erste Kulturdezernent Henn. Immer wieder und trotz des Krieges wurden zahlreiche bauliche Erweiterungen vorgenommen, bis der Kaaksche Saal schließlich zum Stadttheater umgebaut wurde, das 1945 allerdings völlig zerstört wurde. 1949 wurde dann das „Neue Haus" nach Plänen von Ludwig Freitag in seiner heutigen Form mit seiner Fassade aus klar gegliederten Ziegel- und Glasflächen aufgebaut. Zum Baudezernenten berief die Stadt den führenden NS-Architekten Friedrich Hetzelt, der die Leitung des Neubaus übernahm. Damit war Oberhausen die erste Stadt des Reviers, die nach dem Krieg ein neues Theater einweihte. Mit diesem Wiederaufbau an alter Stätte setzte sich eine kontinuierliche Entwicklung fort, wovon der Name „Neues Haus" zeugt. Das Theater wurde als Musiktheater mit den Sparten Oper, Operette, Musical und Ballett geführt. 1974 wurde das „Theater im Pott" (TIP) eingerichtet. Ende der 60er Jahre trat das Schauspielhaus vor allem durch Klassikerinszenierungen und durch Uraufführungen von Handke-Stücken überregional in Erscheinung. Unter anderem hat sich hier der im Januar 2000 verstorbene Schauspieler Diether Krebs, gebürtiger

Essener, einen Namen gemacht. Inzwischen hat das Theater unter der Intendanz von Klaus Weise (seit der Spielzeit 1992/93) „zurück zu den Wurzeln" gefunden. Klaus Weise und sein Team etablierten ein neues Sprechtheater für die Region, das Schauspiel Oberhausen. Seitdem hat es auch überregional für große Aufmerksamkeit gesorgt und wurde für die Spielzeit 98/99 bereits zum zweiten Mal in der Kritikerumfrage von „Neues Rheinland" zum „besten Theater der Saison" gekürt. Integriert wurde zudem das TIP. Gespielt, gelesen und musiziert wird nicht nur auf der großen Bühne, im Studio 99 oder im Falstaff-Foyer, sondern immer wieder auch an ungewöhnlichen Orten, an denen der rauhe Charme des Ruhrgebiets sich mit ungewöhnlichen und experimentellen Erzählformen eine Brücke schlagen konnte – wie dem Gasometer, der Halde Haniel an der Stadtgrenze zu Bottrop, dem Klärwerk Emschermündung oder der Zinkfabrik Altenberg.

Folgen Sie nun vom Ebertplatz dem weiteren Verlauf der Sedanstraße, bis Sie erneut auf eine Freifläche zur Linken treffen, dem **John-Lennon-Platz (14)**, der an den legendären Musiker der Beatles erinnert, der 1980 in New York ermordet wurde. Gehen Sie rechts in die Roncallistraße, benannt nach Papst Johannes XXIII. Vor sich sehen Sie die neugotische **Marienkirche (15)**. Sie wurde als dreischiffige Basilika mit eingezogenen Doppeltürmen 1894 nach Plänen von Friedrich von Schmidt fertiggestellt. Er wirkte zuvor als Dombaumeister in Mailand und entwarf anschließend in Wien als Baumeister am Stephansdom die Pläne für das Wiener Rathaus, wofür er geadelt wurde. Die Ausgestaltung des Innenraums der größten Kirche Oberhausens zitiert und variiert die Architektur des Florentiner Doms. Das Wohnviertel ist nach der ersten Marienkirche benannt, für die die Eisenbahnverwaltung das

Grundstück stiftete, da im Marienviertel überwiegend katholische Eisenbahner wohnten. Gehen Sie links durch die Elsa-Brändström-Straße bis zur nächsten Querstraße, der Tannenbergstraße. Dort biegen Sie nach rechts ein und gelangen zur Mülheimer Straße, die ehemals die Grenze zwischen Lippern und Lirich markierte und heute als B 223 bekannt ist. Bis 1892 hieß sie auch Düsseldorf-Münstersche-Provinzialstraße. Schräg gegenüber sehen Sie das neue Arbeitsamt, den Endpunkt des Spaziergangs. Sie überqueren die verkehrsreiche Straße, gehen links am Arbeitsamt vorbei und erreichen die Haltestelle Arbeitsamt. Von hier aus können Sie bequem zum Hauptbahnhof zurückfahren oder den nächsten Rundgang anschließen.

Wappen der Stadt Oberhausen am Rathaus

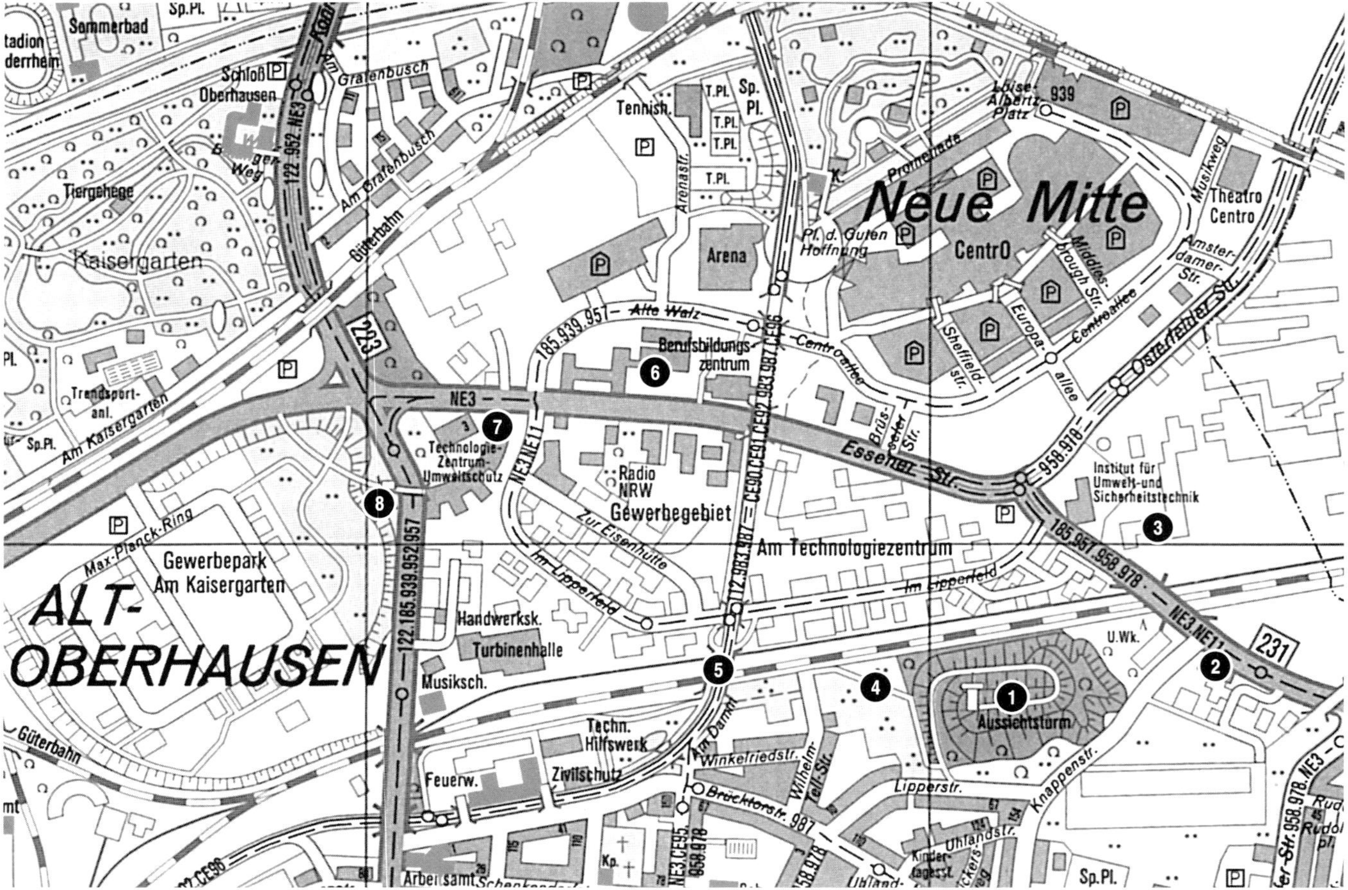
Neue Mitte
CentrO
Arena
Theatro Centro
Sommerbad
Schloß Oberhausen
Tiergehege
Kaisergarten
Trendsport-anl.
Am Kaisergarten
Güterbahn
Am Grafenbusch
Tennish.
Arenastr.
Promenade
Musikweg
Luise-Albertz-Platz
Pl. d. Guten Hoffnung
Middlesbrough Str.
Amsterdamer-Str.
Osterfelder Str.
Europaallee
Sheffield-str.
Centroallee
Alte Walz
Brüsseler Str.
Berufsbildungszentrum
Essener Str.
Technologie-Zentrum-Umweltschutz
Radio NRW
Gewerbegebiet
Zur Eisenhütte
Im Lipperfeld
Am Technologiezentrum
Institut für Umwelt- und Sicherheitstechnik
Max-Planck-Ring
Gewerbepark Am Kaisergarten
ALT-OBERHAUSEN
Handwerksk.
Turbinenhalle
Musiksch.
Techn. Hilfswerk
Zivilschutz
Feuerw.
Am Damm
Winkelriedstr.
Wilhelm-Tell-Str.
Brücktorstr.
Lipperstr.
Knappenstr.
Uhlandstr.
Aussichtsturm
U.Wk.
223
231
1
2
3
4
5
6
7
8

Claudia Leyendecker / Eckhard Piennak

Lipperfeld: Ausblick und Durchblick auf Tempelchen, Henkelmänner und einen Gläsernen Menschen

Ausgangspunkt: *Haltestelle Arbeitsamt (Straßenbahn 112, Busse CE 90, CE 91, CE 92, CE 96)*

Endpunkt: *Haltestelle Schloß Oberhausen (Busse 122, 952)*

Dauer: *2-3 Stunden*

An sonnigen Märztagen denke ich oft an meine Großmutter zurück, die nach ihrer Pflanzarbeit in unserem kleinen Bundesbahn-Schrebergarten vor dem Küchenspiegel stand. Ich sah dann den grauen Schmutz, den sie sich aus ihrem Gesicht wusch. In solchen Momenten wurde mir immer wieder bewußt, daß ich in einer pulsierenden Industrieregion aufwachse. Obwohl es in Oberhausen schon lange keine rauchenden Schlote mehr gibt, ist die Region noch fern klarer Gebirgsluft, aber der Himmel ist blauer und reiner als vor Jahrzehnten. Ich erinnere mich noch gut an die lebendigen Zechen und die florierende Montanindustrie in Oberhausen, lese interessiert über das harte Leben der Bergarbeiter und deren Alltagswelten noch vor siebzig Jahren. Da erfahre ich von den Zuständen in einem Haus in der Knappensiedlung, mit 145 gemeldeten Menschen auf zwei Etagen, lese über das Leben in diesem Viertel und höre Beschreibungen über den Schmutz vergangener Zeiten, den Qualm und den ewigen Ascheregen, der die Fenster über Jahre blind gemacht hat. Heute ist vom Rauch nichts mehr zu sehen, doch in meiner Erinnerung wird die Vergangenheit wieder wach.

Von der Haltestelle Arbeitsamt gehen Sie durch die Brücktorstraße zur Uhlandstraße, in die Sie links einbiegen, bis zur Knappenstraße, die Sie wiederum links bis an den Fuß der Knappenhalde führt. Auf dem Weg dorthin sehen Sie vereinzelte Bergarbeiterhäuser, die zwischen 1870 und 1892 errichtet wurden. Die Wohnverhältnisse waren von den heutigen Vorstellungen weit entfernt. Die Wohnungsnot zwang häufig gleich mehrere Familien in zwei oder drei Zimmern zusammen. Drei, vier, oft noch mehr Familien, von denen manche zudem mehrere Schlaf- oder Kostgänger aufnahmen, bewohnten ein kleines einstöckiges Haus. Erschwerend kamen die katastrophalen hygienischen Verhältnisse rund um die Knappenhalde hinzu. Die Anwohner des Knappen- und des Brücktorviertels hatten gegen den Staub und den Schlamm der Halde zu kämpfen. In diesen Vierteln lebten die Kumpel mit ihren Familien, die auf der Zeche Oberhausen arbeiteten. Sie befand sich nordöstlich der Knappenhalde. Die von Franz Haniel 1857 gegründete Zeche förderte für die Gutehoffnungshütte bis 1931 Steinkohle. Die Schwerindustrie bewirkte im 19. Jahr-

Halde der Zeche Oberhausen, 1899

Hochofenanlage I der Gutehoffnungshütte an der Köln-Mindener-Eisenbahnstrecke, 1920er Jahre

hundert hier – wie überall im Ruhrgebiet – einschneidende Veränderungen. Nach dem Bau der Köln-Mindener-Eisenbahn und im Zuge der Verlagerung des Kohleabbaus nach Norden wandelte sich auch im heutigen Knappenviertel das Leben. Und im Lipperfeld wuchs die Halde. Wo einst der Schliepershof gestanden hatte, begannen nun die Bergleute – die Knappen – das taube Gestein aufzuschütten, das sie mit der Kohle zutage förderten.

Die **Knappenhalde (1)** ist mit ihren 101 Metern die höchste Erhebung in Oberhausen. Die Aufschüttung der Halde erfolgte mit Beginn der Förderung auf der Zeche Oberhausen. Obwohl im Jahre 1931 als Folge der Weltwirtschaftskrise die Zeche Oberhausen schloß, wurde dennoch in den Folgejahren die Halde stetig aufgeschüttet. Nach Ende des Zweiten Weltkriegs waren zwei Drittel der Wohngebäude zerstört oder beschädigt. Die Überlebenden trugen den Trümmerschutt zusammen und luden ihn auf der Knappenhalde ab. Diese wuchs so um eine runde Million Kubikmeter Schutt und Geröll und erreichte damit ihre endgültige Höhe. Ihre heutige Gestalt erhielt die Knappenhalde durch die Begrünung Anfang der 1950er Jahre und 1960. Schüler, Studenten und auch Strafgefangene pflanzten Weidenschößlinge und andere Jungbäume. 1980 begann die Vorerschließung durch das Einschlagen einer Waldschneise. Hauptweg und Haldenkuppe wurden errichtet, das Wiesengelände entrümpelt und an der Westseite alter Trümmerschutt beseitigt. 1981 erfolgte die Erschließung durch Aufstellen von Ruhebänken. Im Zuge ei-

Lipperfeld

Hochofenanlage II der Gutehoffnungshütte an der Köln-Mindener-Eisenbahnstrecke, 1920er Jahre

ner Wohnumfeldverbesserung und dem Landesprogramm zur Förderung von Kunst im öffentlichen Raum wurde die Knappenhalde mit Kunstwerken bestückt. Dafür sehen die Richtlinien der Stadt Mittel vor. Bei Bauvorhaben zwischen einer und fünf Millionen DM sind 2 % der Summe für Kunst einzuplanen. Dank der Errichtung der heutigen Neuen Mitte Oberhausen standen 1993 rund 215.000 DM zur Verfügung. Zu einem Ideenwettbewerb wurden acht Künstler eingeladen, die folgende Vorgaben erhielten: „Es stellt sich Ihnen die Aufgabe, das Gebiet an und auf der Knappenhalde, den serpentinenförmigen Haldenweg unter Einbeziehung der alten Brückenpfeiler künstlerisch zu gestalten. Dabei kann ein geschichtlicher Bezug genommen werden. Bezugspunkt soll die Knappenhalde selber sein, ihre Flora und Fauna sowie ihre Architektur. Dekorative und rein farbige Akzentuierungen sind nicht erwünscht." Folgende weitere Aspekte waren zu bedenken: Beachtung der Sozialverträglichkeit von Kunst, Einbeziehung des historischen Kontexts des Brücktorviertels sowie die räumliche Nähe zur Neuen Mitte Oberhausen. Im September 1993 fällte die siebenköpfige Kommission ihre Entscheidung.

Nun beginnen Sie mit dem Haldenaufstieg. Auf dem Weg begegnen Sie den Arbeiten von Werner Philipp Klunk aus Oberhausen, einem der drei Wettbewerbsgewinner. Mit seiner Arbeit „Berg der Arbeit" führt er Sie auf den Gipfel der Halde. Er entwickelte eine Art Zeichensystem für die Halde. Es stellt geschichtliche Aspekte zum damaligen

Umfeld dar und ist in erster Linie für die Menschen vor Ort konzipiert. Die Zeichen wurden auf dem spiralförmig verlaufenden Weg mit grauen Pflastersteinen angelegt, anschließend verfugt und dann mit Zement eingefaßt. Pflastersteine sind hier ein gebräuchliches Material und wirken daher nicht fremd. Die Zeichen sind so angeordnet, daß man von einem zum nächsten sehen und wandern kann und somit spielerisch auf den Gipfel der Halde geführt wird. Ursprünglich waren nur acht Zeichen geplant, doch nun sind es sechzehn. Jedes Zeichen steht für sich, kann aber auch im Zusammenhang entschlüsselt werden. Sie erzählen jeweils eine Geschichte und lassen viel Raum für Interpretation. Das Thema lautet „von der Handarbeit zur Diversifizierung" (Vielfalt). Am Fuße der Halde beginnt der Aufstieg mit dem Symbol zur „Handarbeit". Es folgen: „Fabrik", „Arbeiterschaft bzw. menschliche Ressourcen" sowie „Wasserweg und Transport". Der menschliche Aspekt ist durch die Symbole „Schwere Arbeit" und „Haus und Wohnen" aufgegriffen worden. Beim weiteren Aufstieg geht es um „Energie", „Transport", das „Verhältnis Hand- zur Kopfarbeit", „Maschinen", den „Standardisierten Arbeitsablauf", „Handwerkszeug", „Monitor-Mann oder Computer-Arbeitsplätze", und wiederum einen Vergleich zur „Handarbeit". All das stellt eine „Entwicklung" dar bis hin zur „Vielfalt".

Hier noch einmal alle 16 Symbole in der Reihenfolge:
1. Handarbeit, 2. Fabrik, 3. Arbeiterschaft bzw. menschliche Ressourcen, 4. Wasserweg und Transport, 5. Schwere Arbeit, 6. Haus und Wohnen, 7. Energie, 8. Transport, 9. Verhältnis Hand- zur Kopfarbeit, 10. Maschinen, 11. Standardisierter Arbeitsablauf, 12. Handwerkszeug, 13. Monitor-Mann oder Computer-Arbeitsplätze, 14. Handarbeit, 15. Entwicklung, 16. Diversifizierungsphase.

Oben angelangt, können Sie jetzt vom Aussichtsgerüst einen schönen Ausblick auf Oberhausen genießen. Gehen Sie auf gleichem Weg die Halde wieder hinunter, überqueren die Knappenstraße und folgen Sie auf der anderen Straßenseite der Ziegelmauer nach links. Dahinter verbirgt sich das Gelände der ehemaligen Zeche Oberhausen. Wenn Sie nach ca. 150 Metern die Einmündung der Knappenstraße in die Essener Straße erreichen, könnten Sie den Eindruck gewinnen, daß ihnen die Verfasser einen Streich gespielt haben. Direkt am Ende der Ziegelmauer angebracht, verkündet ihnen eines der bekannten gelben Ortsschilder, daß Sie sich nun auf dem Stadtgebiet von **Schilda (2)** befinden. Ein paar Schritte durch die Einfahrt aufs Zechengelände klären diesen Irrtum auf. Eine kleine Schauspielergruppe hat dort ihre Spielstätte nach der Stadt benannt, deren Bürger mit ihren törichten Unternehmungen viele Volkserzählungen bereichern. Gar nicht so töricht war die Idee von Holger Hagemeyer und seinen Schauspielern, eine frühere Werkzeughalle der Zeche Oberhausen anzumieten und zur Musical- und Theaterbühne umzubauen. Sie verlassen das Gelände auf dem gleichen Weg und überqueren 50 Meter weiter an der Fußgängerampel die Essener Straße. Einige Schritte weiter links überquert diese die Gleise der Köln-Mindener-Eisenbahn. Vom Gehweg der Eisenbahnbrücke haben Sie einen guten Ausblick auf das riesige Gelände, das sich rechts davon erstreckt und schauen einige Jahrzehnte zurück in die Vergangenheit. Auf 700.000 Quadratmetern erstrecken sich dort die letzten Reste der einstigen Oberhausener Stahlherrlichkeit. Kaum zu glauben, daß die riesigen Anlagen erst 1980 als damals größtes **Elektrostahlwerk (3)** Deutschlands von der Thyssen AG in Betrieb genommen wurden. Scheinen sie doch mit ihren grauroten Ziegelhallen, ihren Kühltürmen und Bahnanlagen im direkten

Kontrast zur Architektur der Neuen Mitte die Vergangenheit des Ruhrgebiets zu symbolisieren. Dabei stellte dieser Typus des Elektrostahlwerks im Vergleich zu den älteren Verfahren nach Thomas oder Siemens- Martin den neuesten Stand der Technik dar und ermöglichte die Herstellung hochwertigen Edelstahls. In sogenannten Elektro-Lichtbogenöfen mit einem Fassungsvermögen von 300 Tonnen wurde der Rohstahl unter Zugabe von Stahlschrott auf eine Temperatur von bis zu 3.500 ° C erhitzt. Durch diese Behandlung verbrannten die unerwünschten Einschlußstoffe des Stahls, vor allem Reste von Kohlenstoff aus der Roheisenschmelze. In zusätzlichen Schmelzen im Elektro-Induktionsofen konnte der nun reine Stahl mit anderen Metallen wie Nickel, Chrom oder Titan zu hochwertigen Spezialstählen legiert werden, die als Grundmaterialien in der Hochtechnologie vielfältige Verwendung fanden.

Aufgrund der anhaltenden Krise auf dem internationalen Stahlmarkt wurde das Stahlwerk nach nur 17 Jahren Betriebszeit Ende 1997 geschlossen. Zuletzt waren auf dem riesigen Gelände noch 190 Stahlarbeiter beschäftigt. Durch den endgültigen Abschied der Stahlindustrie (Rohstahlproduktion) aus Oberhausen ergeben sich hervorragende Chancen, das Gelände der Neuen Mitte in seiner Größe annähernd zu verdoppeln und die Schalthebel endgültig auf Zukunft zu stellen.

Als Vorbild für die zukünftige Nutzung und Gestaltung des Elektrostahlwerks an der Essener Straße könnte das Thyssen-Hüttenwerk in Duisburg-Meiderich dienen: Es wurde nach der Stillegung vor einigen Jahren zum Landschaftspark Duisburg-Nord umgestaltet. Genau wie dort soll auch an der Essener Straße ein Teil der industriellen Bauten erhalten bleiben. Sind es in Duisburg Rückzugsräume für Pflanzen und Tiere, künstlerische Lichtinstallationen und Konzertveranstaltungen vor der Hochofenkulisse, die das Bild des ehemaligen Hüttenwerks bestimmen, so werden in Oberhausen andere Schwerpunkte gesetzt. Eine multimediale Erlebniswelt soll schon bald Einzug in die Hallen halten. Anstoß zu dieser Idee gab nicht zuletzt der große Erfolg einer Ausstellung im Gasometer: „Der Traum vom Sehen" veranschaulichte dort mit einer Vielzahl von Exponaten und Installationen Geschichte, Gegenwart und Zukunft des Fernsehens und lockte 1997 so viele interessierte Besucher nach Oberhausen, daß die Ausstellung 1998 wiederholt wurde. Unter dem Titel „O.Vision Zukunftspark Oberhausen" wird die geplante High-Tech-Ausstellung im Elektrostahlwerk allerdings in zweifacher Hinsicht über die Gasometer-Schau hinausgehen: Thematisch sollen auch Radio- und Computertechnologie eingebunden werden, und durch die Einrichtung einer ständigen Messe für innovative Medientechnologien sollen privatwirtschaftliche Impulse gesetzt werden. Doch das Gelände hat noch mehr zu bieten: Dort, wo sich jenseits der großen Werkshallen heute noch stillgelegte Anlagen der Werksbahn erstrecken, soll sich in naher Zukunft ein alter Menschheitstraum erfüllen. „Die phantastische Reise", der Science-Fiction-Klassiker aus dem Jahre 1965, gibt ebenso Zeugnis von diesem Traum wie die umstrittene Ausstellung „Körperwelten" des Pathologen Gunther von Hagens: Es ist der Traum des Menschen, in den eigenen Körper hineinzuschauen. Auf unterhaltsame und spannende Weise soll den Besuchern des Zukunftsparks eine Reise in das Innere des menschlichen Körpers ermöglicht werden. Ein „Gläserner Mensch" von 200 Metern Länge, 40 Metern Breite und 65 Metern Höhe – aus statischen Gründen in liegender Position – kann dann mit einer Kleinbahn entlang seiner gläsernen Arterien und Venen erkundet werden. In allen wichtigen Organen werden Halte-

Christine Ferreau
„Gute Hoffnung in Oberhausen":
Von der Eisenhütte zum Weltkonzern

19. Dezember 1997: In Oberhausen wird die letzte Charge Stahl gekocht. Mit der Schließung des Thyssen-Stahlwerks an der Essener Straße gehen fast 250 Jahre schwerindustrieller Geschichte zu Ende: Oberhausen, die „Wiege der Ruhrindustrie", ist keine Stahlstadt mehr.

Dabei ist die Entwicklung der Stadt Oberhausen in kaum vergleichbarer Weise verbunden mit der Geschichte eines schwerindustriellen Unternehmens: der Gutehoffnungshütte (GHH). Begonnen hatte alles 1753 mit der Erlaubnis zur Gründung der ersten Eisenhütte im Ruhrgebiet, der St. Antony-Hütte in Osterfeld. 1782 folgten ihr die Hütten „Gute Hoffnung" in Sterkrade und 1791 „Neu Essen bei Overhausen an der Emsch". Mt dem Zusammenschluß zur „Hüttengewerkschaft und Handlung Jacobi, Haniel & Huyssen" (JHH) im Jahre 1808 begann die Erfolgsgeschichte eines Unternehmens, das wenige Jahrzehnte später zu den größten Deutschlands wurde.

Die Anfänge waren bescheiden: Die JHH produzierte und verarbeitete mit Holzkohlen erschmolzenes Roheisen, das dem englischen Koksroheisen preislich und qualitativ jedoch weit unterlegen war. Im Laufe der Zeit verlor die Roheisenproduktion daher zunächst an Bedeutung und die JHH konzentrierte sich erfolgreich auf die Weiterverarbeitung von importiertem Roheisen. Das geschah durch den Bau des Blechwalzwerks Oberhausen 1828-30, der „Alten Walz" an der heutigen Essener Straße. Das Blechwalzwerk wurde 1835 ergänzt durch ein Stabeisenwalzwerk, 1842 um ein Schienenwalzwerk. Bereits 1836 war das Puddelwerk zur Stahlerzeugung nach englischem Vorbild in Betrieb gegangen: Die wachsende Nachfrage nach Eisen und Stahl vor allem durch die Eisenbahn führte zu ständigen Modernisierungen und Erweiterungen der Betriebe. 1846 beschäftigte die JHH bereits 2.000 Menschen, über 1.000 allein auf der „Alten Walz". Zum Vergleich: Bei Gründung der Bürgermeisterei Oberhausen 1862 zählte man 5.995 Einwohner.

1853-1856 wurden die ersten fünf mit Steinkohlenkoks betriebenen Hochöfen zur Erzeugung von Roheisen auf dem Gebiet zwischen der Essener Straße und der Bahnlinie der 1846 eingeweihten „Cöln-Mindener-Eisenbahn" angeblasen. Ungefähr zur gleichen Zeit teufte die JHH die Zeche Oberhausen östlich der Eisenhütte ab: die erste „Hüttenzeche" im Ruhrgebiet! Bereits wenige Jahre später gab es kaum ein Hüttenwerk ohne eigene Zechen, also eigene Steinkohlenvorräte. Die JHH war zu einem Großunternehmen mit über 6.000 Beschäftigten geworden, das über eigene Kohlenförderung verfügte, über Werke zur Roheisen- und Stahlerzeugung, Betriebe zur Weiterverarbeitung des Stahls zu Halbzeugen und Blech- und Feineisenerzeugnisssen bis hin zum Maschinen- und Brückenbau in Sterkrade.

1873 wurde aus der „Hüttengewerkschaft und Handlung JHH" der „Actienverein Gutehoffnungshütte". Die folgenden Jahre der Wirtschaftskrise überstand die junge Aktiengesellschaft relativ gut, und ab Mitte der 1890er Jahre profitierte sie wie die übrigen Eisen- und Stahlunternehmen im Ruhrgebiet von der Boomphase im Vorfeld des Ersten

Die „Alte Walz" an der Essener Straße mit Puddelwerk, Hochofenanlage und Steinkohlengrube, um 1855

Weltkriegs. Die Werksanlagen wurden kontinuierlich erweitert und modernisiert, die Belegschaft wuchs von ca. 10.000 Mitarbeitern 1895 auf 30.000 Beschäftigte im Jahre 1914. Die GHH war damit das siebtgrößte Unternehmen im Deutschen Reich.

Die wachsende Bedeutung der GHH spiegelte sich auch in ihrem sozialpolitischen Engagement. Bereits die JHH hatte 1846 mit „Eisenheim" die erste Arbeitersiedlung des Ruhrgebiets gegründet. Betriebliche Krankenkassen, Alters- und Unfallversicherungen, Sparkassen und Werkskindergärten folgten. Diese Leistungen waren zum Teil motiviert durch ein soziales Verantwortungsgefühl des Unternehmens gegenüber den Arbeitern. Vor allem aber dienten sie zur Schaffung und Stabilisierung einer zuverlässigen, „treuen", auch politisch loyalen Arbeiterschaft: Solche „Stammarbeiter" waren unerläßlich für einen reibungslosen und erfolgreichen Produktionsablauf.

Der Erste Weltkrieg brachte für die GHH, die Teile der Fertigung auf Rüstungsproduktion umstellte, wie für alle eisen- und stahlindustriellen Werke deutliche Gewinne. Zudem wurden erstmalig Frauen in der Produktion eingesetzt, um die zum Kriegsdienst eingezogenen Männer zu ersetzen.

Das Ende des Krieges und die darauf folgenden politischen Umwälzungen hatten auch für die GHH Konsequenzen. Das Unternehmen verlor durch die Bestimmungen des Versailler Vertrags seine Erzgruben in Elsaß-Lothringen. Zudem litt man unter den Reparationsforderungen der Sieger, die allerdings durch großzügige Entschädigungszahlungen der neuen deutschen Regierung wieder aufgefangen wurden. Mit Hilfe dieser Gelder konnte der seit 1908 als Generaldirektor fungierende Paul Reusch das Unternehmen auf neue, erfolgsversprechende Wege bringen. Die 1920er Jahre waren die Zeit der großen Konzerne, und auch die GHH machte hier keine Ausnahme: Besonders spektakulär war die Übernahme eines süddeutschen Konkurrenzunternehmens 1920-21, der Maschinenfabrik Augs-

Hochöfen der Gutehoffnungshütte, 1920er Jahre

burg-Nürnberg, der MAN. Weitere größere und kleinere Firmen wurden der Oberhausener Mutterfirma angegliedert, mit dem Ziel, sich durch gestraffte Organisation, Ausschalten der Konkurrenz und durch Schaffung einer möglichst breiten Produktpalette auf dem Markt zu behaupten.

Die 1929 einsetzende Weltwirtschaftskrise traf Oberhausen und die GHH schwer: 30 % Erwerbslose verzeichnete die Statistik, die Zahl der Beschäftigten halbierte sich von 1929 bis 1933 auf 16.000 Mitarbeiter. Zahlreiche Betriebsteile mußten stillgelegt werden.

Durch die nationalsozialistische Aufrüstungspolitik vor allem im Rahmen des Vierjahresplans 1936 wendete sich das Blatt hin zu vollen Auftragsbüchern und zur Vollbeschäftigung. Die Sterkrader Brückenbauanstalt der GHH baute z. B. sämtliche Brücken für die Autobahn A 2. Ab 1937 herrschte nicht nur bei der GHH, sondern generell innerhalb der Eisen- und Stahlindustrie Arbeitskräftemangel. Mit Beginn des Zweiten Weltkriegs verschärfte sich die Lage auf dem Arbeitsmarkt weiter. Von 1939-45 wurden Tausende von Ausländern – Kriegsgefangene wie Zwangsarbeiter – in Oberhausen eingesetzt.

Das Kriegsende 1945 und das Ende der nationalsozialistischen Diktatur bedeuteten die Übernahme der montanindustriellen Konzerne unter alliierte Kontrolle. Durch „Entflechtung" sollte die wirtschaftliche und politische Macht der Ruhrgebiets-Großindustrie gebrochen werden. Die alte GHH wurde in drei neue Gesellschaften aufgesplittet: Der Zechenbesitz ging ein in die „Bergbau AG Neue Hoffnung", die eisen- und stahlindustriellen Kernbetriebe entlang der Essener Straße wurden zur „Hüttenwerk Oberhausen AG", kurz HOAG. Die Maschinen- und Brückenbaubetriebe in Sterkrade behielten fast den alten Namen „Gutehoffnungshütte Sterkrade AG".

Die weitere Entwicklung der GHH vollzog sich daher in drei Strängen: Die Bergbau AG Neue Hoffnung ging 1968 in die neugegründete Ruhrkohle AG (RAG) über. 1992 wurde mit der Schachtanlage Osterfeld das letzte fördernde Bergwerk in Oberhausen stillgelegt.

Die HOAG erlebte im Zuge des „Wirtschaftswunders" in den 1950er/60er Jahren ihre Blütezeit: 1960 verfügte sie über eine der bedeutendsten Hochofenanlagen in Europa mit 11 Öfen und erzeugte 10 % der bundesdeutschen Roheisenproduktion. Der 1983 stillgelegte Hochofen A war seinerzeit der zweitgrößte der Welt. Doch bereits Ende der 1960er Jahre begann sich abzuzeichnen, was bis heute als „Stahl- oder Strukturkrise" im Ruhrgebiet andauert. Neue Verfahrenstechniken mit immer höheren Produktionskapazitäten und immer weniger Arbeitskräften, Überkapazitäten in

Folge von Modernisierungen und die wachsende Konkurrenz durch Stahlwerke in Schwellenländern und Ländern der „Dritten Welt" bedeuteten das allmähliche Aus für zahlreiche eisen- und stahlindustrielle Betriebe im Ruhrgebiet.

Die HOAG wurde 1968 von der Duisburger August-Thyssen-Hütte aufgekauft, 1971 mit dem Thyssen-Werk in Duisburg-Hochfeld zur „Thyssen-Niederrhein AG" zusammengefaßt. Diese Entwicklung markierte den Anfang vom Ende, denn Thyssen konzentrierte sich auf seine Duisburger Produktionsbetriebe. Investiert wurde in Oberhausen nur noch in das 1980 in Betrieb genommene Elektrostahlwerk mit ca. 350 Beschäftigten. 1986 erfolgte der Stillegungsbeschluß für die gesamte Oberhausener Stahlindustrie, das Elektrostahlwerk arbeitete noch bis 1997.

Die Maschinen- und Anlagenbaubetriebe in Sterkrade produzieren bis heute Maschinen, Turbokompressoren, Schraubenkompressoren, Dampf- und Gasturbinen bis hin zur kompletten Anlagentechnik für den Weltmarkt. Doch auch hier wurden und werden Betriebsteile stillgelegt und Arbeitsplätze abgebaut. Seit 1986 sind die Sterkrader Betriebe als „MAN Gutehoffnungshütte AG" Teil des MAN-Konzerns in München. Aufgrund der wachsenden Bedeutung des Turbomaschinengeschäfts im MAN Konzern wurde das Unternehmen nach dem Zusammenschluß mit der Deutschen Babcock Borsig AG, Berlin, Mitte 1999 in die „MAN Turbomaschinen AG GHH BORSIG" umgewandelt. Sie allein ist heute übriggeblieben von fast 250 Jahren „Guter Hoffnung" in Oberhausen.

punkte eingerichtet, an denen die Besucher auch zu Fuß anhand von Modellen und Simulationen die Funktion des jeweiligen Körperteils studieren können. Über die verschiedenen Gefährdungen der Gesundheit werden sich die Besucher hier ebenso informieren können wie über die Möglichkeiten ihrer medizinischen Behandlung. Die geistigen Väter des „Gläsernen Menschen" sitzen im Oberhausener Fraunhofer-Institut für Umwelt-, Sicherheits- und Energietechnik, kurz UMSICHT. Alles in allem ein phantastisches Projekt, das der Neuen Mitte Oberhausen eine weitere Steigerung des Besucherstroms bescheren könnte.

Überqueren Sie nun wieder die Essener Straße und gehen bis zur Einmündung der Knappenstraße zurück. Folgen Sie dem Spazierweg, der rechts gegenüber der Schildahalle an der Knappenhalde entlang führt. Nach wenigen Metern entdecken Sie auf der linken Seite unter Bäumen vier „Industrietempelchen" von Hannes Forster aus Berlin, einem weiteren Gewinner des Wettbewerbs. Forsters Kunstwerke nehmen durch den aufgemauerten Klinker direkten Bezug auf die Industriearchitektur des 19. Jahrhunderts. Sie sind Nachbauten der Industriehallen früherer Zeiten mit den typischen Elementen Giebel, Gesims und Rundbogen. Forsters Arbeiten stehen auf den Pfeilern der ehemaligen Zechenbahn. Zwischen Halde und Bahnlinie gehen Sie weiter nach links, bis Sie an der Spundwand auf Plastiken weiterer Künstler treffen.

Mit dem ersten Abschnitt der Wohnumfeldverbesserung im Brücktorviertel 1987 standen für die künstlerische Gestaltung 30.000 DM zur Verfügung. Das Thema war schnell gefunden: „Durch Kunst einen Bezug zur eisenschaffenden Industrie herstellen". Die Jury entschied sich für die Vorschläge der Oberhausener Künstler Ernst Baumeister, von dem

Hauptverwaltung der Gutehoffnungshütte (Funkhaus Radio NRW), 1875

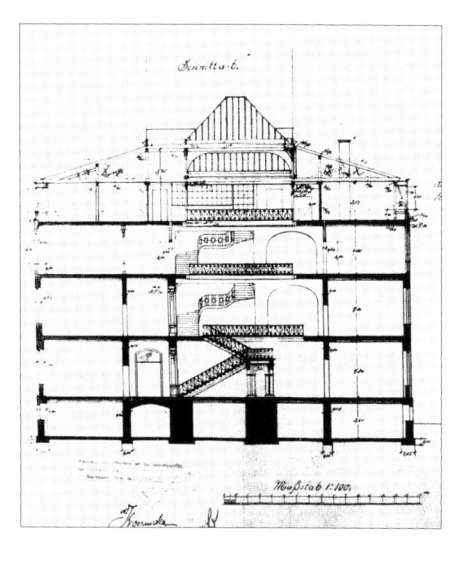

Bauzeichnung der Hauptverwaltung

die Wandplatten stammen und Adolf Franken, der die Bodenplatten schuf. 1990 wurden die Objekte auf dem Weg entlang der Eisenbahnlinie aufgestellt. Dem Weg weiter folgend, treffen Sie jenseits der Knappenhalde links auf die **Stahlskulptur „Durchblick" (4)** von Kuno Lange aus Hamminkeln. Dieser Plastik liegt folgende Idee zugrunde: Den Mittelpunkt des Ruhrgebiets bildet der Mensch. Im permanenten Wandel dieses Standortes ist es der Mensch, der entscheidend die Struktur seiner Umgebung beeinflußt und die Gestaltung seiner Umwelt und seines Lebensraumes nachhaltig prägt. Aus einzelnen Stahlsegmenten sind deshalb die abstrakten Konturen von Menschen gebrannt. Die Silhouetten bilden Sichtmarken, ermöglichen einen Durchblick auf Landschaft und Architektur. Symbolisiert wird der

Lipperfeld

Mensch als auslösende Kraft und Mittelpunkt der Veränderungen. Die Ausrichtung der Einzelsegmente zielt auf die Neue Mitte, auf die Knappenhalde und auf das Brücktorviertel. Diese Zielpunkte stehen symbolisch für Zukunft, Vergangenheit und Gegenwart.

Jetzt folgen Sie weiter dem Weg zwischen den Schrebergärten entlang der Bahnlinie. Sie unterqueren die Straßenbahntrasse und gehen in einem Bogen auf die Stahlbrücke – die **"Henkelmannbrücke" (5)**. Sie bekam diesen Namen, weil die Frauen der Industriearbeiter von der Brücke herab die Henkelmänner mit einer warmen Mahlzeit an Seilen zu ihren Männern hinunterließen. Im Zuge des neuen Trassenbaus sollte die Brücke ganz verschwinden. Dank des Einsatzes des Oberhausener Geschichtsvereins blieb die Brücke, etwas versetzt, erhalten und wurde restauriert. Sie überqueren die Brücke, halten sich links und biegen dann rechts in die Straße Zur Eisenhütte ein. Auf diesem Weg nähern Sie sich nun dem Kernstück der Verwaltung der ehemaligen Gutehoffnungshütte (GHH). Diese war bereits im Jahre 1808 durch den Zusammenschluß dreier älterer Eisenhütten ein wenig nördlich der Emscher, auf dem Gebiet des heutigen Stadtteils Osterfeld, gegründet worden.

In den Jahren 1920-26 gab die Gutehoffnungshütte die Bauten ihrer Hauptverwaltung III und ihres Hauptlagerhauses bei dem berühmten Architekten Peter Behrens in Auftrag. Um diese Gebäude von vorn betrachten zu können, müssen Sie der Straße Zur Eisenhütte bis zum Ende folgen, kurz rechts in die Straße Im Lipperfeld einbiegen und nochmals rechts, vorbei an Hackbarth`s Restaurant, einige Meter auf dem Bürgersteig der stark befahrenen Essener Straße zurücklegen. Die ehemalige Hauptverwaltung, rechter Hand gelegen, beherbergt heute das Funkhaus von Radio NRW. Hier wird das Mantelprogramm für fast alle privaten

Verwaltungsgebäude III der GHH, 1920er Jahre

Lokalsender in Nordrhein-Westfalen produziert. Gegenüber, auf der anderen Straßenseite, beeindruckt die funktionale Architektur des ehemaligen **Hauptlagerhauses (6)** der GHH. In gewisser Weise erfüllt es noch heute seine Funktion, dient es doch als Depot des Rheinischen Industriemuseums.

Obwohl die Straßenschilder darauf hinweisen, daß Sie sich weiter auf der Essener Straße befinden, hat die beeindruckende und beispielgebende Architektur die Internationale Bauausstellung Emscher Park (IBA) dazu bewogen, diesen Abschnitt der Essener Straße als "Allee der Industriekultur" auszurufen und anspruchsvoll weiterzuentwickeln. Dazu wurde, entsprechend den Plänen der Oberhausener Arbeitsgemeinschaft Funke, Lipkowsky und Sachweh, vor dem Hauptlagerhaus eine Nickelwalze in ihren Einzelteilen präsentiert. Es geht bei dem gesamten Projekt nicht allein um den Erhalt und die Sanierung historisch wertvoller Industriearchitektur, sondern ebenso um eine sinnvolle wirtschaftliche Nutzung der Gebäude. Dieser Anspruch wird umso deutlicher, wenn Sie sich umwenden, die Einmündung der Straße Im Lipperfeld überqueren und linker Hand das ehemalige **Werksgasthaus (7)** der Gutehoffnungshütte erreichen. Es beherbergt heute das Technologiezentrum Umweltschutz (TZU). Das ursprüngli-

Claudia Bruch
Moderne Industriearchitektur für Schrauben und Schreibpapier: Das Peter-Behrens-Hauptlagerhaus

Hauptlagerhaus, Essener Straße 80. Tausende von Arbeitern sind auf ihrem täglichen Weg zur Arbeit hier vorbeigekommen. Zu Fuß, mit dem Fahrrad oder Moped, dem Auto oder der Straßenbahn. In Eile morgens zur Schicht, abends schnell nach Hause. Für sie war das Gebäude, das etwas zurückgesetzt von der Straße liegt, vermutlich nicht mehr und nicht weniger als eben das Hauptlagerhaus der Hütte. Auch heute passieren es Tausende, eilen zum Shopping ins CentrO.

Nur wenigen wird dabei bekannt sein, in welchem Zusammenhang es entstanden ist und um was für ein außergewöhnliches Gebäude es sich handelt. Dabei zählen das Hauptlagerhaus mit dem ihm angegliederten Verwaltungsgebäude zu den herausragenden und bedeutendsten Industriebauten des frühen 20. Jahrhunderts.

Schon vor dem Ersten Weltkrieg hatte der Vorstand der Gutehoffnungshütte (GHH), der größten eisenproduzierenden und -verarbeitenden Industrie in Oberhausen, darüber nachgedacht, wie man die Vorratshaltung für die im ganzen Stadtgebiet verteilten Einzelbetriebe zusammenfassen könnte. Alle Ersatzteile und Gebrauchsgüter von der Schraube über den Fahrradschlauch bis zum Schreibpapier und der Glühbirne sollten zukünftig zentral und platzsparend aufbewahrt werden. Außerdem brauchte man eine Prüfstelle, die Artikel vor der Beschaffung testen und ihre gleichbleibende Qualität überwachen sollte. Hintergrund dieser Überlegungen waren die in allen Wirtschaftsbereichen intensiven Rationalisierungs- und Konzentrationsbestrebungen industrieller Organisation und Produktion.

Aber nicht nur rationell und praktisch sollte das neue zentrale Lager sein. Der Wunsch nach einem zugleich modernen und repräsentativen Gebäude bewog die GHH 1920, einen beschränkten Wettbewerb auszuschreiben. Gesucht wurde ein Architekt, der Zweckmäßigkeit mit Ästhetik verbinden sollte. Vier Architekten waren aufgefordert, ihre Vorstellungen zu entwickeln. Den Zuschlag erhielt nach reichlicher Überlegung der künstlerische Gestaltungsentwurf von Peter Behrens.

Mit dem 1868 in Hamburg geborenen Peter Behrens hatte man einen der führenden Industriearchitekten der Zeit gewonnen. Nach seiner Laufbahn als Maler und Kunstgewerbler wandte er sich seit der Jahrhundertwende als Autodidakt der Architektur zu. Als künstlerischer Beirat bei der AEG konzipierte er nicht nur Industriebauten und Siedlungshäuser für Arbeiter, sondern übernahm auch die künstlerische Gestaltung des gesamten Erscheinungsbildes der AEG, der Produktpalette, der Werbung, bis hin zum bekannten Firmenlogo.

Sein Vorschlag für das GHH-Lager: ein horizontal betonter, kubisch orientierter Baukörper auf Grundlage eines Stahlskeletts mit herausragenden Turmblöcken (Aktenaufzug, Lastenaufzüge und Treppenhäuser), die als vertikales, nach oben strebendes Gegengewicht dem mehrgeschossigen Komplex eine einprägsame Silhouette verleihen.

Ausschlaggebend für die Jury war die überzeugende äußere Gestaltung: „Die gleichmäßige Verteilung der Massen, die Anlage der Fenster und die horizontale

Lipperfeld

Hauptlagerhaus der Gutehoffnungshütte (Depot des Rheinischen Industriemuseums), um 1926

Blick in das dritte Geschoß des Hauptlagerhauses der Gutehoffnungshütte, um 1926

Linienführung geben dem Auge ein unbedingt ruhiges und sachliches Bild."

Dabei ist die äußere Architekturform wesentlich durch die Raumerfordernisse eines Lagers bestimmt: Das Stahlskelett teilt das 86 Meter lange Gebäude in einen dreischiffigen Innenraum mit sechs mal sechs Meter großen Rasterflächen, die eine übersichtliche Lagerung ermöglichen. Gemäß dem Motto „das Schwerste nach unten" beträgt die Deckenlast im Keller und Erdgeschoß fünf

Hauptlagerhaus der GHH im Bau, 1920er Jahre

Tonnen pro Quadratmeter und reduziert sich, entsprechend dem sich zusätzlich nach oben verjüngenden Gebäude, auf 500 kg/m² im obersten Geschoß. Die vielen bündig gesetzten quadratischen Sprossenfenster geben als Lichtbänder den Innenräumen eine große Helligkeit. Der Bau ist lang genug, um auf den parallel liegenden Gleisen den befördernden Eisenbahnwaggons Platz zu bieten. Auf den ihn längs flankierenden Rampen kann abgeladen werden, die weit vorkragenden Rampendä-

cher bieten den angelieferten und abgehenden Waren Schutz vor Regen, unter ihnen angebrachte Kranbahnen sorgen für eine reibungslose Verlademöglichkeit. Das Fundament des Gebäudes besteht aus einer 70 cm dicken Betonplatte; mehrere, durch das ganze Gebäude gehende Dehnungsfugen sorgen auf dem von Erdbewegungen nicht verschonten Baugelände für Stabilität. Nicht von ungefähr beurteilte Peter Behrens selbst den Gebäudekomplex als das Werk, an dem es ihm gelungen sei, seine Kunstanschauungen am klarsten zu verwirklichen.

1925/26 fertiggestellt, leistete das Gebäude dem Stahlunternehmen als das zentrale Magazin bis 1992 seine Dienste. Mit der Verlagerung des Standorts verlor auch das Lager seine Funktion und stand zum Verkauf.

Damit ergab sich für das Rheinische Industriemuseum mit seiner Zentrale in Oberhausen eine einzigartige Chance. Jahrelang war man auf der Suche nach einem geeigneten Lagerort für alle Exponate, die zeitweilig nicht in den Ausstellungen der insgesamt sechs Museumsorte gezeigt werden. Mit dem ehemaligen Hauptlagerhaus war endlich ein Gebäude gefunden, das nicht nur genügend Raum bot, sondern auch den passenden architektonischen Rahmen für die Sammlung des Industriemuseums. 1993 wurde der Kaufvertrag unterschrieben, wenig später mit der Sanierung des Gebäudes begonnen. Mit großer finanzieller Unterstützung des Landes und in Absprache mit dem Denkmalschutz wurde das Gebäude innen und außen behutsam aufgearbeitet, das Dach neu gedeckt und die marode gewordenen Heizungs- und Elektroinstallationen ersetzt.

Die baulichen Maßnahmen wurden 1998 abgeschlossen; seitdem dient das Gebäude als Museumslager. Die architektonischen Vorgaben lassen sich gut nutzen: Der Keller mit seiner massiven Fundamentplatte und den dicken Wänden ist sehr klimastabil. Deshalb werden hier die empfindlichsten Exponate, die auf Temperatur- und Feuchtigkeitsschwankungen äußerst sensibel reagieren, gelagert. Im Erdgeschoß befinden sich Eingangsdepot und Inventarisierungsraum, in dem die neuen Exponate mit allen bekannten Daten erfaßt und über ein computergesteuertes Lagerprogramm ihren künftigen Standorten in einem der fünf Lagergeschosse zugewiesen werden. Auch heute gilt natürlich die Maßgabe: „das Leichte obenauf". Zugleich sollen die Dinge auch systematisch gelagert werden, so daß die unterschiedlichen Sammlungsbestände mit einem Blick erfaßbar sind. Die oberste Etage, die „belle étage", bietet einen großartigen Überblick über die ehemalige Industrielandschaft. Wo einst die Gutehoffnungshütte mit ihren Hochöfen im Süden der Essener Straße und gegenüber mit ihren zahlreichen Verarbeitungsbetrieben residierte, präsentieren sich heute nur noch wenige Überreste der zuvor flächendeckenden Anlagen. Was liegt für ein Museum näher, als hier in luftiger Höhe einen Aussichts- und Ausstellungsraum zu schaffen? Blicke auf Vergangenheit und Gegenwart erwarten die Besucher. Durch historische Fotografien und Pläne von Gebäuden und Gelände sowie Blicke aus den Fenstern läßt sich Strukturwandel als Landschaftswandel sinnlich unmittelbar erfahren. Eine kleine Ausstellung über Peter Behrens gibt Einblicke in das Schaffen dieses so ungeheuer produktiven Industriearchitekten und Designers.

che Werksgasthaus, zur Straßenfront hin gelegen, wurde im Jahre 1917 nach Plänen des Architekten Carl Weigle in neoklassizistischem Stil errichtet. Neben seiner Funktion als Gästehaus diente es der Führungsetage und den Gästen des Stahlkonzerns als Casino. Heute steht es unter Denkmalschutz. Nach einer Grundsanierung der Bausubstanz und der Erweiterung um einen neuen Gebäudekomplex entlang der Straße Im Lipperfeld in den Jahren (1992/93) zog hier das Technologiezentrum Umweltschutz ein. Es gehört zu den Projekten der Internationalen Bauausstellung Emscher Park unter dem Motto „Arbeiten im Park". Das TZU ist eine innovative Schnittstelle zwischen Forschung und wirtschaftlicher Umsetzung in allen Bereichen der Umwelttechnologie. Unter den Schlagworten „Analyse, Planung, Technik" stehen den Mietern im TZU modernste Labor- und Büroeinrichtungen auf einer Fläche von (ursprünglich) 11.500 Quadratmetern zur Verfügung. Organisation und Verwaltung des Zentrums unterstehen der TZU Management GmbH, einer hundertprozentigen Tochter der Stadt Oberhausen. Interessant ist die bauliche Kombination von alten und neuen Gebäudeteilen. Obwohl der halbkreisförmig geschwungene Erweiterungsbau (TZU II) nach den Plänen des französischen Büros Reichen et Robert architektonisch eine ganz andere Sprache spricht als der Bau Weigles, übernimmt er doch im Frontbereich mit einer Ziegelfassade die Vorgaben des älteren Gebäudes. Der neu entstandene Innenhof zwischen den Gebäuden ist öffentlich zugänglich und unterstreicht mit weitläufigen Grünflächen den Anspruch des Technologiezentrums Umweltschutz, mit seinen Zielvorgaben vor der eigenen Haustür zu beginnen.

Innerhalb von drei Jahren waren sämtliche Büroflächen vermietet, so daß zwei Erweiterungsbauten notwendig wurden. Räumlich ein wenig entfernt, an der Ein-

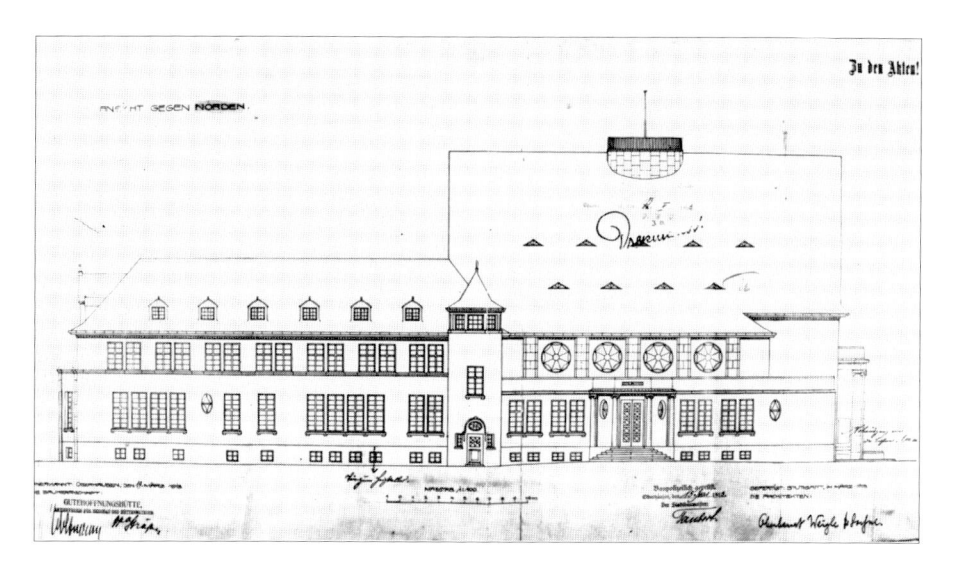

Werksgasthaus der Gutehoffnungshütte, Bauzeichnung von Carl Weigle, 1912

Werksgasthaus und Casino der GHH
(Technologiezentrum Umweltschutz), 1930er Jahre

Anette Kolkau
IBA Emscher Park:
Impulse für den Wandel des Ruhrgebiets

Als die Internationale Bauausstellung Emscher Park (IBA) 1989 ihre Arbeit in Gelsenkirchen aufnahm, gab man ihr zehn Jahre Zeit, um im nördlichen Ruhrgebiet Zeichen für einen Strukturwandel zu setzen. Der Aufgabenberg war riesig: Mit dem Wegbrechen der wirtschaftlichen Monostrukturen war die Region vor einen Berg von Problemen gestellt. Zurückgelassen wurden eine zerstörte Landschaft, vernachlässigte Städte, Arbeitslose, Industriebrachen, Stadtteile, die ihren Mittelpunkt verloren hatten. Gerade Mitte der 80er Jahre waren noch einmal eine ganze Reihe von Zechen, Hütten- und Stahlwerken stillgelegt worden.

Das Aufgabengebiet war grob strukturiert, die städtebauliche und landschaftliche Erneuerung war der Zielpunkt aller Aktivitäten. Per Ratsbeschluß traten damals die 17 Emscherstädte der IBA bei, denn schließlich läßt sich Strukturwandel in einem 800 Quadratkilometer großen Gebiet zwischen Duisburg und Dortmund nicht allein umsetzen.

Fünf Leitthemen bestimmten die Arbeit der IBA:

Emscher Landschaftspark. Die Landschaft der Region ist zersiedelt, zerstückelt, zerstört. Die Vision des Emscher Landschaftsparks: Auf einer Fläche von 300 Quadratkilometern wird die Landschaft wiederhergestellt und geschützt. Grünflächen werden miteinander verbunden. Wege für Radfahrer und Fußgänger machen das Grün erlebbar. Außerdem wird wild aufgeschossener Industriewald mit seinen erheblichen ökologischen, ästhetischen und Naherholungspotentialen geschützt und zugänglich gemacht. Kunst in und mit der Landschaft spielt in diesen Zusammenhängen eine Rolle, um mit den Charakteristika der Industrielandschaft zu spielen. Zwei eindrucksvolle Beispiele für den Wiedergewinn von Landschaft und die vorsichtige Erschließung für Naherholungszwecke liegen in Oberhausen am Rhein-Herne-Kanal. Mit der Landesgartenschau Oberhausen 1999 auf dem Gelände der Zeche und Kokerei Osterfeld ist ein Stück Landschaft an die Oberhausener zurückgegeben worden und mit dem Gehölzgarten Ripshorst ein durchgängig erlebbares Stück Grün entstanden.

Umbau des Emscher Systems. Die Emscher und ihre Zuflüsse, insgesamt 350 km offene Abwasserkanäle, können nach dem Rückgang des Bergbaus – so weit es geht – naturnah umgestaltet werden. Tiere und Pflanzen erhalten damit einen neuen Lebensraum. Der Läppkes Mühlenbach an der Stadtgrenze zu Essen zum Beispiel ist schon Ende der 1980er in seinem Oberlauf umgebaut worden. Das Abwasser wird in unterirdische Kanäle verlegt und in neu gebauten Kläranlagen dezentral geklärt. Der natürliche Wasserkreislauf in dieser hochversiegelten Region wird durch viele Projekte zur Regenwasserversickerung unterstützt.

Industriedenkmäler. 150 Jahre Industrialisierung haben ihre Zeichen in der Region hinterlassen. Gigantische Zechenanlagen, Hochöfen und Fördergerüste – imposante Relikte einer vergangenen Zeit. Sie sind architektonische Zeugnisse und erklären die Geschichte

Planungsraum der IBA Emscher Park, 1989-1999

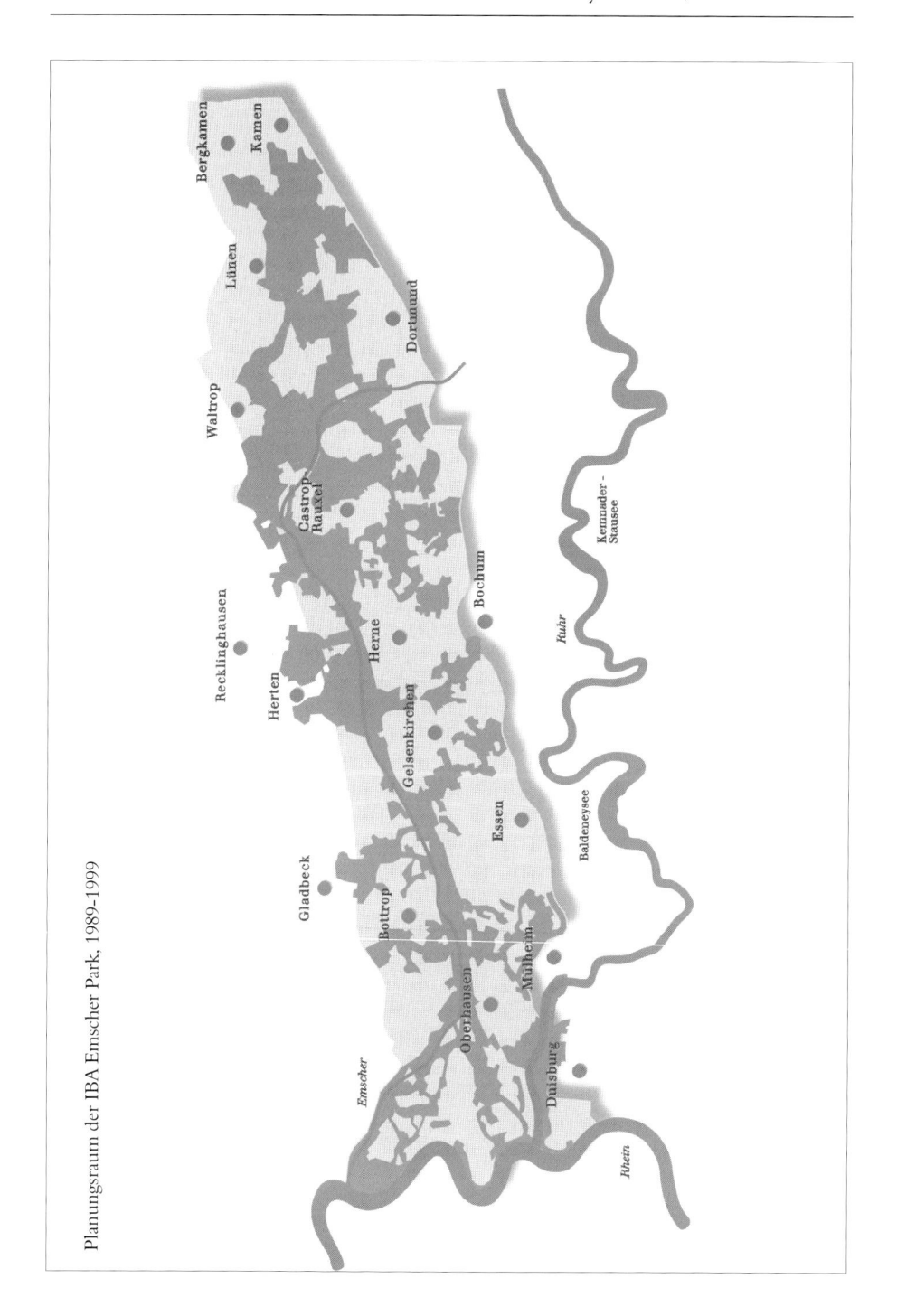

der Region. Erhalt und neue Nutzung waren die Ziele der IBA. In alte Hallen zieht neues Leben: Kunst, Kultur, Gewerbe oder Büros. Der Oberhausener Gasometer ist vielleicht das beste Beispiel für die Umnutzung eines Industriedenkmals, und die Oberhausener haben sich richtig entschieden. Sie haben eine alte Orientierungsmarke aus ihrer Geschichte bewahrt, die zu der ungewöhnlichsten und gefragtesten Ausstellungshalle in Nordrhein-Westfalen und darüber hinaus geworden ist. Der Gasometer ist Besuchermagnet und weithin sichtbares Zeichen des Strukturwandels im Ruhrgebiet.

Arbeiten im Park. Mit der Stillegung vieler Anlagen verschwanden die Herzen der Städte und hinterließen leere Flächen. Hier entstehen jetzt neue Orte der Arbeit. Die neuen Gewerbe- und Dienstleistungsparks, die Gründer- und Technologiezentren sind eingebettet in öffentlich zugängliche Parks. Sie sind allesamt gut gelegene Standorte für expandierende Unternehmen, für Gründer und zum Teil Transferstellen zwischen Wissenschaft und Wirtschaft. Das Technologiezentrum Umweltschutz an der Essener Straße ist mit seinem Erweiterungsbau nicht nur ein gutes Beispiel für einen Mix innovativer Unternehmen und Institute, sondern in seiner Architektur – bestehend aus dem umgebauten Altbau und dem von den Pariser Architekten Reichen und Robert entworfenen Neubau – ein ästhetisches und städtebauliches Highlight in Oberhausen.

Neues Wohnen. Die vielen Gartenstädte als typische Arbeitersiedlungen mit ihrem hohen Wohn- und Lebenswert wurden saniert, und moderne Neubauten mit ansprechender Architektur und viel Platz für Kinder entstanden. Auch an Familien mit kleinem Geldbeutel wurde gedacht. In insgesamt acht Siedlungsprojekten arbeiteten die Familien am eigenen Haus mit. Ihre Muskelhypothek half Geld sparen.

Zwei weitere Projekte sind im Rahmen der IBA in Oberhausen von Bedeutung: Der umgestaltete Hauptbahnhof und sein Umfeld, das zu einem attraktiven Stück Innenstadt geworden ist und das Projekt FRIEDA, eine Beschäftigungs- und Qualifizierungsgesellschaft, die Frauen den Weg zurück in den Beruf ebnete.

Weit über 100 Projekte sind im Rahmen der IBA auf den Weg gebracht worden. Die IBA nahm dabei eine Moderations- und Initiantenrolle ein und formulierte gemeinsam mit den Trägern genaue Qualitätsziele. Ökologische, städtebauliche und soziale Qualitäten waren Voraussetzungen für die Aufnahme eines Projekts und die vorrangige Förderung durch das Land NRW. In der zehnjährigen Laufzeit der IBA flossen rund 5 Mrd. DM in die Projekte. Ein Drittel dieser Gelder waren private Investitionen.

Die Region hat mittlerweile auch gerade über die Neunutzung ihrer Industriedenkmale zu neuem Selbstbewußtsein gefunden. Inzwischen werden die gemeinsamen Anstrengungen, die Projekte und die vielen neu entstandenen Kulturstätten an den ehemaligen Orten der Arbeit gern präsentiert und gerne besucht. Daher gehen die gemeinsamen Bestrebungen auch dahin, Tourismus in der Region zu fördern. Oberhausen spielt mit seinen neuen Akzenten rund um den Gasometer eine zentrale Rolle und vermittelt vielen Besuchern ein nachhaltiges Erlebnis vom neuen Ruhrgebiet.

Wasserturm im Bau, um 1898

mündung der Osterfelder Straße in die Essener Straße, hat sich das TZU III angesiedelt. Es beherbergt unter der Federführung der Fraunhofer Gesellschaft das Institut für Umwelt-, Sicherheits- und Energietechnik, UMSICHT e.V. Es befaßt sich u.a. mit Forschungen zur effizienteren Nutzung natürlicher Ressourcen. Ein vierter Teilabschnitt des Technologiezentrums Umweltschutz mit einer Gesamtfläche von 7.500 Quadratmetern wurde schließlich 1997 in unmittelbarem Anschluß an das TZU II errichtet.

Wenn Sie den Innenhof des Technologiezentrums durchquert haben, gehen Sie über die Hängebrücke, die das TZU-Gelände mit dem neuen Gewerbegebiet am Kaisergarten verbindet. Auf der anderen Straßenseite ist Ihnen sicher schon ein markantes Gebäude aufgefallen, das ebenfalls zu den Resten der GHH-Werksanlagen zählt: Es handelt sich um den alten **Wasserturm (8)**. Die luftige Höhe der Turmhaube von gut 60 Metern wurde nach seiner Errichtung im Jahre 1898 von den Preußischen Landnehmern als Trigonometrischer Punkt bestimmt. So ist es nur folgerichtig, daß sich dort ein Ingenieur- und Vermessungsbüro einrichtete, als der stillgelegte Turm 1979 zum Verkauf anstand. Aus den Büroräumen und vor allem aus den Fenstern einer kleinen Bar direkt unterhalb des ehemaligen Wasserspeichers bietet sich Diplomingenieur Dieter Michel und seinen Mitarbeitern ein phantastischer Blick über die Neue Mitte, den Kaisergarten und die Bahnanlagen der Köln-Minde-

Lipperfeld

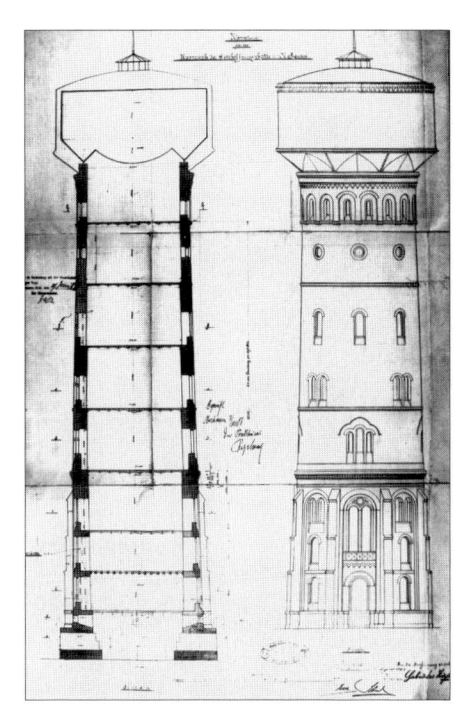

Wasserturm der GHH an der
Mülheimer Straße, Bauzeichnung, 1897

Förderhunt eines Hochofens,
Essener Straße/Konrad-Adenauer-Allee

ner-Eisenbahn bis hin zum alten Zentrum Oberhausens. Ein Rundblick, dem der öffentliche Zugang leider verwehrt bleibt – da ist es wohl nur ein geringer Trost, daß Ihnen der Aufstieg über immerhin 200 Treppenstufen erspart bleibt.

Überqueren Sie an der Fußgängerampel die Fahrbahn der B 231, die ab hier nicht mehr Essener, sondern Duisburger Straße heißt. Folgen Sie auf der anderen Seite der Kreuzung dem Fußweg auf der linken Seite der Konrad-Adenauer-Allee, die nach wenigen Metern eine Eisenbahnbrücke unterquert. Sie wurde nach einer Partnerstadt Oberhausens benannt, der nordwestenglischen Industriestadt Middlesbrough. Jenseits der Brücke können Sie nun linkerhand parallel zur Konrad-Adenauer-Allee durch den Kaisergarten spazieren – eine sicherlich erholsame Abwechslung nach dem Autoverkehr, der Sie in der vergangenen Stunde beständig begleitet hat. Wenn schließlich vor Ihnen die rosa Fassade von Schloß Oberhausen zwischen den Bäumen auftaucht, ist der Endpunkt der Tour erreicht. Wer noch genügend Energie und Unternehmungsgeist aufbringt, kann den folgenden Spaziergang durch die Neue Mitte anschließen.

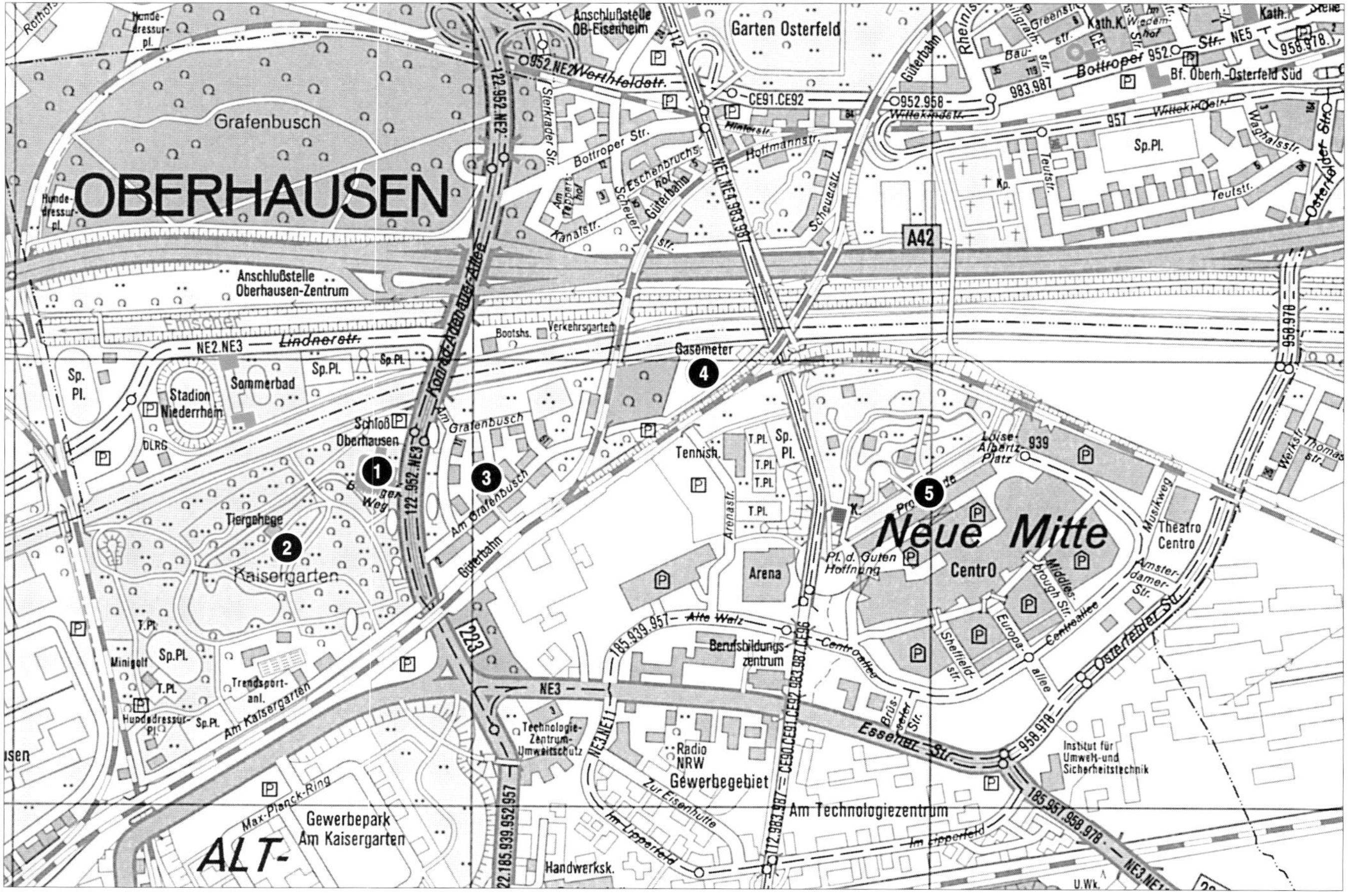
OBERHAUSEN
Neue Mitte
CentrO
Grafenbusch
Kaisergarten
Tiergehege
Schloß Oberhausen
Gasometer
Arena
Garten Osterfeld
Sommerbad
Stadion Niederrhein
Anschlußstelle Oberhausen-Zentrum
Anschlußstelle OB-Eisenheim
Konrad-Adenauer-Allee
Essener Str.
Osterfelder Str.
Am Technologiezentrum
Gewerbegebiet
Radio NRW
Berufsbildungszentrum
Gewerbepark Am Kaisergarten
Theatro Centro
Institut für Umwelt- und Sicherheitstechnik
Technologie-Zentrum Umweltschutz
Europa-allee
Centroallee
Sheffield-str.
Middlesbrough Str.
Amsterdamer-Str.
Musikweg
Luise-Albertz-Platz
Pl. d. Guten Hoffnung
Sterkrader Str.
Bottroper Str.
Teutstr.
Lindnerstr.
Verkehrsgarten
Bootshs.
Trendsport-anl.
Minigolf
Am Kaisergarten
Max-Planck-Ring
Zur Eisenhütte
Im Lipperfeld
Handwerksk.
Alte Walz
Arenastr.
Am Grafenbusch
Güterbahn
Bf. Oberh.-Osterfeld Süd
A42
223
ALT-
1
2
3
4
5

Rainer Schlautmann

Ab durch die Neue Mitte –
eine Zeitreise von vorgestern bis übermorgen

Ausgangspunkt: *Haltestelle Schloß Oberhausen (Busse 122, 952)*

Endpunkt: *Haltestelle Neue Mitte (Straßenbahn 112, Busse CE 90, CE 91, CE 92, CE 96, 185, 939, 957, 983, 987)*

Dauer: *2-3 Stunden*

Dieser Rundgang führt Sie vom Schloß, dem Namensgeber der Stadt, durch den historischen Kaisergarten zur aufwendig gestalteten Siedlung Am Grafenbusch.

Diese steht für die Zeit des großen Aufschwungs der Gutehoffnungshütte (GHH), des wichtigsten schwerindustriellen Betriebs der Stadt. Die GHH ließ auch den riesigen Gasbehälter am Rhein-Herne-Kanal errichten, der zum Wahrzeichen Oberhausens wurde. Von seinem Dach aus haben sie den besten Blick auf die „Neue Mitte" mit ihren Einkaufs- und Freizeitmöglichkeiten, durch die Sie der Spaziergang zum Abschluß führt.

Wenden Sie sich zunächst von der Haltestelle kommend der Ludwig Galerie

Maximilian Friedrich von Westerholt-Gysenberg
(1772-1854)

Friederike von Bretzenheim
(1771-1816)

Schloß Oberhausen, 1935

Schloß Oberhausen (1) zu. Gehen Sie die Treppen vor dem ehemaligen Herrenhaus hinunter und wenden Sie sich nach rechts, kommen Sie auf dem Weg zum Innenhof bereits an einigen der Skulpturen vorbei, die das Schloß umsäumen. Zunächst erwartet Sie am Treppenabsatz „La Danseuse" (Die Tänzerin) von Jean Ipousteguy, ein Stück weiter rechts des Weges finden Sie die fünf Meter große, dreiteilige Holzskulptur „Aufbäumung" von Hans Brockhage. Ganz in der Nähe wurde der aus Sandstein gehauene „Umsiedler" von Louis Guerrero aufgestellt und im Hintergrund fällt zudem die auf der Rasenfläche liegende „Gegenüberstellung" von Johannes Brus ins Auge. Schauen Sie sich nun vom Innenhof aus die Schloßanlage an. Als markanter Gegensatz zur Schloßarchitektur fällt die große Halle aus Stahl und Glas ins Auge, um die das einst für Maximilian Friedrich von Westerholt-Gysenberg entworfene Gebäude 1997 erweitert wurde. Die gräflichen Zeiten sind allerdings schon lange vorbei. 1802 war Maximilian mit Frau und Kindern hier gestrandet, nachdem er bei seiner Hochzeit auf den westerholtschen Familienbesitz hatte verzichten müssen. Seine Ehe galt als nicht standesgemäß: Die bürgerliche Friederike von Bretzenheim war die uneheliche Tochter des Kurfürsten Karl Theodor von der Pfalz. Das Gut Oberhausen war jedoch mehr Ruine als Haus, und Geld für einen neuen Herrschaftssitz besaß Maximilian nicht; zuletzt hatten Verwalter die Mitgift seiner Frau veruntreut. Eine Militärkarriere diente Maximilian zur Aufbesserung seiner Einkünfte. Er schloß sich Großherzog von Berg, Joachim Murat an, einem Schwager Napoleons und späteren Königs von Neapel, und als er 1808 nach Oberhausen zurückkehrte, hatte sich seine Lage entscheidend verbessert. Zudem verfügte er nun über eine ansehnliche Titelsammlung: kölnischer Kammerherr, Oberstallmeister des Königs von Neapel, Großwürdenträger des Ordens beider Sizilien, Kommandeur des Ordens vom heiligen Georg sowie Offizier der Ehrenlegion, Exzellenz und Ritter des Roten Adler-Ordens. Durch Auszahlung eines Erbteiles seiner inzwischen geadelten Frau war er in der Lage, den im Schloßbau erfahrenen August Reinking mit den Entwürfen für eine großzügige Anlage in klassizistischem Stil zu beauftragen. Eine undankbare Aufgabe: Vieles wurde verworfen, gebaut wurde schließlich bis 1818, doch es entstand in dieser Zeit lediglich ein schlichtes dreigeschossiges Haupthaus mit einem Südflügel, hufeisenförmig umschlossen von eingeschossigen Wirtschaftsgebäuden. Vollständig fertiggestellt wurde die Anlage nicht; die finanziellen Mittel des Bauherrn waren erschöpft. Dem Heimatkundler Wilhelm Seipp zufolge diente Schloß Oberhausen bis 1850 noch Gräfin Minzi, der ältesten Tochter, als Wohnsitz. Maximilian selbst zog nach dem Tod seiner Frau auf den Stammsitz der Familie, Haus Berge, wo er 1854 im Alter von 82 Jahren verstarb.

Verlassen Sie den Innenhof des Schlosses, aus der gläsernen Halle kommend, nach links. In der Gedenkhalle im Seitenflügel wird seit 1962 die Erinnerung an die Zeit nationalsozialistischer Herrschaft in Oberhausen wachgehalten. Vor der Gedenkhalle steht seither „Die Trauernde", eine Basaltskulptur von Willi Meller,

Neue Mitte

Die Familie von Westerholt-Gysenberg im Park von Oberhausen, um 1845, nach dem Gemälde von Winkler

an der die jährlichen städtischen Gedenkfeiern abgehalten werden. Auch die metallene Skulptur „Bombenkrater" von Heinrich Kasan ist von hier aus sichtbar. Geradeaus führt ein Spazierweg in den **Kaisergarten (2)**, der ältesten öffentlichen Grünanlage Oberhausens. 1896 erwarb die junge Stadt den südlichen Teil des heutigen Parks aus dem Westerholt-Gysenbergschen Besitz. An einer Pachtung des gesamten Areals einschließlich des Schlosses zeigte die Stadt damals noch kein Interesse. Am 22. März 1897 erhielt der Volkspark anläßlich des 100. Geburtstages Kaiser Wilhelms I. seinen Namen: „Kaisergarten". Der Gedenkstein für dieses Ereignis existiert zwar noch, ist inzwischen aber völlig verwittert, die Schrift kaum lesbar und die Reliefs fehlen. Den Gestaltungswettbewerb für den Kaisergarten gewann der einheimische Gärtner Tourneur. Das Erscheinungsbild des Parks hat sich seit Tourneurs Entwürfen viele Male gewandelt, nur eins ist gleichgeblieben – seine äußerst vielfältige Nutzung. Sie erreichen nach kurzem Weg einen Altarm der Emscher – eine der wenigen Möglichkeiten, heute noch auf ei-

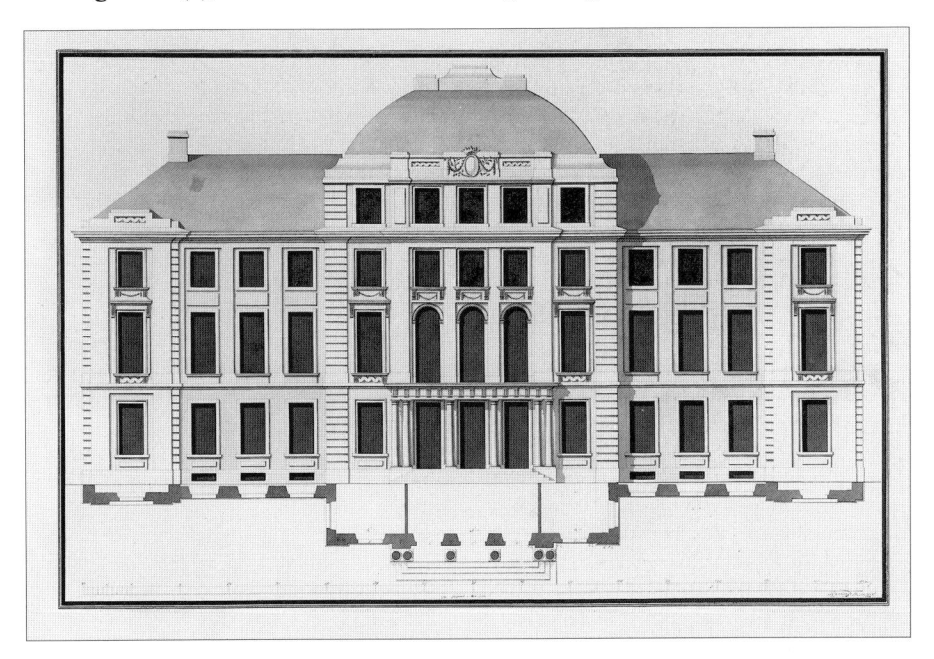

Schloß Oberhausen, Hauptfront mit Fassadengrundriß, Bauzeichnung von August Reinking 1814, 10. Entwurf (verworfen)

Caroline Schumacher-Kethler

Schloß Oberhausen: Ort der schönen Künste und lebenslanger Entscheidungen

Das Schloß Oberhausen hat die gesamte Geschichte der Stadt gleichsam als Zeitzeuge hautnah miterlebt. Sowohl dem Bahnhof der Köln-Mindener Eisenbahn als auch der sich um ihn entwickelnden Stadt diente es als Namensgeber.

1804 bis 1818 wurde es nach den Plänen des Münsteraner Hofbaumeisters August Reinking für Maximilian Graf von Westerholt-Gysenberg und seine Familie erbaut und 1912 von der Stadt erworben. Nach Kriegszerstörung wurde das ursprünglich einflügelige, klassizistische Hauptgebäude nicht als Kopie des Baues von 1818 wieder aufgebaut, sondern mit Elementen der zeitgenössischen Architektur von 1958, wie heute noch im inneren Treppenhaus am Geländer mit geschmiedetem Handumlauf und abschließender Kuppel zu sehen ist.

Als eine der ersten Museumsneugründungen der Nachkriegszeit wurde 1949 die Städtische Galerie im ehemaligen Herrenhaus von Schloß Oberhausen eröffnet. Neben bedeutenden Sammlungen rheinischer Impressionisten und Expressionisten und einer Sammlung internationaler Grafik des 19. und 20. Jahrhunderts hat sich die Städtische Galerie durch große kunst- und kulturgeschichtliche Ausstellungen einen guten Ruf erworben. Überregionale Bedeutung gewann sie durch die Angliederung des Ludwig Instituts für Kunst der DDR im Jahre 1983. Nach dem Willen des Aachener Sammlereheepaares Irene und Peter Ludwig sollte das Institut kontinuierlich der Dokumentation und Information über die Kunstentwicklung in der DDR dienen. 650 Werke aus den Bereichen Malerei, Plastik und Grafik umfaßte die Sammlung zum Zeitpunkt der Wiedervereinigung. Das Ludwig Institut für Kunst der DDR veranstaltete viele Übersichts- und Personalausstellungen im In- und Ausland und regte damit sowie durch die Herausgabe von Kunstkatalogen, Publikationen und die Veranstaltung von Künstlerbegegnungen aus Ost und West den Dialog von Menschen über die Auseinandersetzung mit ihren Kunstwerken an.

Nach 18-monatigem Umbau der Schloßanlage durch die Düsseldorfer Architekten Fritz und Philipp Eller wurde 1998 die Ludwig Galerie Schloß Oberhausen, das neue Museum im Ruhrgebiet, mit einer neuen inhaltlichen Konzeption eröffnet.

Mit ihrem Erweiterungsbau schufen die Architekten einen scharfen Kontrast zur historisierenden Bausubstanz des Schlosses. Zwischen die Seitenflügel des Schlosses wurde eine Halle aus Glas und Stahl, die „Vitrine", eingefügt, die als Entree und Klimaschleuse für das Museum dient. Es entsteht ein reizvolles Wechselspiel zwischen den Stilen, bei dem die historische Fassade durch den neuen gläsernen Baukörper hindurchscheint. Im Wechsel des Tageslichts und mit den wechselseitigen Spiegelungen reflektiert der Baukörper Tagesstimmungen und die umgebende Parklandschaft. Teil des Umbaus war auch die Umgestaltung des Kleinen Schlosses, wobei die großzügig verglasten Rundbögen des Gebäudes eine

Neue Mitte

Schloßinnenhof, 1999

Transparenz hin zum anschließenden historischen Kaisergarten bewirken.

Die Besucher können sich heute, aus dem Kaisergarten kommend, durch das Torhaus des Kleinen Schlosses die gesamte Anlage erschließen und erreichen über den zu einer großzügigen Piazza umgestalteten Innenhof mit einer schlichten Pflasterung aus chinesischem Granit die gläserne Vitrine.

Die Wiedereröffnung des Museums als Ludwig Galerie schafft eine neue Institution im weltweiten Verbund der mit dem Namen Ludwig verbundenen Museen.

Ein Ziel der neuen Ausstellungskonzeption ist, in thematischen Ausstellungen bedeutende Werke aus den Sammlungen Ludwig aus allen Kontinenten und Stilepochen, die sich in den Museen in Köln, Aachen, Basel, Wien, Budapest, St. Petersburg, Peking u.a. befinden, „in Berührungen" zu präsentieren.

Im Kleinen Schloß befinden sich das Studio für regionale Kunst, der Museumsshop, ein Veranstaltungssaal, der auch vermietet wird, und der neue Trausaal des Standesamts. Hier haben vor allem die Bürger und Kulturinstitutionen Oberhausens ein Forum für Begegnungen mit bildender Kunst. Hier entfalten der Kunstverein, die Artothek, die Malschule und Oberhausener Künstler sowie kulturelle Veranstalter ihre Aktivitäten. Die Abteilung Museumspädagogik lädt im Anschluß an Führungen und Rundgänge durch die Ausstellungen zu selbständigem, kreativen Arbeiten ein.

Die 1962 als erste Gedenkstätte in Nordrhein-Westfalen gegründete Gedenkhalle Schloß Oberhausen erinnert mit ihrer Ausstellung „Verfolgung und Widerstand 1933-1945" an die Zeit des Nationalsozialismus in Oberhausen und versucht mit Kunst- und dokumentarischen Ausstellungen und Gesprächsveranstaltungen zur geistigen Auseinandersetzung mit der Vergangenheit und aktuellen neofaschistischen Tendenzen anzuregen. Der neu gestaltete Schloßinnenhof ist ein Ort des Verweilens und Kommunizierens. Hier können die Besucher sich entspannen, Konzerten lauschen oder Hochzeitsgesellschaften beobachten. Die Schloß Gastronomie mit Café, Restaurant und Biergarten bewirtet die Besucher des Schlosses und des Kaisergartens.

„Partie im Kaisergarten"
mit Einweihungsstein, um 1900

nem kleinen Stück den Verlauf des Flusses in seinem natürlichen Bett nachzuvollziehen. Zu Beginn des Jahrhunderts wurde die Emscher im Auftrag der neugegründeten Emschergenossenschaft verlegt und in ein gerades Betonkorsett mit hohen Deichen gezwängt, um sowohl die Industrie- als auch Haushaltsabwässer des explosionsartig wachsenden Ruhrgebiets abzuleiten. Durch das geringe Gefälle des Flusses war es zuvor immer wieder zu Überschwemmungen gekommen, und dadurch bedingt, zu verheerenden Epidemien zum Beispiel Typhus und Cholera. Auch heute noch transportiert die Emscher vor allem Abwässer in Richtung Rhein. Die Umgestaltung zu einem naturnahen Fluß wird vermutlich noch Jahrzehnte dauern und Milliarden ver-

schlingen. Der heutige Flußverlauf ist vom Kaisergarten durch den Rhein-Herne-Kanal abgetrennt, durch den 1914 eine Verbindung zwischen dem Rhein bei Duisburg und dem Dortmund-Ems-Kanal geschaffen wurde, von dem er südlich von Datteln abzweigt. Biegen Sie an der Gabelung nach dem Emscherarm nach rechts ab und folgen Sie dem Weg nach rechts, wo Sie den Emscherarm in Kürze noch einmal überqueren. Treten Sie dann nach links in das Tiergehege des Kaisergartens ein. Zu den beliebtesten und wohl am häufigsten fotografierten Bewohnern des eintrittsfreien Tierparks mit Streichelzoo zählen die Hängebauchschweine, deren Gehege Sie kurz vor dem Ausgang passieren. Als Cover-Stars fliegen die Hängebauchschweine inzwischen sogar über die CD „Missfits ihr Oberhausen" und stehlen damit sowohl den gut angezogenen Entertainerinnen auf der Vorder-, als auch den ganz ausgezogenen Musikern auf der Rückseite die Show. Die Keimzelle des heutigen Tierparks ist übrigens das Gehege eines Esels, der nach dem Zweiten Weltkrieg beim Wiederaufbau eingesetzt wurde. An anderer Stelle gab es aber bereits in den zwanziger Jahren eine Menagerie im Kaisergarten. Folgen Sie nach dem Verlassen des Tiergeheges dem Weg geradeaus. Durch die Bauarbeiten für den Rhein-Herne-Kanal war bis zum Anfang der zwanziger Jahre der Grundwasserspiegel des Teiches zu Ihrer Linken um mehr als drei Meter abgesunken, so daß alle Wasserflächen des Kaisergartens austrockneten. Um die Attraktivität der Grünfläche wieder zu steigern, wurde der Teich ab 1924 tiefergelegt. Der Bodenaushub ist bis heute sichtbar und vor allem im Winter sogar nutzbar. Es entstand daraus der Ottoberg, ein Rodelhügel im nordwestlichen Teil des Parks. Seitdem der Grundwasserspiegel durch Bergsenkungen bedingt wieder stieg, ist der unterdessen wieder vernäßte Altarm der Emscher mit dem Teich ver-

Bootsfahrt im Kaisergarten, um 1900

Neue Mitte

Parkhausgastronomie mit Brunnenanlage, nach 1908

bunden worden. Verlassen Sie den Kaisergarten nun über den mit einer Pergola markierten Ausgang Richtung Konrad-Adenauer-Allee. An dieser Stelle stand früher das mit einer Terrassen- und Brunnenanlage aufwendig gestaltete Parkhaus mit einer beliebten Gastronomie. Die bronzene Brunnenfigur des Berliner Künstlers Arnold Künne, ein Junge, der einen wasserspeienden Fisch hält, wurde bereits im Ersten Weltkrieg eingeschmolzen, die Gesamtanlage dann im Zweiten Weltkrieg zerstört und nicht wieder aufgebaut. Der Spaziergang führt Sie auf der gegenüberliegenden Seite der Konrad-Adenauer-Allee weiter in die Straße **Am Grafenbusch (3)**. Überqueren Sie die verkehrsreiche Straße am besten bei der nächsten Fußgängerampel an der Straßenkreuzung hinter den Middlesbrough-Brücken, benannt nach der englischen Partnerstadt Oberhausens in der Grafschaft Cleveland. Nach dem Überqueren gehen sie zurück zur Einmündung der Straße Am Grafenbusch. Verschaffen Sie sich einen Überblick über diese im Ruhrgebiet einzigartige Siedlung, indem Sie zunächst nach links einbiegen, der Rechtskurve der Straße folgen, um dann bei der ersten Möglichkeit rechts abzubiegen. Am Ende der Straße folgen Sie dann wieder der Straße nach links in Richtung Gasometer. Der bekannte Berliner Architekt Bruno Möhring, Wegbereiter der frühen Moderne in Deutschland, entwarf die gesamte Siedlung im Auftrag der GHH. Deren Aufsichtsrat beschloß im Februar 1907, eine repräsentative Siedlung für die leitenden Angestellten des Unternehmens zu bauen, die sich selbst gern als Beamte bezeichneten. Im September 1909 genehmigte der Aufsichtsrat den Vorentwurf Bruno Möhrings für die „Beamtenkolo-

Häuserzeile Am Grafenbusch, 1920er Jahre

nie", den dieser zuvor mit dem Generaldirektor Paul Reusch und dem Oberhausener Oberbürgermeister Otto Havenstein abgestimmt hatte. Ein im Ruhrgebiet einzigartiger Fall: Ein schwerindustrieller Konzern läßt zur Steigerung der Attraktivität des Unternehmens für seine Manager eine äußerst anspruchsvolle Werkswohnungssiedlung errichten. Dabei ist diese keinesfalls mit den für das Ruhrgebiet typischen Arbeiterwohnsiedlungen zu vergleichen, auch wenn der Siedlungsgrundriß gewisse Parallelen zu einer gartenstädtischen Arbeitersiedlung aufweist. Doch handelt es sich bei diesen Gärten keinesfalls um offene Nutzgärten, sondern vielmehr um kleine, die Villen umsäumende Parks, welche die Abgeschlossenheit und Privatheit der Gebäude betonen. Der Luxus verbirgt sich hier häufig hinter diskretem Understatement. Räumlich eingegrenzt wird die Siedlung heute von der Konrad-Adenauer-Allee, einer Güterbahnlinie und dem Rhein-Herne-Kanal. Auch zur Zeit der Erbauung der Häuser war das für Oberhausen sicherlich die bestmögliche Lage. Leitende Angestellte waren immer werksnah untergebracht, um so auch bei Störfällen schnell im Betrieb sein zu können. Diese Bedin-

Die ersten Häuser der Siedlung Grafenbusch am Pariser Platz, nach 1911

Neue Mitte

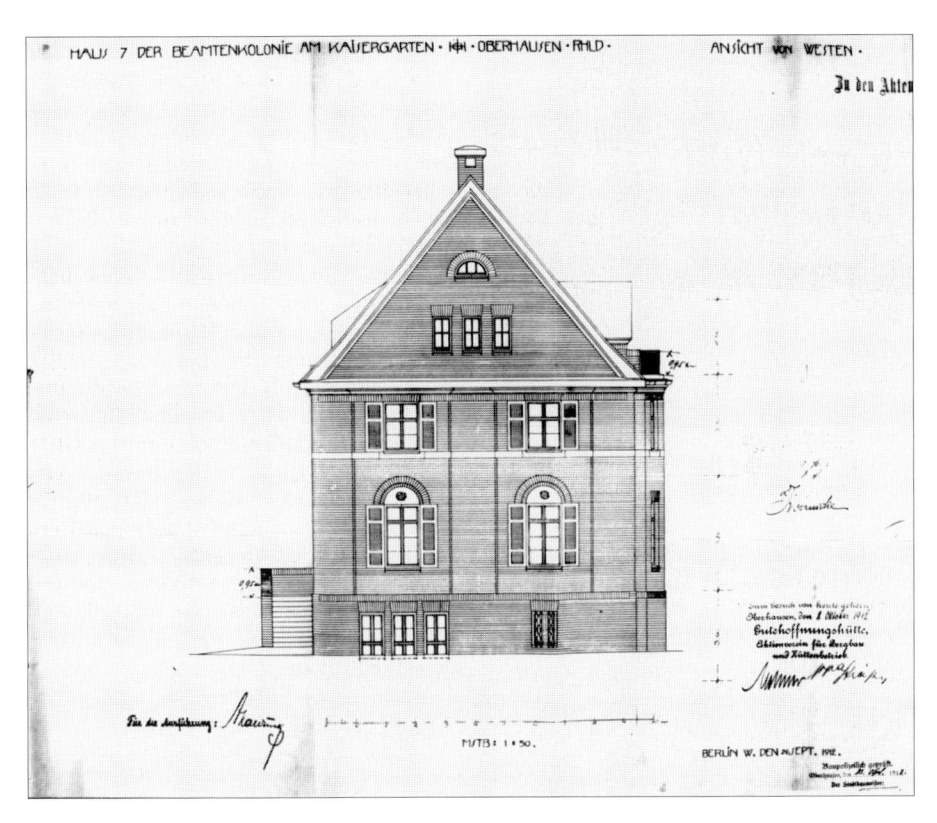

Bauzeichnung eines Wohnhauses der „Beamtenkolonie" von Bruno Möhring, 1912

gung erfüllte auch die Siedlung Am Grafenbusch. Im Schnittpunkt zwischen den verschiedenen Unternehmensbereichen gelegen, war sie jedoch durch die Bahnlinie sowohl abgeschirmt als auch abgetrennt. Aus diesem Grund wurden eigens für die Manager Tunneldurchstiche errichtet, die ihnen den Weg zur Arbeit verkürzten. Auch die Hauptverwaltung an der Essener Straße war so in zehn Minuten zu Fuß zu erreichen. Zudem liegt die Siedlung in zentraler Lage zwischen den Zentren von Oberhausen, Sterkrade und Osterfeld. Gebaut wurde die Siedlung Am Grafenbusch in vier Phasen zwischen 1910 und 1923. In der ersten Phase entstanden 1910/11 die Häuser Nr. 15, 17, 44/46 und 48, gruppiert um einen rechteckigen Platz, den Pariser Platz. Mit dem preisgekrönten Wettbewerbsentwurf von Bruno Möhring zur Umgestaltung des gleichnamigen Platzes in Berlin hat dieser hier allerdings wirklich nur den Namen und den Willen zur Repräsentation gemeinsam. In puncto Urbanität läßt sich dieser jedoch schwerlich mit dem Platz vor dem Brandenburger Tor vergleichen und spielt insofern nur auf ihn an. Die großbürgerlichen Villen wurden im englischen Landhausstil errichtet. Beachten Sie den Gestaltungsreichtum und die Materialfülle bei der individuellen Ausgestaltung. Auf unterschiedlich gestaltete Sockel folgen meist rote Ziegelbauten, verputzte Fassadenteile wechseln mit solchen aus Schiefer. Neben Jugendstildeko-

Firmenlogo der GHH, Am Grafenbusch 7

rationen finden Sie auch heute noch an vielen Gebäuden das Emblem der Gutehoffnungshütte über den Haupteingängen. Entsprechend schlichter gestaltet sind die Dienstboteneingänge. In der zweiten Bauphase folgen die Häuser Nr. 1-11, während des Ersten Weltkriegs kommen in einer weiteren Phase die Gebäude Nr. 13 und 50/52 hinzu. In der letzten Bauphase wurden schließlich zwischen 1918 und 1923 die Häuser Nr. 2-42 errichtet. Achten Sie hierbei auf die expressionistischen Fassadendetails, wie z. B. die Sternenornamente. Kennzeichnend für die verschiedenen Bauphasen ist die immer stärker zurückgehende individuelle Gestaltung der Häuser zugunsten einer auffälligen Typisierung. Zudem drückt sich die innerbetriebliche Hierarchie der GHH ganz deutlich in den Bauten aus. Die Häuser aus der letzten Phase sind schlicht kleiner als die Villen aus den Jahren 1910/11; sie haben geradezu Reihenhauscharakter. Übrigens war der freie Platz gegenüber des Schlosses an der Konrad-Adenauer-Allee für die Villa des Generaldirektors reserviert. Gebaut wurde sie jedoch nie. Gehen Sie nun weiter

Der Gasometer im Bau, 1928

Neue Mitte

Der Gasometer am Rhein-Herne-Kanal, 1929

Richtung Gasometer. Kurz bevor Sie die Bahnlinie unterqueren, kommen Sie an den „Wunschhäusern der Deutschen" vorbei. Ende der neunziger Jahre führte eine große Illustrierte unter ihren Lesern eine Umfrage nach dem persönlichen Traumhaus durch. Anhand der über 70.000 Einsendungen wurde in Zusammenarbeit mit einer Bausparkasse ein Nutzungsprofil erarbeitet, woraufhin ein Architektenwettbewerb veranstaltet wurde. Hier sehen Sie das Ergebnis: Die Kasseler „Baufrösche" wurden für ihren Entwurf von Mehrgenerationenhäusern von der Jury unter der Schirmherrschaft des Bundesbauministers ausgezeichnet. Nach kurzem Weg erreichen Sie jetzt den Oberhausener **Gasometer (4)**. Der Besuch des beeindruckenden Gasomerterinnenraums erfordert den Kauf einer Eintrittskarte für die Ausstellung. Findet derzeit keine Ausstellung statt, können Sie in der Regel zumindest ein Ticket lösen, um mit dem äußeren Aufzug hinaufzufahren. Daß einmal ein Einkaufszentrum in die Nähe des Gasometers rücken würde, konnte 1929, zur Zeit seiner Inbetriebnahme, niemand ahnen. Damals standen auf dem Gelände des heutigen CentrO. die Hochöfen der Gutehoffnungshütte, in denen bei der Roheisenerzeugung als Nebenprodukt Hochofengas anfiel, auch Gichtgas genannt. Dieses wurde sowohl in schwerindustriellen Betrieben als auch in Kokereien als vielfältige einsetzbare Kraft- und Wärmequelle genutzt. Das Gas fiel jedoch weder in gleichbleibenden Mengen an, noch konnte es kontinuierlich abgenommen werden. Somit mußten mal Überschüsse abgefackelt werden, dann wieder gab es Gasmangel. Ein großer Gasbehälter zur Zwischenspeicherung war also wirtschaftlich sinnvoll und amortisierte sich nach kürzester Zeit. Die

Rainer Schlautmann

Gasometer Oberhausen – die Renaissance eines Relikts

„1929 wurde einer der schönsten Ausstellungsorte Europas als Gasspeicher eingeweiht. 1994 entdeckte man den Irrtum." Bevor dieser Werbespruch aus der aktuellen Ruhrgebietskampagne Wirklichkeit werden konnte, hatte der Gasometer am Rhein-Herne-Kanal eine schwere Wiedergeburt zu überstehen, denn zunächst sah es so aus, als würde ihm die Abrißwut der Verantwortlichen nach seiner Stillegung 1988 das Leben endgültig aushauchen. Als Geburtshelfer fungierte hier vor allem die Internationale Bauausstellung Emscher Park (IBA), in deren Rahmen der Gasbehälter schließlich erhalten und umgebaut wurde. Als Karl Ganser seine Idee vorstellte, aus dem Gasbehälter eine begehbare Landmarke zu machen und den grandiosen Innenraum für kulturelle Zwecke zu nutzen, glaubten die meisten eher, der Geschäftsführer der IBA habe seinen Verstand verloren, als an einen Erfolg des Projekts. Kaum jemand war der Tonne jemals der Aussicht wegen auf das Dach gestiegen; deshalb war die Einsicht, daß sich wohl kaum ein prägnanterer Punkt im Ruhrgebiet findet, von dem sich der rasante Wandel der Region mitverfolgen läßt, nicht weit verbreitet. Und wenige hatten bis dahin den kathedralenartigen Innenraum mit der filigran wirkenden Stahlblechkonstruktion des Dachs erlebt. Daher herrschte der Eindruck einer „schmutzigen Industrieruine" vor, die gar nicht schnell genug verschwinden konnte. Man redete über etwas, das man nicht kannte. Im Zweifel war es einfacher, Bedenken gegen, als Verantwortung für

Gasometer-Innenraum, 2000

ein so einmaliges Experiment wie den Gasometerumbau zu tragen. Nach einer intensiven und emotional geführten Debatte – als Groteske bühnenreif – konnte Ganser seine Idee mehrheitsfähig machen. Der Stadtrat votierte im April 1993 in geheimer Abstimmung und nach Aufhebung des Fraktionszwangs mit 33 zu 22 Stimmen für den Erhalt des Gasometers und dessen Umbau. Es folgte eine technische und logistische Meisterleistung; trotz ernstzunehmender Altlastenproblematik und widrigster Bedingungen konnten bereits 1994 der Umbau abgeschlossen und die erste Ausstellung „Feuer und Flamme. 200 Jahre Ruhrgebiet" eröffnet werden. Wie keine nachfolgende Veranstaltung ließ sich diese kulturgeschichtliche Ausstellung inhaltlich und formal auf die Architektur und die Ästhetik des Gasometers ein, so daß es zu einem faszinierenden Wechselspiel zwischen der Magie des Ortes und dem sinnlichen Erleben der Ausstellung kam. 500.000 Besucher waren 1994 und 1995 Feuer und Flamme für diese Ausstellung und machten sie damit zu der erfolgreichsten kulturhistorischen Ausstellung Deutschlands. Mit dem Kunstereignis „Ich Phoenix" wurde 1996 die Wiedergeburt des antiken Sagenvogels zum Thema künstlerischer Auseinandersetzung. Zeitgenössische deutsche und internationale Künstler setzten ihre eigens für diese Ausstellung angefertigten Werke auch in Bezug zum Wandel des Ruhrgebiets. In den Jahren 1997 und 1998 betrieben viele Fernsehanstalten gemeinsames Gattungsmarketing im Gasometer und nannten das den „Traum vom Sehen", eine Ausstellung, die noch mehr Menschen in den Gasometer zog. 1999 stand ganz im Zeichen von Christo & Jeanne Claude, die für „The Wall" an die 13.000 Ölfässer zu einer Wand von 26 Metern Höhe auftürmten. Ein Erlebnis, das sich den Besuchern am besten erschloß, wenn sie im Panoramafahrstuhl an den leuchtend farbigen Fässern emporschwebten. „Der Ball ist rund" hieß das Motto für das Jahr 2000. Das hundertjährige Jubiläum des Deutschen Fußball-Bundes (DFB) wurde mit einer großen Ausstellung im Gasometer sicherlich zurecht im Ruhrgebiet gefeiert.

Vor allem dank der insgesamt über 1,5 Millionen Besucher der letzten Jahre gilt der Umbau des Gasometers als Musterbeispiel des so oft beschworenen Strukturwandels. Heute gibt es in Oberhausen niemanden mehr, der nicht schon immer wußte, daß es eine gute Idee war, den Gasometer in dieser Form zu erhalten. Das Wort „Landmarke" geht inzwischen selbst Bürokraten leicht von den Lippen und das Merchandising-Programm des Gasometers wächst. Man bekommt ihn auf Regenschirmen, Kaffeetassen und Schlüsselanhängern. Der Gasometer hat sich als Wahrzeichen Oberhausens endgültig etabliert. Leider wurde das Versprechen, den Respekt vor dem Denkmal zur Grundlage aller Entscheidungen zu machen, nicht immer eingelöst. „Außenwerbung darf nicht dazu führen, mit Transparenten das Industriedenkmal in eine überdimensionale Litfaßsäule zu verwandeln", hieß es. Kaum beschlossen, strafte schäbige Eisreklame an der Außenwand diesen Satz Lügen. Und schamlos wurde der Name „Gasometer Oberhausen" um den Zusatz „im CentrO." erweitert – als stünde der Gasbehälter im Einkaufszentrum!

Gutehoffnungshütte selbst, genauer der Unternehmensteil M.A.N., Werk Gustavsburg bei Mainz, besaß das technische Know-how zum Bau großer Gasometer. Die kaiserliche Patentschrift Wilhems II. für den Bau von sogenannten Scheibengasbehältern wurde bereits im Jahr 1915 an die Firma ausgegeben. Dabei handelt es sich um polygonale Bauten (der Oberhausener ist ein 24-Eck), in deren Innern eine Stahlblechscheibe auf dem zu lagernden Gas schwimmt. Der Durchmesser der Scheibe entspricht dem Innendurchmesser. Ihren Rand schließt eine Teeröldichtung gasdicht ab. Das Gas wurde am Fuß des Behälters durch ein Ventil eingeblasen; dadurch hob sich die Scheibe. Öffnete man das Auslaßventil, senkte

Das Gelände der Gutehoffnungshütte mit dem Gasometer,
Ansicht von Südosten, 1932

sich die Scheibe durch ihr Eigengewicht und durch aufgelegte Betongewichte wieder ab. Damit wog die Scheibe über 1.200 Tonnen. Die Ausmaße des Oberhausener Gasometers setzten Ende der 20er Jahre Maßstäbe. Mit 117,5 Metern Höhe und einem Durchmesser von 67,5 Metern ergab sich ein Lagervolumen von fast 350.000 Kubikmetern. Damit war er Europas größter Gasometer und ist es auch heute wieder, nachdem das einzige größere Exemplar in Gelsenkirchen nach seiner Zerstörung im Zweiten Weltkrieg nicht wieder aufgebaut wurde. Als zur Beseitigung der Kriegsschäden am Oberhausener Gasometer 1948 geschweißt wurde, geriet der Gasbehälter, bedingt durch die Öldichtung, in Flammen. Der Unfall kostete zwei Arbeiter das Leben und erforderte praktisch einen Neubau. Der wurde unter Verwendung einiger alter Bauteile 1949 abgeschlossen, nur die Dachkonstruktion stammt noch von 1927/29. Bei der Umnutzung des Gasometers Mitte der 90er Jahre wurde die Scheibe auf vier Metern Höhe arretiert, oberhalb wurde eine Manege mit Zuschauertribüne und Umlauf neu errichtet. Dazu erfolgte der Bau des gläsernen Panoramaaufzugs sowie des äußeren Treppenturms (592 Stufen) mit innenliegendem Sicherheitsfahrstuhl. Seither genießen die Besucher von drei neuen Plattformen aus den Blick von dem „Dach des Ruhrgebiets".

Wird keine Ausstellung gezeigt, gehen Sie hinter dem Kassenhäuschen nach links und nehmen den Außenaufzug oder die Treppe bis zum Dach. Ansonsten führt Sie der geteerte Weg geradeaus zum Gasometereingang. Wenden Sie sich nach dem Eintreten in den Raum unterhalb der Druckscheibe, die früher das Gas zu-

Neue Mitte

Das Gelände der Gutehoffnungshütte mit dem Gasometer und dem CentrO., Ansicht von Nordwesten, 1999

rückhielt, nach rechts. Sie sehen eine großformatige Panoramafotografie, die 1951 von diesem Gasometer aus aufgenommen wurde. Ein eindrucksvolleres Beispiel für den rasanten Wandel, der in Oberhausen in den letzten Jahrzehnten vollzogen wurde, läßt sich wohl kaum finden. Sie schauen auf ein Stück „Wirtschaftswunder". Im sechsten Jahr nach dem Ende des Zweiten Weltkriegs rauchten hier die Schlote der Hüttenwerke Oberhausen AG (HOAG), wie der Eisen- und Stahl erzeugende Unternehmensteil der GHH nach der Entflechtung durch die Alliierten hieß. Bernhard Obberg, Werkstoffprüfer in der Metallographie der HOAG und nebenberuflicher Fotograf, fertigte die Aufnahmen im Auftrag des Unternehmens mit einer 9 x 12 cm Linhof-Plattenkamera an. In den 50er Jahren hing ein großformatiger, repräsen-

tativer Abzug des Panoramas im Sitzungszimmer der Neuen Versuchsanstalt. Achten Sie beim Vorbeigehen auf das unmittelbare Nebeneinander von Industrie- und Wohnbebauung. Selbst Nutzgärten lassen sich inmitten der chaotischen Struktur entdecken! Die wenigsten Gebäude haben die Industriezeit überlebt, die meisten stehen heute nicht mehr. Orientieren Sie sich deshalb anhand des Wasserturms aus dem Jahr 1897, am rechten Bildrand zu sehen; darunter das ehemalige Werksgasthaus und Casino der GHH, heute Technologiezentrum Umweltschutz (TZU). Ein Stück weiter links ist im Vordergrund das bedeutendste Stück Industriearchitektur in Oberhausen zu sehen: das ehemalige Hauptlagerhaus der GHH von Peter Behrens, heute Schaudepot des Rheinischen Industriemuseums. Links dahinter, etwas verdeckt, die ehemalige Hauptverwaltung, heute Funkhaus von Radio NRW. Danach wird die Orientierung zusehends schwieriger. Weder die Hochöfen, noch der Ringlokschuppen entgingen dem Abriß, auch der kleinere Scheibengasbehälter auf dem Foto steht heute nicht mehr. Erst am linken Bildrand wird die Orientierung durch Landmarken wie den Rhein-Herne-Kanal und die Emscher wieder erleichtert. Beachten Sie, bevor Sie die Treppe hinaufgehen, die etwa kniehohe Blechwand vor der äußeren Hülle des Gasometers. Hier sammelte sich das Dichtöl, welches langsam an der Innenseite der Außenwand des Gasbehälters hinunterfloß, um nach einer Reinigung erneut bis an die Dachkante hochgepumpt zu werden. Übrigens sind alle wesentlichen Bauteile, Außenhaut wie Druckscheibe, aus einer genieteten, lediglich knapp fünf Millimeter starken Stahlblechkonstruktion gefertigt. Achten Sie auf der Scheibe stehend auf die Verstrebungen, welche die Stabilität der Druckscheibe gewährleisteten und ihr Verkanten beim Auf- und Abgleiten verhinderten. Treten Sie an den Rand der Scheibe, sehen Sie die vielen Gegengewichtshebel, mit deren Hilfe eine Textildichtung an die Außenwand gepreßt wurde und somit den schmalen Spalt zwischen Scheibe und Außenwand ausfüllte, gasdicht abschloß und ein schnelles Durchfließen des Dichtöls unterband. Der höchste Stand der Scheibe und damit die maximale Füllhöhe des Gasometers läßt sich noch heute an der Stelle nahe der Dachkante ablesen, wo der ölig schwarze Wandbelag in den ockerfarbenen Anstrich übergeht. Setzen Sie nun den Rundgang fort, indem Sie die Treppenstufen zur nachträglich eingebauten Manege über dem Zentrum der Scheibe hinaufgehen. Kurz vor den Stufen sehen Sie ein Feld der Druckscheibe, auf dem noch die Betonelemente liegen, mit denen früher die gesamte Scheibe ausgelegt war. Die Manege dient immer wieder als Bühne für außergewöhnliche Theater- und Musikaufführungen, war aber auch bereits Schauplatz von Unternehmenspräsentationen und Fernsehshows. Über die Tribüne erreichen Sie den gläsernen Aufzug, der Sie bis an die Dachkante bringt. Danach treten sie hinaus auf den (vom Gasometer statisch unabhängigen!) Treppenturm und gehen hinauf aufs Dach. Beim Erreichen des Entlüfters an der Spitze wenden Sie sich nach rechts. Suchen Sie den Punkt, der Ihnen den Blick von der Emscher bis zum Wasserturm ermöglicht, um die heutige Aussicht mit dem eben besichtigten Panorama von Oberhausen aus dem Jahr 1951 zur Deckung zu bringen. Große Teile des Areals der GHH werden heute vom CentrO. ausgefüllt. Von der Aussichtsplattform haben Sie den besten Überblick über das Gelände der Neuen Mitte. Neben dem dominierenden Einkaufszentrum und dem Freizeitpark sehen Sie auch die grüne Zeltkuppel des Musicaltheaters „TheatrO.CentrO.", in dem „Tabaluga und Lilli" nach einer Idee von Peter Maffay gespielt wird. In dem Dreieck zwischen der Bahnlinie, dem Rhein-Herne-Kanal und der Osterfelder Straße ist ein Marina genannter Sportboothafen sowie ein großes Aquarium geplant, ähnlich dem zur Weltausstellung in Lissabon errichteten. Dahinter folgt eine Fertighausmustersiedlung, in der die Interessenten in ihren Wunschhäusern vor dem Kauf probewohnen können. Weiter entfernt ist das Stadtzentrum von Essen zu sehen; links der Emscher sehen Sie mit dem Bottroper Tetraeder auf der Spitze einer Bergehalde auf eine der weiteren Landmarken im Emscher Landschaftspark. Der Blick vom Gasometer ermöglicht Ihnen auch heute noch ein gutes Verständnis von der Entstehung des Ruhrgebiets. Der rücksichtslos und geradezu unkontrolliert expandierenden Industrie wurde allerorts Priorität gegeben. Diese Entwicklung prägt

Roswitha Czajkowski

Der Rhein-Herne-Kanal – die „Kumpelriviera"

„Dem Kumpel seine Riviera" ist 45,6 km lang und verbindet den Rhein mit dem Dortmund-Ems-Kanal. Offiziell heißt das Gewässer Rhein-Herne-Kanal, den Oberhausenern gehört ein schönes Stück davon. Daß hier nicht die Reichen und Schönen flanieren, na gut; das kann ja noch werden, wenn erst einmal Oberhausens Neue Mitte um einen Yachthafen samt „Aquarium Park" erweitert ist. Ortsüblich sind derzeit noch Superlative anderer Couleur: Zum Beispiel, daß er einer der verkehrsreichsten Binnenkanäle Deutschlands mit 23.000 Motorgüterschiffen pro Jahr ist.

Mit dem Bau des Rhein-Herne-Kanals, der im Preußischen Kanalgesetz von 1905 beschlossen wurde, sollten Standortnachteile der rheinfernen Zechen im östlichen Ruhrgebiet ausgeglichen werden. Ihnen fehlte eine unkomplizierte und billige Verkehrsverbindung für Massengütertransporte zwischen Ost und West, aber auch zu den Seehäfen, denn die schiffbaren Flüsse wie Rhein und Weser fließen ja nur in Süd-Nord-Richtung. Dennoch war der Widerstand groß, als 1906 die Bauarbeiten begannen. Die Bergarbeiter fürchteten verstärkten Arbeitsdruck, die ansässigen

Sommer am Rhein-Herne-Kanal, 1960er Jahre

Transportunternehmen die künftige Konkurrenz, die Stahlproduzenten einen Absatzrückgang bei Eisenbahnwaggons und Schienen. Schließlich wurde er im Juli 1914, kurz vor Beginn des Ersten Weltkriegs, in Betrieb genommen.

Gespeist wird der Kanal – wie das gesamte Schiffahrtsstraßennetz zwischen Duisburg, Hamm und Münster – aus Rhein, Ruhr und Lippe. An jeder Kanalstufe wird zudem das verbrauchte Schleusenwasser schleunigst wieder zurückgepumpt. Dieses ausgeklügelte System gewährleistet, daß die Wassertiefe zuverlässig bei 3,5 bis 4 Metern liegt – im Gegensatz zum Wasserstand der Flüsse, wo die Schiffer mit starken Schwankungen rechnen müssen. Man mag es kaum glauben, wenn man die trübe Brühe sieht, aber es kommt nur sauberes Wasser in den Rhein-Herne-Kanal. So mancher bayerische Fremdenverkehrsdirektor, der über seinen zwar glasklaren, aber biologisch toten See blickt, wäre wohl glücklich über diese gute Wasserqualität, die auch von den durch Schiffsschrauben aufgewirbelten Schwebstoffen nicht beeinträchtigt wird.

Die Kumpelriviera fließt nicht – sie steht. Auf den 46 Kilometern Gesamtlänge sind lediglich 36 Höhenmeter zu überbrücken. Dafür wurden beim Bau sieben Doppelschleusen eingerichtet, mittlerweile reichen fünf „Schiffslifte". Die Kanalplaner hatten sich auf die durch den Untertageabbau der Kohle verursachten Bergsenkungen eingerichtet und entsprechende Vorsichtsmaßnahmen getroffen. Mittlerweile werden keine gravierenden Veränderungen mehr erwartet, so daß auch eine aufwendige Konstruktion mit versetzten Schleusenkammern überflüssig geworden ist, die bei akuten Bergschäden den Weiterbetrieb garantierte. Eine neue Schleuse, wie die zwischen 1977 und 1982 in Lirich erbaute, hat daher nicht nur größere, sondern zudem parallel liegende Schleusenkammern. Schiffe bis zu 110 m und 2.500 Tonnen Ladung und Schubverbände bis zu 185 m und 3.800 Tonnen können hier nun werktags rund um die Uhr 4,10 m rauf- oder runtergeschleust werden.

Bergsenkungen haben aber auch dafür gesorgt, daß Spundwände die Kanalufer sichern mußten. Für Deiche war wegen der dichten Bebauung kein Platz. Die Kanalufer sind glücklicherweise begrünt und bieten reichlich Gelegenheit, die Seele baumeln zu lassen. Auf den Betriebswegen direkt am Ufer kann man wandern oder radeln, picknicken, den Anglern zuschauen, Schiffe und Natur beobachten. Baden wird geduldet, obgleich es in der Nähe von Schiffen, Brücken und Schleusen gefährlich ist. Zu den anscheinend unausrottbaren Initiationsriten der „Ruhrpottstämme" gehört auch das Brückenspringen, das immer wieder Tote und Verletzte fordert. Erst an einem schönen Sommerwochenende wird auch jedem Zugereisten klar, woher der Name „Kumpelriviera" kommt: Mit Liegestühlen, Sonnenschirmen und Grill bewaffnet wird das Ufer erobert wie in San Remo der Strand. Statt Schampus aus dem Sektkühler gibt's Bier, natürlich ebenfalls gut temperiert – dank dem Rhein-Herne-Kanal.

Vom Anleger am Kaisergarten nahe des Oberhausener Schlosses kann man übrigens mit einem Ausflugsschiff zum Ruhr-Zoo nach Gelsenkirchen oder zum Duisburger Hafen starten.

Neue Mitte

bis heute das Stadtbild. Nirgendwo sonst werden Städte von so vielen Straßen, Bahnlinien, Wasserläufen und Industriegeländen durchschnitten, ganze Stadtteile voneinander abgeschnitten. Gerade an dieser Stelle wird deutlich sichtbar, das im nördlichen Ruhrgebiet jeder einzelne Quadratmeter Landschaft in den letzten einhundertfünfzig Jahren bereits mindestens einmal umgedreht wurde. Natur gibt es nicht mehr. Das Ruhrgebiet ist eine vollkommen künstlich angelegte Landschaft, eine Kulturlandschaft.

Verlassen Sie nun das Gelände des Gasometers, der bei Nacht übrigens durch eine blaue Lichtinstallation von Uwe Giebeler und Ralph Kensmann illuminiert wird und wenden sich nach links Richtung **CentrO**. (5) Sie unterqueren ein weiteres Mal eine Bahnlinie, kommen an der Sportanlage des Oberhausener Tennis- und Hockeyclubs des (OTHC) vorbei und erreichen nach kurzem Weg die Arena Oberhausen, vor der Sie nach links abbiegen. Die Halle mit 11.500 Sitzplätzen wurde vom Architektenteam David Lyons & Associated und Ellerbe Beckett für vielfältige Veranstaltungen konzipiert. Regelmäßig finden hier Konzerte aller Art sowie große Sportveranstaltungen statt. Die Arena ist auch Heimat der Revier Löwen, der Oberhausener Eishockeymannschaft. Als deutschlandweit eine der ersten privatwirtschaftlich betriebenen Hallen befindet sich die Arena im Management der US-amerikanischen Ogden Entertainmant Services, die weltweit über 100 Hallen betreibt. Gehen Sie nun die Treppe zu Ihrer Linken hinunter. Überqueren Sie die Wasserfläche nach rechts und biegen sofort danach nach links ab. Der Weg führt zum Eingang des Kirchenzentrums auf dem CentrO.-Gelände, dessen Grundstück den beiden großen christlichen Kirchen von den Investoren zum symbolischen Preis von DM 1,- überlassen wurde. Den gleichen Preis zahlen Kinder für den Eintritt in

Coca-Cola-Oase im CentrO., 1999

den CentrO.park genannten Freizeitpark, dessen Eingang Sie erreichen, wenn sie entlang der Wasserachse das chinesische Restaurant, den Irish Pub und das Brauhaus passieren, das nach der vollständig abgerissenen Osterfelder Zeche Jacobi („Versailles des Ruhrgebiets") benannt ist. Der Park ist von April bis Oktober tagsüber geöffnet und bietet neben kostenpflichtigen Kinderkarussells und anderen Spielgeräten einen kleinen asiatischen Garten. Die Wasserflächen des CentrO.parks haben eine zusätzliche ökologische Funktion: sie dienen als Regenwasserrückhaltebecken und reduzieren die zur Bewässerung des Parks erforderliche Trinkwassermenge. Auf der anderen Seite der Wasserachse liegt die CentrO.-Promenade mit gut zwei Dutzend Restaurants, Kneipen und Diskotheken sowie einer Automatenspielhalle. Die Promenade bildet somit die Verbindungsachse zwischen der Arena und dem Village-Kinocenter mit neun Leinwänden. Überqueren Sie in Höhe des Planet Hollywood Restaurants die Brücke über den Kanal und betreten Sie das Einkaufszentrum durch den Eingang an der Coca-Cola-Oase. Sie durchqueren eine Halle, deren Stil von den Betreibern als „spanisch" bezeichnet wird mit über zwanzig Imbißbetrieben, die Fast-Food aus aller Welt anbieten. Nehmen Sie die

Der Mittelpunkt des CentrO.: Hauptstraße/Galerie, 1999

Rolltreppe nach oben und wenden sich ein Stück weiter nach rechts. Sie stehen vor der Haupteinkaufsstraße (Parkallee) der 1996 eröffneten Mall amerikanischer Prägung. Wie Sie sehen, wurde bei der Gestaltung der lichtdurchfluteten zweistöckigen Passage, von der insgesamt 70.000 Quadratmeter Einkaufsfläche abzweigen, nicht mit dem Einsatz wertvollen Materialien gegeizt: Granit, Marmor, Messing, Chrom und Glas dominieren, so weit das Auge reicht. Dazu grün gestrichener Stahl, der, so wird kolportiert, aus den eingeschmolzenen und wiederverwendeten Überresten der ehemals auf dieser Fläche produzierenden Eisen- und Stahlwerke bestehe. Errichtet wurde das größte Einzelprojekt des Strukturwandels im Ruhrgebiet seit der Ansiedlung der Opel-Werke auf einer Bochumer Zechenbrache von einem Joint-Venture aus der englischen Stadium-Gruppe unter Vorsitz von Edwin Healey und der Peninsular & Oriental Steam Navigation Company (P&O), der Ärmelkanalfährgesellschaft, die hier nach eigenen Angaben 2,3 Milliarden Mark investierten. Darin enthalten sind aber auch hunderte Millionen DM an öffentlichen Geldern, mit denen das Projekt ausgestattet wurde, unter anderem für den Ausbau der Infrastruktur. Verläßliche und genaue Zahlen darüber sind bis heute nicht veröffentlicht. Das Düsseldorfer Architektenbüro Rhode, Kellermann, Wawrowsky und Partner (RKW) übernahm die Ausgestaltung des Einkaufszentrums. Die äußere Gestalt wurde von Architekten der RTKL-Gruppe eng an das bereits existierende Einkaufszentrum Meadowhall in England angelehnt, das ebenfalls zur Stadium-Gruppe gehört und, gemessen am

Umsatz, als größtes Einkaufszentrum Großbritanniens gilt. CentrO. ist bislang ein großer kommerzieller Erfolg. Einige hier ansässigen Unternehmen, meist große Ketten, unterhalten hier ihre umsatzstärksten Filialen. Dennoch geben die permanenten Erfolgsmeldungen der Betreiber nicht nur Grund zum Jubeln. Die Situation auf dem Arbeitsmarkt ist noch immer katastrophal. Nach wie vor ist die Arbeitslosenzahl in den alten Bundesländern nirgendwo höher als im Ruhrgebiet. Mit 3.200 Vollzeitarbeitsplätzen im CentrO. ist man weit von den 10.000 versprochenen neuen Arbeitsplätzen entfernt. Ein Blick auf die Arbeitslosenstatistik Oberhausens verrät zudem, daß CentrO. keine nennenswerten Auswirkungen auf die anhaltend hohe Arbeitslosigkeit in der Stadt hatte. Klar ist aber auch: Oberhausen als neues Reiseziel für Städtetourismus hätte ohne das CentrO. wohl kaum die derzeitigen beachtlichen Zuwachsraten, die sogar weitere Hotelneubauten rechtfertigen. Die Zielgruppe der CentrO.-Betreiber ist riesig: 30 Millionen Menschen können das CentrO. in zwei Stunden erreichen, im Umkreis von 250 Kilometern leben 60 Millionen Menschen. Das diese Rechenspiele keineswegs realitätsfern sind, zeigen auch die rund 1.500 Reisebusse, die das CentrO. in der Vorweihnachtszeit anfahren. Viele davon kommen aus Holland und Belgien. Insgesamt kamen im Jahr 1999 rund 23 Millionen Besucher, das sind durchschnittlich mehr als 70.000 Besucher pro Tag. Gehen Sie die Parkallee entlang und biegen bei der ersten Möglichkeit nach links ab, um das Einkaufszentrum für einige Minuten zu verlassen. Sie schauen auf einen Teil der 10.500 kostenlosen Parkplätze, von denen das Einkaufszentrum umsäumt wird, links im Hintergrund das TheatrO.CentrO., dessen Dachform nach dem Drachenrücken von Tabaluga gestaltet wurde. Geradeaus liegt das SMART-Autohaus. Ganz in der Nähe errichtete die südafrikanische Unternehmensgruppe Healthland Fitness International eine 4.000 Quadratmeter große Fitneßanlage, eine ihrer ersten in Deutschland. Weltweit betreibt das Unternehmen mehr als 90 Clubs. Im Hintergrund sehen Sie ältere Strukturen, die Überreste des letzten Oberhausener Stahlwerks, das Ende 1997 geschlossen wurde. Auf diesem Gelände sollen ein Freizeitpark und ein Kulturforum errichtet werden. Ein großer „gläserner Mensch", mit begehbaren Organen, sowie ein populär aufgereitetes Medienmuseum nach dem Vorbild der Ausstellung „Der Traum vom Sehen" sind Bestandteil der Planung. Rechts ist ein weiteres Relikt aus der Industriezeit zu sehen: die bereits in den 50er Jahren begrünte Knappenhalde. Davor fallen die beiden „Twin Tower" genannten Bürohäuser, mit jeweils zwei vierstöckigen runden Glastürmen ins Auge. Sie bilden den Mittelpunkt des Gewerbegebietes rund um das CentrO. Wenn Sie nun ins Gebäude zurückgehen, führt Sie die Parkallee nach links zum Mittelpunkt des Einkaufszentrums, den Sie bei der 32 Meter hohen Glaskuppel erreichen. Sind Sie an weiteren Zahlen zum CentrO. interessiert, erhalten Sie auf Nachfrage bei der Information im Erdgeschoß einen „CentrO. Fact Pack". Gehen Sie nun weiter auf der Hauptstraße. Der Endpunkt des Rundgangs ist erreicht, wenn Sie nach Verlassen des Einkaufszentrums vor der vom Düsseldorfer Architekturbüro Christoph Parade und Partner außergewöhnlich gestalteten Haltestelle stehen. Inspiriert wurde der Entwurf von den aufgeschichteten Abrißtrümmern der alten Industriebetriebe. Eine Photodokumentation auf Höhe der Bahn-/Bussteige legt diese Assoziation nahe. In Stoßzeiten wird die Haltestelle Neue Mitte alle 90 Sekunden von einem Verkehrsmittel angefahren, da etwa 25 Prozent der Besucher des CentrO. mit Bus und Bahn anreisen.

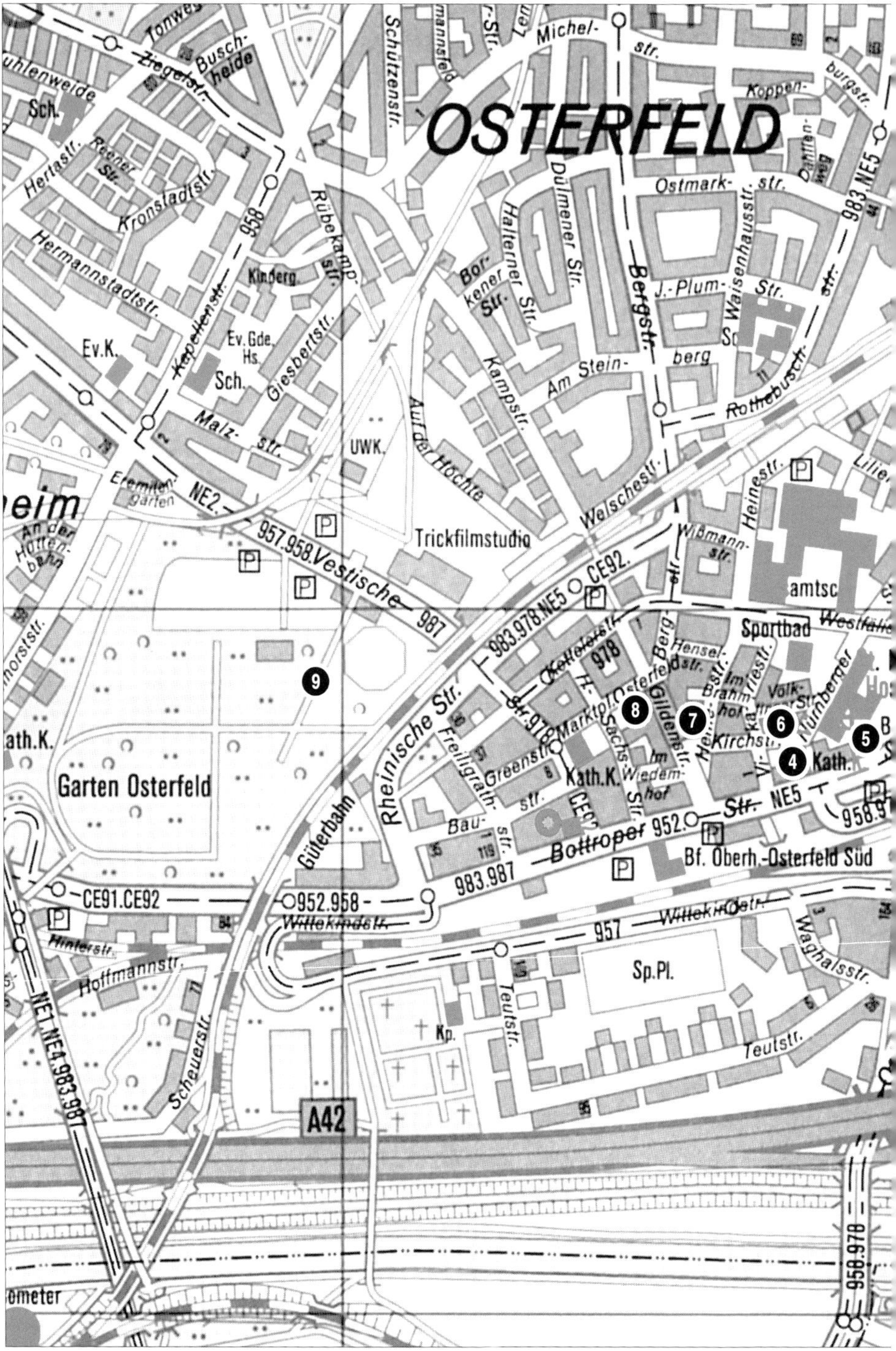
OSTERFELD
Garten Osterfeld
Trickfilmstudio
UWK.
Sportbad
Bf. Oberh.-Osterfeld Süd
Sp.Pl.
Kp.
A42
Rheinische Str.
Bottroper
Vestische
Güterbahn
Bergstr.
Ostmark-str.
Michel-str.
Koppen-burgstr.
Schützenstr.
Dülmener Str.
Halterner Str.
Kampstr.
Auf der Höchte
Am Stein-berg
Rothebusch-str.
Welschestr.
Heinestr.
Wißmann-str.
Hertastr.
Kronstadtstr.
Hermannstadtstr.
Rübekamp-str.
Giesbertstr.
Malz-str.
Kapellenstr.
Ev.K.
Ev.Gde.Hs.
Sch.
Kinderg.
Kath.K.
Kath.
Hoffmannstr.
Hinterstr.
Scheuerstr.
Teutstr.
Waghalsstr.
Wittekindstr.
Freiligrathstr.
Greenstr.
Baustr.
Marktpl.
Gildenstr.
Kirchstr.
Nürnberger
Sachsstr.
Im Wiedemhof
CE91.CE92
952.958
983.987
957
957.958
987
983.978.NE5
CE92
NE2
NE5
NE1.NE4.983.987
958.978
983.NE5
958
978
9
8
7
6
5
4
ometer

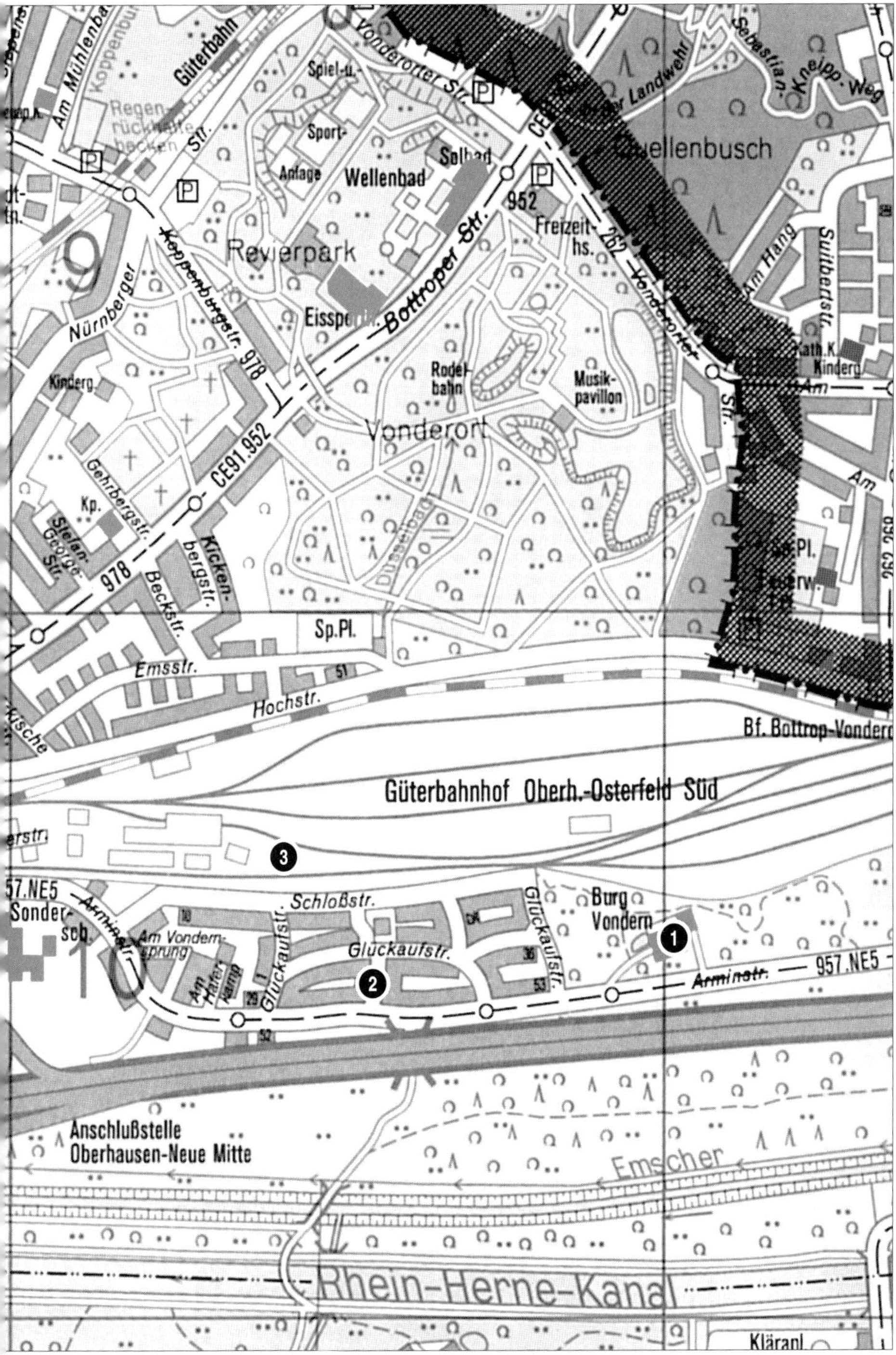

Güterbahn
Am Mühlenbach
Regenrückhaltebecken
Koppenburgstr.
Spiel-u.
Sport-
Anlage
Wellenbad
Solbad
Vonderorter Str.
Revierpark
Eissporth.
Bottroper Str.
952
Freizeit-hs.
262
Vonderorter Str.
Quellenbusch
Landwehr
Sebastian-Kneipp-Weg
Am Hang
Suitbertstr.
Kath.K.
Kinderg.
Nürnberger
Kinderg.
Rodelbahn
Musik-pavillon
Vonderort
CE91.952
978
Gehrbergstr.
Kp.
Stefan-George-Str.
Kickenbergstr.
Beckstr.
Sp.Pl.
Emsstr.
Hochstr.
51
Bf. Bottrop-Vonderort
Güterbahnhof Oberh.-Osterfeld Süd
Schloßstr.
Burg Vondern
Glückaufstr.
Arminstr.
957.NE5
Am Vondern-sprung
Am Haferkamp
10
Anschlußstelle Oberhausen-Neue Mitte
Emscher
Rhein-Herne-Kanal
Kläranl.

Sabine Deckers

Osterfeld: Ein Stück Westfalen im Rheinland

Ausgangspunkt: *Haltestelle Burg Vondern (Bus 957)*

Endpunkt: *Haltestelle Werthfeldstraße (Straßenbahn 112, Busse CE 90, CE 91, CE 92, CE 96, 952, 983, 987)*

Dauer: *ca. 3 Stunden*

Sie beginnen den Rundgang an der **Burg Vondern (1)**, einem der ältesten Zeugen Oberhausener Geschichte (s. Kasten S. 87). Osterfeld ist in der Entwicklung seines Siedlungsbildes und seiner wirtschaftlichen Struktur stark von der Eisenbahn geprägt. Ende des 19. Jahrhunderts verlor Osterfeld seinen ländlichen Charakter. Zahlreiche Eisenbahntrassen durchschneiden seither das dörfliche Gefüge, um die entstandenen industriellen Anlagen miteinander zu verbinden. Angezogen von dem immensen Wirtschaftswachstum der Region wuchs die Osterfelder Bevölkerung so stark, daß zusätzliche Siedlungsflächen erschlossen werden mußten. Auf einer solchen Siedlungsfläche liegt im Schatten der Burg Vondern die kleine **Kolonie „Glückauf" (2)** der Gutehoffnungshütte, in einer Kessellage, wie sie extremer nicht sein könnte. Im Süden durch Autobahn, Emscher und Rhein-Herne-Kanal, im Norden durch

Verkaufsanstalt IV der Gutehoffnungshütte, 1910

Katja Illmann

Burg Vondern:
Chronik einer Wasserburg in der Emscherniederung

Den meisten Oberhausenern ist sie wohl bekannt, die Burg Vondern. Zumindest die Lage der Burg. Für nicht Einheimische ist es schon ein kleines Abenteuer, die Burg zu finden. Hat man sie dann hinter der Arbeitersiedlung und der dazugehörigen Verkaufsanstalt entdeckt, fängt das eigentliche Rätsel erst an. Denn warum die Burg gebaut wurde, wann und von wem, ist vielen Oberhausenern unbekannt und auch bei Historikern umstritten.

Schon das Rätsel um den Erbauer ist nicht einfach zu lösen, denn es gab am Niederrhein mindestens 15 Familien, die den Namen Vondern trugen. Ein Historiker ist gar der Überzeugung, daß der Name Vondern nicht auf einen Familiennamen zurückgeht, sondern sich aus der Geographie des Raumes ableitet. So kann Vondern oder Fundern von ehemaligen Fluß- oder Moränenübergängen herrühren. Auch das Entstehungsdatum der Burg ist nicht genau bekannt, weil kein Dokument existiert, das den Baubeginn eindeutig festlegt. Das Motiv für die Errichtung scheint eindeutig: Natürlich als Schutz der Familie vor Feinden oder als Sicherung der familieneigenen Ländereien, vielleicht sogar an oberster Stelle als Landmarke geplant. Doch auch dies ist nicht eindeutig geklärt, denn die heutige Burg Vondern entstand nicht als Ganzes, sondern war ursprünglich alles andere als eine Burg – nämlich eine Holzhütte.

Historiker nehmen an, daß die Burg aus einem sogenannten Gräftenhof entstanden ist, einer Art Wasserburg auf einer künstlichen Insel, von einem Graben umgeben. Durch Bergsenkungen infolge des Bergbaus sind die Gräften heute verlandet. Solche Wasserburgen sind in Westfalen bereits seit dem 12. Jahrhundert bekannt. Häufig wurden sie jedoch auf zwei Inseln erbaut; sie waren dann in Vor- und Hauptburg unterteilt. Meistens dienten sie dem freien Adel als feste Wohnsitze und sind als solche auch urkundlich belegt. Anders bei der Burg Vondern: Hier existiert kein so frühes Urkundenmaterial. Zwar findet der Name Vondern im 12. Jahrhundert in einer Urkunde Erwähnung, in der von einem Gerlachus de Vonderen die Rede ist, jedoch ohne Zusammenhang zu einem Gebäude. Aber vielleicht läßt der Name Vondern Rückschlüsse auf die Entstehung zu. Von den genannten 15 Sippen dieses Namens waren zwei herausragend: Die Ritter von Vondern in Kleve und die Ministerialen von Vondern in Osterfeld. Letztere tauchen als Ministerialenfamilie in den Urkunden des Grafen von Kleve auf. 1255 wird aus dieser Familie ein Dietrich de Vonderen wiederum ohne Bezug zur Burg erwähnt. Doch in neueren Zeugnissen der Familie wird man fündig: 1266 erwirbt Gerhard von Vondern vom Essener Stift Landgüter an der Emscher, wobei es sich vermutlich um den Standort der Burg handelt. Allerdings ist nirgendwo die Rede von steinernen Gebäuden. Der Anfang der Burggeschichte wäre folglich die oben erwähnte Holzhütte. Daneben existierten wahrscheinlich noch ein Speicher und das Torhaus. Das heutige Torhaus ist also Teil der ersten Bebauung.

Burg Vondern, im Hintergrund die Zeche Vondern, um 1910

1345 gewinnt Dietrich von Vondern für die Herren von Kleve an Bedeutung. Er tauscht Hörige aus und nimmt damit ein Privileg des Adels in Anspruch. Scheinbar ist die Familie in den Adelsstand aufgestiegen. Dieser Dietrich teilt 1401 Haus und Hof, inzwischen feste Steingebäude, unter seinen beiden Töchtern auf. Bis jetzt war für die Familie zwar der Besitz der heutigen Burg Vondern nachgewiesen, aber kein ständiger Wohnsitz. Das ändert sich in der folgenden Zeit. Denn Wessel van Loe heiratet 1404 eine der beiden Töchter und verlegt seinen ständigen Wohnsitz auf die Burg. Wahrscheinlich entstand zu diesem Zeitpunkt das mittelalterliche Herrenhaus, denn die Torhäuser waren nicht für eine Wohnnutzung ausgelegt. Die ursprüngliche Hofanlage, der Gräftenhof, wurde zur Vorburg und die so entstandene „Zwei-Insel-Anlage" durch eine Zugbrücke miteinander verbunden. Der damalige Wohnturm – bis zum 14. Jahrhundert wurden Wohngebäude als Türme gebaut – ist heute noch erkennbar. Seine Vorderwand bildet heute die Rückwand des Herrenhauses aus dem 17. Jahrhundert. Das Herrenhaus weist starke Ähnlichkeit mit Schloß Lembeck auf. Das ist kein Zufall, denn die Besitzer von Burg Vondern waren gut mit denen von Schloß Lembeck bekannt. Schloß Lembeck wurde Mitte des 16. Jahrhunderts von der Familie von Westerholt gebaut und im 18. Jahrhundert barock umgestaltet.

In der ersten Hälfte des 15. Jahrhunderts stand die Familie derer von Vondern zwischen den Streitigkeiten der Herzöge von Kleve mit dem Erzbischof von Köln. Sie verhielten sich loyal zu den Interessen der Herzöge von Kleve. In dieser Situation mußte der Wohnsitz befestigt werden. Als Schutzschild erhielt die Vorburg nun Wehrgänge und Zinnen und damit ein echtes „burghaftes" Äußeres. Die Familie derer von Vondern verfügte auch in den folgenden Jahren über Einfluß. So besaß sie beispielsweise seit 1640 das Recht, in Osterfeld die Pfarrstelle zu besetzen, trat es jedoch 1793 an den Erzbischof von Köln ab.

1722 starb das Geschlecht derer von Vondern mit Moritz von Brempt aus. Sein Neffe Johann Hermann Graf von Nesselrode-Landskron trat die Erbfolge an. Dadurch kam die Burg 1824 in den Besitz der Grafen Droste zu Vischering von Nesselrode-Reichenstein. 1946 wurde die Stadt Oberhausen durch Schenkung Eigentümerin der Burg. Leider waren die folgenden Jahre wenig ruhmreich für die Burggeschichte. Anfang der 80er Jahre verfiel die Burg zusehends, das Herrenhaus diente als Hühnerstall und Heuschober. Das Heu war für die Kühe, die ebenfalls auf dem Burggelände gehalten wurden. Den Torturm bewohnte der Pächter, der sich mit einem Kohleofen, fließend kaltem Wasser und einem Plumpsklo notdürftig einrichtete. Schließlich sollte die Burg dem Bau der Autobahn 31 weichen. Dank des Einsatzes Oberhausener Bürger kam es nicht dazu. Die Bürgerinitiative führte schließlich zu einer Vereinsgründung mit dem Ziel, Burg Vondern zu retten. Die Burg sollte als kulturhistorisches Denkmal erhalten und der Allgemeinheit vor allem durch Kulturveranstaltungen geöffnet werden. Die Stadt Oberhausen unterzeichnete einen Überlassungsvertrag auf unbefristete Zeit. Damit überließ sie allerdings dem Verein auch ein schwebendes Verfahren mit dem langjährigen Pächter, der nicht aus dem Torturm ausziehen wollte. Schließlich war er auf der Burg geboren worden. Nach langen Verhandlungen kam man endlich zu einer Lösung: Die Kühe verschwanden durch die Abschlachtprämie der EU, und der Pächter wurde kurzerhand zum Hausmeister. Er zog ins Herrenhaus, in dem eine kleine Wohnung – mit WC – eingerichtet wurde. Die Totalsanierung begann mit der Restaurierung des Herrenhauses. 1985 fanden durch die Unterstützung des Arbeitsamtes Arbeitslose hier Beschäftigung und trugen einen großen Teil zur Restaurierung bei. Seit der Wiederherstellung des Wassergrabens 1995 ist die Burg auch wieder eine echte Wasserburg. Drei Millionen Mark flossen seit 1984 aus dem Förderkreis in den Wiederaufbau. Die Arbeit des Vereins hat sich gelohnt: Burg Vondern ist der einzige erhaltene gotische Profanbau der Region. So hat sich Oberhausen ein Stück seiner ältesten Geschichte bewahrt.

den einst größten Rangierbahnhof Europas begrenzt, passiert man sie auf dem Weg zur Burg Vondern. Von 1907 bis 1913 wurde diese Kolonie in unmittelbarer Nähe zu der bis 1932 fördernden Zeche Vondern gebaut. Während die alten Zechengebäude schon lange nicht mehr existieren, findet man innerhalb der Siedlung noch einige Relikte großunternehmerischen Schaffens, wie zum Beispiel die „Konsumanstalt IV" der Gutehoffnungshütte (GHH) von 1914 an der Arminstraße. Der von dem Architekten Stephany geplante Prachtbau war gleichzeitig Wohnhaus für die „Beamten" der Zeche Vondern. Man betrat die Verkaufsanstalt des zweigeschossigen Giebelhauses über eine Freitreppe, die zu dem rundbogigen Mitteleingang führte. Über den zwei großen Ladenfenstern kann man auch heute noch die Aufschrift „Verkaufsanstalt IV der Gute-Hoffnungshütte" lesen. Die Gründung der Konsumanstalten gegen Ende des 19. Jahrhunderts verfolgte zwei Ziele: Einerseits dienten sie der Versorgung der Bevölkerung in den neuen Siedlungen, andererseits stellten die Unternehmer auf diese Weise sicher, daß der Arbeitslohn im Unternehmen blieb. Bereits 1954 stellte der Nachfolgebetrieb des Konsums, der Lebensmitteldiscounter „VA" (Verkaufsanstalt) seine Betriebe auf Selbstbedienung um, und führte als eines der ersten Einzelhandelsunternehmen der Bundesrepublik 1955 die 5-Tage-Woche ein. Folgen Sie nun der Arminstraße und biegen dann rechts in die Glückaufstraße ein, so stellen Sie fest, daß die Kolonie Vondern oder „Glückaufsiedlung" nach der Idee der Gartenstadt gebaut wurde. Eineinhalbgeschossige, einachsige Häuser und Doppelhäuser des Architekten Schwarz mit tiefgezogenen Walmdächern, durchsetzt von Grünanlagen, wurden auf geschwungenen Straßen teilweise versetzt angeordnet. Das einheitliche Erscheinungsbild der Kolonie wird heute zum Teil durch individuelle Baumaßnahmen gestört. Bei einigen Häusern findet man noch originale loggiaartige Eingänge oder vorgezogene, mit halbkreisförmigen Mauern abgesicherte Eingangstreppen. Halten Sie sich nun halblinks, dann finden Sie auf der rechten Seite einen zentralen Sozialbau der Siedlung, das heutige Bürgerhaus. 1912 ließ es die GHH von dem bekannten Architekten Bruno Möhring mitten in der Siedlung als Kinderhaus erbauen. 1975 konnte es erfolgreich vor dem Abriß bewahrt werden. Wenn Sie nun rechts dem Verlauf der Glückauf-

Blick in die Siedlung Vondern

straße folgen, befinden Sie sich am Nordrand der Siedlung und stehen dem ehemals größten Rangier- und **Sammelbahnhof (3)** Europas gegenüber, dessen Errichtung den Werdegang Osterfelds maßgeblich beeinflußte. Ende des 19. Jahrhunderts beschloß man den Bau eines Sammelbahnhofes in Osterfeld, der die benachbarten Bahnhöfe Speldorf und Frintrop entlasten sollte. Mit 71 Gleisen wurde er 1891 in Betrieb genommen und ließ Osterfeld zu einem überregionalen Verkehrsknotenpunkt anwachsen. Entscheidende Kriterien für die Anlage des großen Rangierbahnhofes an dieser Stelle war die Verfügbarkeit von billigen Freiflächen einerseits und das Fehlen einer Gemeindeplanung andererseits. Die Bedeutung des Sammelbahnhofes für Osterfeld läßt sich auch daran ablesen, daß 1921 von den rund 30.000 Einwohnern jeder fünfte bei der Reichsbahn beschäftigt war.

Von der Arminstraße biegen Sie nach rechts auf die Osterfelder Straße ab und erreichen hinter der Unterführung den Ursprungsort Osterfelder Stadtgeschichte. Vor Ihnen erhebt sich die älteste Kirche Oberhausens, **St. Pankratius (4)**. Die Kirche wurde wahrscheinlich 985 gegründet, da in diesem Jahr die Gebeine des bei den Franken hochverehrten Heiligen Pankratius von Rom nach Gent gebracht wurden. In der Folge setzte ein Pankratiuskult im niederdeutschen Raum ein. Bis 1300 wurden diesem Heiligen zahlreiche Kirchen, unter anderem in Altkalkar, Emsdetten und Gescher geweiht. Obwohl viele Aufzeichnungen über die Gemeinde Pankratius ab dem zehnten Jahrhundert bestehen, ist die Entstehungsgeschichte des Gotteshauses ungewiß. Man vermutet aufgrund der Bauart des 1893 abgerissen Gebäudes, daß es im 13. Jahrhundert schon als Kapelle mit kleinem Glockenturm existierte. Als Indiz hierfür deutete man vorhandene Rund- und Spitzbögen. Gegen Ende des 15. Jahrhunderts wurde es wahrscheinlich um Schiff, Kapelle und Chor ergänzt. Diese mit der Zeit gewachsene kleine Osterfelder Dorfkirche genügte lange Zeit den Ansprüchen ihrer Gemeinde, bis die schnelle industrielle Entwicklung des Osterfelder Gebietes die Einwohnerzahl explosionsartig ansteigen ließ und die kleine Kirche nicht mehr ausreichte. Bischof Johann Bernard drängte im Jahre 1887 „auf den baldigen Neubau der Pfarrkirche bedacht zu nehmen". Realisiert wurde diese Aufforderung in den Jahren 1893 bis 1895, aus denen der heutige neogotische Bau stammt.

Das Gotteshaus wurde dreischiffig errichtet, nach dem Vorbild der westfälischen gotischen Hallenkirchen. Den Wiederaufbau der Kirche nach dem Zweiten Weltkrieg führte Hilger Hertel durch, der den Nebenchor diagonal ausrichtete und den Turm seitlich an die Fassade des Mittelschiffs anpaßte. Das Innere der Kirche wurde von 1969 bis 1975 weitgehend umgestaltet. Beim Betreten der Kirche werden Ihnen zunächst die Fenster auffallen, deren Farbintensität das Innere der Kirche in sanftes Licht taucht. Die ornamental-abstrakt gestalteten Fenster in den Seitenschiffen werden von Chor- und Taufbrunnenfenstern mit konkreten Mo-

St. Pankratius mit Rathaus Osterfeld, um 1900

tiven der Johannesapokalypse eingerahmt. Den Schwerpunkt bilden die Mittelfenster, auf denen die Wiederkehr Jesu und der Sturz der weltlichen Mächte dokumentiert ist. Mit den Fenstermotiven über dem Taufbrunnen – rechts vom Altar – bringt der Künstler Ekbert Lammers die Mächte des Feuers und des Wassers in der Gestalt des brennenden Dornbusches zum Ausdruck. Über dem Taufbrunnen, dessen Alter auf rund 600 Jahre geschätzt wird, befindet sich im Einklang mit den Fenstern eine holzgeschnitzte Figur Johannes' des Täufers aus dem 17. Jahrhundert. Der in Blau- und Goldtönen gehaltene Kreuzweg von St. Pankratius ist ebenso alt wie seine Kirche, und seine Wesenszüge sind deutlich geprägt von der Nazarener Schule, die unter dem Einfluß der romanischen Philosophie in der ersten Hälfte des 19. Jahrhunderts eine

neue, aus christlich-religiösem Geist lebendige Kunstauffassung begründen wollte und hierbei auf vehemente Kritik stieß. Auch die 1978 eingeweihte Orgel der Kirche vereinigt alte und neue Elemente in sich: Teile einer von 1913 stammenden Orgel und der Orgel des Doms zu Limburg aus der zweiten Hälfte des 19. Jahrhunderts wurden mit neuen Elementen zu einem romantischen Orgeltypus zusammengesetzt, von dem viele im Zweiten Weltkrieg zerstört worden sind. Aufgrund dieser Umstände kommt der Orgel eine besondere Bedeutung zu: Sie ist laut Kennern der Kirchenmusik ein klangvoller Zeuge der romantischen Epoche.

An das alte Gotteshaus erinnert heute nur noch das Denkmal der „Kreuzblume vom Glockenturm" von 1895 vor der Kirche. Die erste Erwähnung des Kirchspiels Osterfeld in den Büchern der Abtei Werden im zehnten Jahrhundert bestätigt, daß die Pankratiusgemeinde auf eine 1000-jährige Geschichte zurückblicken kann. Die neu gegründete Kirche wurde zum Mittelpunkt der angrenzenden Bauernschaften Bottrop und Vonderort. Um die Kirche herum siedelten sich – neben dem Pfarrhaus, der Küsterei und dem Friedhof – kleine Handwerksleute und Händler an. Nach und nach entwickelte sich aus dem ehemaligen Kirchspiel ein Kirchdorf; bis ins 19. Jahrhundert war Osterfeld landwirtschaftlich geprägt. Erst nach dem Einzug des Hüttenwesens, das seinen Ursprung im Osterfelder Norden hatte, entwickelte sich auch der Bergbau und die Eisenbahn. Seit dieser Zeit veränderte Osterfeld sein Gesicht stetig. Schächte wurden abgeteuft und Hüttenwerke errichtet. Die Emscherniederung wurde trockengelegt und der Flußlauf kanalisiert. Die Eisenbahn zog neue Grenzen durch gewachsene Gebiete. Dokumentiert werden diese Einflüsse auf die Osterfelder Stadt- und Kirchengeschichte durch einen Brunnen, der seit 1982 zwi-

Burkhard Zeppenfeld

St. Antony-Hütte – die Wiege der Ruhrindustrie

Adresse: Antoniestraße 32-34, 46119 Oberhausen
Haltestelle St. Antony-Hütte (Bus 958)

Ein wenig versteckt am Rande Osterfelds liegt die St. Antony-Hütte. Nach Groß- bzw. Schwerindustrie sieht das Fachwerkgebäude nicht aus. Doch steht hier, an den idyllischen Teichen des Elpenbachs, die Wiege der Ruhrindustrie.

Gründer der St. Antony-Hütte war Franz Ferdinand von der Wenge. Der 1707 in der Nähe von Essen geborene Freiherr war ab 1736 Domherr in Münster. Ohne größere hüttentechnische Kenntnisse zu besitzen, offensichtlich aber recht risikofreudig, stellte Wenge 1741 bei der Hofkammer des Erzbistums Köln in Bonn einen Antrag auf Erteilung des Abbaurechts zur Gewinnung des in der Nähe von Osterfeld zu findenden Raseneisenerzes. Dieses Erz lag in nur geringer Tiefe unter der Erdoberfläche und konnte leicht ergraben werden. Der Landesherr des Vestes Recklinghausen – der Kölner Erzbischof – erteilte diesen Mutschein noch im selben Jahr. Damit war die Grundlage für die Gewinnung und Verhüttung des Erzes in Osterfeld gelegt. 1753 erhielt Wenge auch die Genehmigung zur Errichtung einer Eisenhütte, und im gleichen Jahr begannen die Arbeiten zum Aufbau der Hütte. Zahlreiche Schwierigkeiten, vor allem Widerstände des Zisterzienserinnen-Klosters in Sterkrade, verzögerten die Fertigstellung der Anlagen. Erst 1758 waren Hochofen, Formhaus, Kohlenschuppen, Wasserbauten und zwei Wohnhäuser errichtet und die erste Campagne – wie man damals die Wochen der Erzverhüttung nannte – konnte beginnen.

Holzkohlen für den Hüttenprozeß stammten aus den umliegenden Wäldern, und die Wasserkraft des aufgestauten Elpenbachs trieb den Blasebalg des „Hohen Ofens" an. Arbeitskräfte aus der Umgebung erledigten die Transport- und Hilfsarbeiten. Der Betrieb der St. Antony-Hütte ermöglichte den Köttern des Umlandes einen Nebenerwerb, mit dem sie ihr kärgliches Einkommen aus der Landwirtschaft aufbessern konnten. Nur die auf der Hütte beschäftigten Fachkräfte wurden aus anderen Revieren abgeworben.

Produkte der Hütte waren Gußwaren für den täglichen Bedarf, wie Töpfe und andere Gefäße, Gewichte, Platten sowie bald auch Öfen und Kanonenkugeln, die in Kriegszeiten ein lukratives Geschäft wurden. Ab 1803 goß man auch Teile für Dampfmaschinen. Die Waren wurden zunächst in den Niederlanden und in der näheren Umgebung abgesetzt. Zu Beginn des 19. Jahrhunderts kamen als Absatzgebiete sogar Dänemark und Rußland hinzu.

1765 ergänzte Wenge die Hütte um ein Hammerwerk, auch wenn die Schmiedbarkeit des aus Raseneisenerz gewonnenen Eisens fraglich war. So mußte für die Schmiede Eisen von außerhalb herbeigeschafft werden, wodurch der Eisenhammer kaum Profit abwarf. Auch die Hütte erbrachte offensichtlich nicht den Ertrag, den sich Domherr Wenge ausgerechnet hatte. Bis 1771 betrieb er die Hütte in Eigenregie, wobei er auch Versuche in der Verhüttung mit Steinkohle durchführen ließ; allerdings ohne Erfolg.

1771 verpachtete Wenge die Hütte, doch hatte er zunächst mit seinen Pächtern keinen Erfolg und mußte den ver-

Osterfeld

St. Antony-Hütte, Abnahme von Geschossen für den deutsch-dänischen Krieg, 1864

einbarten Pachtzins einklagen. Später betrieb Eberhard Pfandhöfer die Hütte. Er errichtete gleichzeitig die ebenfalls am Elpenbach gelegene Hütte Gute Hoffnung bei Sterkrade. Als er die neue Hütte 1782 in Betrieb nahm, schied er aus dem Pachtvertrag mit Wenge aus und produzierte nun als Konkurrenzbetrieb der St. Antony-Hütte.

Als Freiherr von der Wenge 1788 starb, hinterließ er seinen Erben einen mittlerweile profitabel arbeitenden Hüttenbetrieb. Auch wenn Wenge kaufmännisches Geschick fehlte, hatten seine Zielstrebigkeit, die Unterstützung aus dem Kreis seiner Familie und der geschickte Einsatz von Beziehungen zum Erfolg geführt. Wenges Erben verkauften die St. Antony-Hütte in einem regelrechten Vetragspoker Mitte der 1790er Jahre an die Fürstäbtissin von Essen. Diese hatte mittlerweile ebenfalls eine Eisenhütte – die Hütte Neu-Essen – errichten lassen, die 1791 den Betrieb aufgenommen hatte. Die Fürstäbtissin verpachtete die St. Antony-Hütte zunächst an Eberhard Pfandhöfer, der immer noch die Hütte Gute Hoffnung betrieb und sich selbst erfolglos um den Erwerb von St. Antony bemüht hatte. Doch mußte Pfandhöfer schon 1797 aufgeben.

Die Leitung der St. Antony-Hütte übernahm nun Gottlob Julius Jacobi, der seit 1790 Inspektor der Hütte Neu-Essen war. Er wohnte mit seiner Familie auf der Hütte und erwarb 1799 einen Anteil von einem Viertel am Betrieb. Jacobi modernisierte die Anlagen, so daß die St. Antony-Hütte als vorbildliche Eisenhütte galt. Um 1800 beschäftigte sie etwa 80 Personen.

Nach Auflösung des Reichsstifts Essen veräußerte die ehemalige Fürstäbtissin, zu deren Privatvermögen die St. Antony-Hütte gerechnet wurde, ihre Anteile am Hüttenbesitz an Franz und Gerhard Haniel. Die beiden Brüder aus Ruhrort – verschwägert mit Jacobi – besaßen zusammen ein Speditionsgeschäft und hatten für die St. Antony-Hütte bereits Transportaufträge übernommen. Gemeinsam mit Jacobi betrieben sie nun eine Hüttengewerkschaft, in die die St. Antony-Hütte und die Hütte Neu-Essen eingebracht wurden. 1808 kauften sie die Hütte Gute Hoffnung hinzu. Gleichzeitig trat als weiterer Teilhaber Heinrich Huyssen, ebenfalls ein Schwager der Haniels, in die Gesellschaft ein. Die Hüttengewerkschaft und Handlung Jacobi, Haniel & Huyssen war gegründet, der Ursprung des späteren GHH-Konzerns.

Die Produktion wurde nun nach und nach zur Hütte Gute Hoffnung nach Sterkrade verlagert und der Hochofen der St. Antony-Hütte 1820 vorläufig ausgeblasen. Ein Versuch, hier Papier herzustellen, scheiterte. Von 1827 bis 1843 nahm das Unternehmen den Hüttenbetrieb nochmals auf, doch wurde danach kein Eisen mehr auf St. Antony erschmolzen. Im April 1877 stellte auch die hier verbliebene Eisengießerei ihre Produktion ein. Der Standort in Osterfeld war längst nicht mehr konkurrenzfähig; ein Eisenbahnanschluß fehlte.

Heute steht an den Elpenbachteichen nur noch das 1758 errichtete Wohn- und Kontorgebäude aus der Gründungszeit der Hütte. Die anderen Gebäude sind nach der Stillegung nach und nach abgerissen worden; die letzten erst in den 1960er Jahren. Das verbliebene, unter Denkmalschutz stehende Gebäude befindet sich heute im Besitz des Rheinischen Industriemuseums des Landschaftsverbandes Rheinland und der Sparkassen-Bürgerstiftung Oberhausen. Teile des ehemaligen Werksarchivs der GHH, darunter eine bedeutende Sammlung historischer Werksfotografie, werden hier vom Rheinischen Industriemuseum betreut und sind zu Forschungszwecken auf Anfrage zugänglich.

schen dem Propsteikeller und der Pankratiuskirche steht. Vier Figuren charakterisieren die für Osterfeld ehemals typischen Erwerbsstände: Bauer, Hüttenmann, Bergmann und Eisenbahner. Oben ziert der Heilige Pankratius den Brunnen. Desweiteren erkennen Sie die alte Pankratiuskirche und einige Wappen, die die kirchliche Zugehörigkeit der Gemeinde dokumentieren. Auch Burg Vondern, die einmal enge kirchliche Beziehungen zu der Gemeinde hatte, ist auf dem Brunnen abgebildet, da der Burgherr gleichzeitig auch Kirchenherr der Pankratiuskirche war.

Gehen Sie am Denkmal der Kreuzblume und dem Brunnen vorbei und betreten rechts die kleine Gasse, an deren Ende sich auf der linken Seite der ehemalige Sitz der ersten Großbank in Osterfeld befindet. Biegen Sie an diesem Haus links in die Bottroper Straße ein und folgen einige hundert Meter dem Straßenverlauf bis zum **Osterfelder Rathaus (5)**. Das ab 1811 zur Bürgermeisterei Bottrop gehörende Dorf entwickelte sich nach dem Abteufen des ersten Schachtes der Zeche Osterfeld 1873 explosionsartig zu einer Industriestadt, nicht zuletzt durch den Bau des größten Rangierbahnhofs Europas und drei weiterer Zechen. Während die Einwohnerzahl 1881 noch bei 5.400 lag, zählte man 1921 rund 33.000 Einwohner. Auf die rasch wachsende Bevölkerungszahl mußte von seiten der Verwaltung reagiert werden. Diese Tatsache erkannte 1890 der Heimatforscher Bernhard Grünewald, der eine „Lostrennung der Gemeinde Osterfeld vom Amtsverband Bottrop und Bildung eines eigenen Amtes Osterfeld" auf die Tagesordnung der Gemeinderatssitzung setzte. Ein Jahr später wurde die kommunale Selbständigkeit durch die Berufung eines Verwaltungschefs eingeleitet, der seinen Dienst zunächst in zwei angemieteten Zimmern verrichtete. Ab 1894 diente das neu gebaute Rathaus am Hang des Kickenberges den Osterfelder Bürgern als neuer Amtssitz. Es wurde „dem Geschmack der Zeit und dem politischen Bewußtsein gemäß für die Zukunft, jedoch gleichzeitig auf die Historie verweisend, gebaut". Stilelemente aus der Renaissance dokumentieren diese Denkweise. Dem ursprünglichen Gebäude wurden die beiden Seitenflügel angefügt, unter Rücksichtnahme auf beim Bau benutzte Materialien und Schmuckelemente. Der Osterfelder Gemeinderat kam Eingemeindungsüberlegungen nach Bottrop zuvor und beantragte seinerseits 1919 das Stadtrecht. Nachdem dieses 1921 verliehen wurde, erlangte Osterfeld 1922 die Kreisfreiheit. Bis zu seiner Eingemeindung nach Oberhausen 1929 regierte in diesem Amtshaus der einzige Osterfelder Oberbürgermeister Kellinghaus. Nach dem Zweiten Weltkrieg wurde der Eingangsbereich des Rathauses umgestaltet. Dort, wo man heute eine Umrahmung aus hellem Sandstein sieht, befand sich in Vorkriegszeiten ein zwei Säulen bekrönender Giebel. Ebenfalls entledigte man sich aufgrund modernerer Heiztechnik der ehemals vorhandenen vielen Kamine. Anfangs aus Repräsentationsgründen auf einer Plattform erhöht gebaut, umgeben von einer massiven Mauerbrüstung, nur erreichbar über eine Freitreppe, wirkt das Rathaus heute sehr bürgernah. Den Eingang betritt man nun nicht mehr durch das Frontportal, sondern seitlich vom Parkplatz. An seiner Funktion hat sich jedoch bis in die Gegenwart nichts verändert, es dient den Osterfelder Bürgern immer noch als örtliche Verwaltungsstelle.

Gehen Sie die Bottroper Straße zurück und biegen hinter der Pankratiuskirche in die Vikariestraße ein. An der Ecke Kirchstraße sehen Sie rechts ein Gebäude des „alten Osterfelds", das **Osterfelder Postamt (6)**. Bereits 1908 ist die Post in den nach seinem Erbauer benannten „Klüsener Neubau" eingezogen und hat seitdem diesen Standort nicht verlassen. Neunzig

Glückauf-Haus, Gildenstraße, 1950er Jahre

Jahre alt, hat das Gebäude seinen ursprünglichen Charakter bewahrt, denn nach einer Fassadenrestaurierung erstrahlt es in neuem Glanz. Folgen Sie der Kirchstraße nach links bis zum Osterfelder Wappenplatz. Sie blicken jetzt auf das ehemalige Wahrzeichen Osterfelds, das **Glückauf-Haus (7)**. Eine Supermarktkette übernahm in den siebziger Jahren das Ladenlokal von der Verkaufsanstalt (VA) der Gutehoffnungshütte. Als das Haus in den frühen fünfziger Jahren gebaut wurde, hob es sich von der übrigen Bebauung ab, denn mit seinen sechs Geschossen und seinem „Glückauf"-Schriftzug auf dem Dach – den man heute vergebens sucht – überragte es die ältere Bausubstanz. Es war die Absicht der Stadtplaner, Osterfeld durch den Neubau des Glückauf-Hauses einen neuen, für eine Industriestadt typischen, aufstrebenden Charakter zu verleihen. Von der Bottroper Straße sollte sich ein imposanter Blick auf das Kernstück des Stadtteilzen-

Sabine Deckers

„Für Herz und Lunge" – der Revierpark Vonderort

Adresse: Bottroper Straße 322, 46117 Oberhausen-Osterfeld
Haltestelle „Revierpark Vonderort" (Busse CE 91, 262 und 952)

Bereits in den frühen 1920er Jahren diskutierten Osterfelder Ratsmänner eine Nutzungserweiterung des nordöstlichen Stadtwaldes. Ausschlaggebend für diese Entwicklung war eine Untersuchung Osterfelder Schulkinder, bei der man herausfand, daß diese in ihrer körperlichen Entwicklung weit hinter ihren Altersgenossen zurückblieben. Um diesen Mangel zu beseitigen, beschloß man, die bisher vorhandenen Waldflächen und ein angrenzendes Grubenfeld um eine kombinierte Freizeit- und Sportanlage zur „körperlichen Ertüchtigung" zu bereichern. Der Osterfelder Stadtwald bot zudem eine günstige Lage, gegen Wind und Rauchgase von Zechen und Eisenbahnen geschützt, und gleichzeitig bequem erreichbar. Umgesetzt wurden die Pläne durch die Pachtung von 125 Morgen Stadtwald vom Grafen von Nesselrode und die Ausschreibung eines Ideenwettbewerbs für einen Volkspark, bei dem zahlreiche Gestaltungsmöglichkeiten vorgeschlagen wurden. Ein Bewerber stellte seine Planung unter das Motto „Für Herz und Lunge". Allen Planungen gemein waren zeitgemäße Freizeitmöglichkeiten für jung und alt – ähnlich den aktuellen Freizeitangeboten des heutigen Revierparks – die schließlich umgesetzt wurden.

Ein „Gondelweiher" lud neben neu angelegten Tennisplätzen, Freiflächen zur Ausübung anderer Sportarten und befestigten Spazierwegen bereits in den späten zwanziger Jahren Erholungsuchende zum Verweilen ein. Promenieren konnte man im Herzstück der Anlage, dem beliebten Ausflugslokal Waldhof, das mit seinen Aussichtsterrassen einen umfassenden Blick über die Grünanlage bot und zu jener Zeit „in der ganzen Umgegend seinesgleichen suchte". Der Stadtwald wurde nach seiner Umgestaltung liebevoll von der einheimischen Bevölkerung „Juwel Osterfelds" genannt und gerne dazu benutzt, Osterfeld euphorisch als zukünftige Gartenstadt zu preisen. Die Realität sah jedoch etwas anders aus: Der Lehrer Wilhelm Ebbinghaus charakterisierte den Stadtwald seinerzeit als „Fleckchen inmitten rauchender Schlote und Zechenhalden".

So beliebt dieses „herrliche Stückchen Erde, geschaffen aus öder Wildnis verlassener Sandgruben" war, desto verlassener und wilder wurde es in der Zeit nach dem Zweiten Weltkrieg. Nach der Zerstörung des Waldhofes 1943 lag das gesamte Gelände brach. Eine Neugestaltung des Parks war unsinnig, solange das benachbarte Grundstück „Koppenburgs-Mühlenbach" als Mülldeponie diente.

Erst Mitte der sechziger Jahre rückte der Osterfelder Stadtwald wieder in den Mittelpunkt des allgemeinen Interesses. Das inzwischen durch Bergsenkungen versumpfte Gebiet wurde entwässert und erhielt ein neues Gesicht. Neben dem alten „Gondelweiher" sollte ein weiterer See angelegt werden, beide Seen mit einer Brücke verbunden werden. Für das übrige Gelände war eine neue Begrünung vorgesehen. Angeregt durch diese neuen baulichen Maßnahmen, entwickelte sich eine lebhafte Dis-

Revierpark
Vonderort,
1970er Jahre

kussion unter Osterfelder Bürgern: Das Für und Wider einer Einbeziehung des verwilderten „Koppenburg-Gebietes" zur Vergrößerung und Bereicherung des Stadtwaldes, einschließlich eines darauf befindlichen Sportzentrums mit Frei- und Hallenbad wurde abgewägt. Die Entscheidung fiel gegen die Gesamtplanung von Sportzentrum und Stadtwald, statt dessen baute man in Osterfelds Mitte ein Hallenbad.

Aktuell war ein solches Konzept erst wieder 1969, als der Siedlungsverband Ruhrkohlenbezirk einen Wettbewerb ausschrieb, um den Osterfelder Stadtwald zum dritten Revierpark des Ruhrgebietes auszubauen. Die gleichen Ansprüche – wie bereits 1925 gestellt – wurden zeitgemäß formuliert und forderten Einrichtungen zur aktiven Freizeitgestaltung wie Sport- und Spielanlagen, Wellenbad, Wasserspielplatz, Blumenschau und vieles mehr.

1975 wurde der Revierpark Vonderort fertiggestellt, bestehend aus Teilen des Osterfelder Stadtwaldes und des „Koppenburg-Geländes" unter Einbeziehung alter und neuer Ideen. Der Waldhof wurde an gleicher Stelle als kombiniertes Freizeithaus und Restaurant neu erbaut, mit Blick auf das in den sechziger Jahren gestaltete Seengebiet, ergänzt um einen Wasserspielplatz, einen kleinen Mehrzweckpavillon, eine Minigolfanlage. Weiterhin wurde auf dem „Koppenburg-Gelände", wie bereits fast zehn Jahre vorher angeregt, ein Sportzentrum mit Wellenfreibad angelegt.

Seit seiner Eröffnung befindet sich der Revierpark in einem andauernden Entwicklungsprozeß: Freizeiteinrichtungen für winterliche Aktivitäten wurden mit in die Planung einbezogen. 1981 wurde eine Eislaufhalle fertiggestellt und seit 1991 komplettiert ein Solebad das winterliche Badevergnügen, das bisher auf ein beheiztes Freibad beschränkt war. Ein Spazierweg bindet den Revierpark mit der benachbarten Grünanlage des Quellenbuschs auf Bottroper Gebiet an. Diese Verknüpfung war sinnvoll, da sich der Revierpark nicht mehr als einzige grüne Oase der Umgebung versteht, sondern als Teil eines Puzzles, das sich aus vielen Wäldern, Parks und Gärten des Ruhrgebiets zusammensetzt.

Osterfelder Wappen

trums ergeben. Dazu wurden die alten Geschäftshäuser, die auf dem heutigen Wappenplatz standen, abgerissen. Gleichsam verlieh man Osterfeld einen Hauch großstädtischen Flairs, denn neben den Geschäftslokalen beherbergte das Glückauf-Haus ein 750 Besucher fassendes Kino, das bereits in den sechziger Jahren wieder geschlossen wurde.

Osterfeld kann im Gegensatz zur jungen Stadt Oberhausen auf eine 1000-jährige Geschichte zurückblicken. Das beweist auch das Wappen zu Ihren Füßen. Zwei Jahre nach Verleihung der Stadtrechte genehmigte das Preußische Staatsministerium Osterfeld 1923 sein eigenes Wappen: Ein rotes geflügeltes Rad auf silbernem Grund wird flankiert von einem Paar gekreuzter schwarzer Hämmer und Schlägel auf rotem Grund. Auf die Bedeutung des Bergbaus weisen die Geräte des Bergmanns hin, auf den Einfluß der Eisenbahn das geflügelte Rad. Die rote Farbe betont die Zugehörigkeit zur Provinz Westfalen, denn Osterfeld liegt im rheinisch-westfälischen Grenzgebiet. Mit seiner Eingemeindung nach Oberhausen 1929 wurde die Gemeinde Teil des Rheinlandes. Kein Wunder also, daß die Osterfelder lange Zeit brauchten, um die Eingemeindung zu akzeptieren.

„Osterfeld ist ein Stadtteil, der – zugegeben – nicht mit Superlativen aufwarten kann. Hier gibt es nicht das größte Kaufhaus und den stärksten Arbeitgeber. Dennoch, das, was zwischen solchen Marktlücken liegt, lohnt sich, entdeckt zu werden. Die Reize liegen im Detail", schrieb Anfang der neunziger Jahre der Stadtreport.

Biegen Sie nun rechts in die Gildenstraße ein und folgen ihrem weiteren Verlauf. Die nach der Kaufmannsgilde benannte Straße hieß vor der Eingemeindung nach Oberhausen Marktstraße. Dort sehen Sie auf der rechten Seite die Glückauf-Apotheke, die mit ihrem Namen an die vom Bergbau geprägte Vergangenheit Osterfelds erinnert.

Auf dem Platz vor der St. Vinzenzkirche findet dienstags und freitags der **Osterfelder Markt (8)** statt. Bereits ab der Jahrhundertwende verkauften Händler hier auch Waren, die früher allgemein nicht für einen Wochenmarkt zugelassen waren. Von Oberhemden, Stoffen, Schuhen, Töpfen, Gardinen über Gewürze, Schmuck, Gebäck, Fisch, Fleisch bis hin zu Obst und Gemüse konnte man dort alles erwerben. In der Nachbarschaft konnte nur Rheinhausen einen Markt

Gildenstraße, 1950er Jahre

Zeche und Kokerei Osterfeld, 1928

vorweisen, der dem Osterfelder in seinem Warenangebot in nichts nachstand. Nehmen Sie sich also die Zeit und bummeln ein wenig über den Marktplatz und schauen dem bunten Treiben zu. Übrigens diskutieren Osterfelder immer noch darüber, ob der Markt die wirtschaftlichen Verhältnisse Osterfelds gefördert oder eher behindert hat. Als Mittelpunkt Osterfelds ist er Anfang der neunziger Jahre mit einer kleinen Fußgängerzone verkehrsberuhigt worden. Hinter der St. Vinzenzkirche, auf Höhe der Bushaltestelle „Osterfeld Mitte" blicken Sie in die Greenstraße mit Häusern, die der Spar-Bauverein in der Zeit um 1900 für Arbeiter errichtet hat. Sie biegen in die Vestische Straße und unterqueren die Eisenbahn. Auf der rechten Seite steht „Digital Renaissance", ein Studio für digitale Filmbearbeitung betrieben von einem

Konsortium, das bereits die Special Effects von Filmhits wie „Titanic" und „True Lies" produzierte. Nach wenigen Metern erreichen Sie den **Garten Osterfeld (9)**, den Sie bis zur Haltestelle Werthfeldstraße durchqueren (s. Kasten S. 100).

Michael Weier

Oberhausen blüht auf! – Neue Gärten auf alten Industrieflächen

Vom 1. Mai bis zum 3. Oktober 1999 fand die Landesgartenschau Oberhausen – kurz OLGA genannt – auf dem ehemaligen Zechen- und Kokereigelände in Osterfeld statt. Die „Neuen Gärten Oberhausen" sind die letzten großen Bausteine des Emscher Landschaftsparks. Die Leitidee war die Umwandlung eines verbrauchten Industriegeländes in eine Parklandschaft, die auch über die Jahrtausendwende hinaus einen neuen Erholungsraum für Oberhausen schafft.

In den Neuen Gärten begegnet man auf Schritt und Tritt der Vergangenheit. Die industrielle Geschichte des Ortes begann 1873 mit dem Bau der Zeche Osterfeld. 1879 wurde der erste Schacht in Betrieb genommen; im Laufe der Jahrzehnte kamen insgesamt sechs weitere Schächte hinzu. Die Förderleistung der Großschachtanlage betrug im Jahre 1939 pro Mann 635 Tonnen. Das waren täglich mehr als 8.000 Tonnen Steinkohle. Dieses Produktivitätsniveau erreichte die Zeche Osterfeld nie wieder. 1893 entstand – eng verknüpft mit der Zeche – eine Kokerei. Vier Jahre später wurden dort 265 Koksöfen betrieben. Auf die Stillegung 1988 folgte vier Jahre später der Totalabriß der Gebäude. Die Seilscheiben der Zeche drehten sich ebenfalls bis in dieses Jahr. Als Zeugen der industriellen Vergangenheit stehen heute nur noch die Pförtnerhäuser, das Fördergerüst, das Steigerhaus und der „Dom", der ursprünglich als Kohlenmischanlage gebaut wurde. Doch die Industrialisierung hat neben gigantischen Denkmälern auch andere Spuren hinterlassen. Gefahren durch verunreinigten Boden und belastetes Grundwasser mußten abgewendet werden. Auf der Basis von umfangreichen Untersuchungen wurde das Gelände saniert. Mit dem Transport und der Aufschüttung des Bodens, der durch die Verbreiterungsarbeiten am Rhein- Herne-Kanal gewonnen wurde, konnte eine besonders umweltfreundliche Lösung gefunden werden. Insgesamt wurden rund 300.000 Kubikmeter Erdmaterial in Schichten von einem halben bis zu zwei Metern aufgeschüttet.

Ein privater Investor aus Hamm hat die ehemalige Kohlenmischanlage, in der verschiedene Kohlensorten gemischt wurden und deren Kuppel die Bewohner von Osterfeld vor dem Staub schützte, in ein Gartencenter verwandelt. Über 12 Millionen DM kostete der ökologische Umbau des 20.000 m² großen Areals. In der nun lichtdurchfluteten Halle hat der Besucher von der Empore, auf der sich ein Café befindet, einen Überblick über die Ausstellungsfläche, auf der bis Anfang 2001 die Schau „körperwelten" gezeigt wurde. Durch private Initiative ist aus dem Kohledom, wie die Osterfelder die Riesenkäseglocke nannten, der Gartendom geworden, der das jüngste Baudenkmal der Region ist.

In die ehemals abseitig gelegene Industriefläche wurden rund 80 Millionen DM investiert, darunter auch in die Brückenbauwerke und den Schiffsanleger am Rhein-Herne-Kanal. Die rund 90 Hektar große, neu gestaltete Parkfläche, zwischen Osterfeld und der Neuen Mitte gelegen, ist nach neuesten Gesichtspunkten der Parkarchitektur gestaltet,

Osterfeld

Zeche Osterfeld, 1920er Jahre

historische Aufnahmen der früheren Produktionsstätte und des Alltagslebens rund um die Zeche in den neuen Park. Südlich der Bottroper Straße und längs der Autobahn, der Emscher und des Rhein-Herne-Kanals befindet sich der „Garten für unerschrockene Entdecker". Eine ehemalige Tabuzone, in der sich früher Klärbecken befanden, wurde behutsam neu gestaltet und zugänglich gemacht. Auf einer typischen Ruhrgebietsbrache führen „Streifengärten" mit der für die Emscherzone üblichen Nutzgartenkultur die Gasometerachse fort. Die Birken, im Stil der „Streifengärten" gepflanzt, haben nichts gekostet, sie waren schon da. Auch die „improvisierten Gärten" jenseits der Bus- und Straßenbahntrasse gab es schon. Es war Grabeland von türkischstämmigen Oberhausenern, deren Gartenkultur anderen Ansprüchen folgte. Im „Linienpark", der seinen Namen von Schallschutzwänden, Leitplanken, Fahrbahnen, Wegen, Hochspannungsleitungen, Deichen usw. hat, wurde der Durchmesser des Gasometers mit bis zu elf Meter hohen Masten des Künstlers Lutz Fritsch parallel zu seiner Achse in den Landschaftsbändern zehnfach abgetragen. Die etwa 80 orangefarbenen Masten sollen die Verbindungen zwischen den Landschaftsbändern (z.B. Emscherschnellweg, Emscher, Rhein-Herne-Kanal) für Autofahrer und Fußgänger sichtbar machen.

treffend auch als „Industrie-LandArt" bezeichnet.

Die große Hauptachse bildet mit einem „Gartenteppich" den Schatten des Gasometers ab. Die Achse führt vom Eingang an der Vestischen Straße von den ehemaligen Torhäusern auf den Gasometer, das Wahrzeichen der Stadt, zu. Sie setzt sich im Südteil in den „Streifengärten" fort. Baumreihen zeichnen als „Baumharfen" die Schienenstränge nach. Die Industrieblumenfelder greifen die typischen Pflanzenarten und Recyclingmaterialien einer Industriefläche auf. Mitten im Park, wo früher die Koksbatterien standen, veranschaulicht eine gewaltige, begehbare Erdrampe mit steilen Böschungen und einem umlaufenden Wassergraben ihre Dimensionen. Das „Schwarze Tor", eine begehbare Stahlskulptur von Thomas Spiegelhalter, steht an der Stelle des ehemaligen Kokskohleturms. Sie ist Orientierungs- und Aussichtspunkt und ein Symbol für den Übergang des Zechengeländes zum Park für Gartenkunst. Der Platz der Zeitenwe(ä)nde nimmt die Form des achteckigen Grundrisses des einstigen Kühlturmes auf. Glaswände projizieren

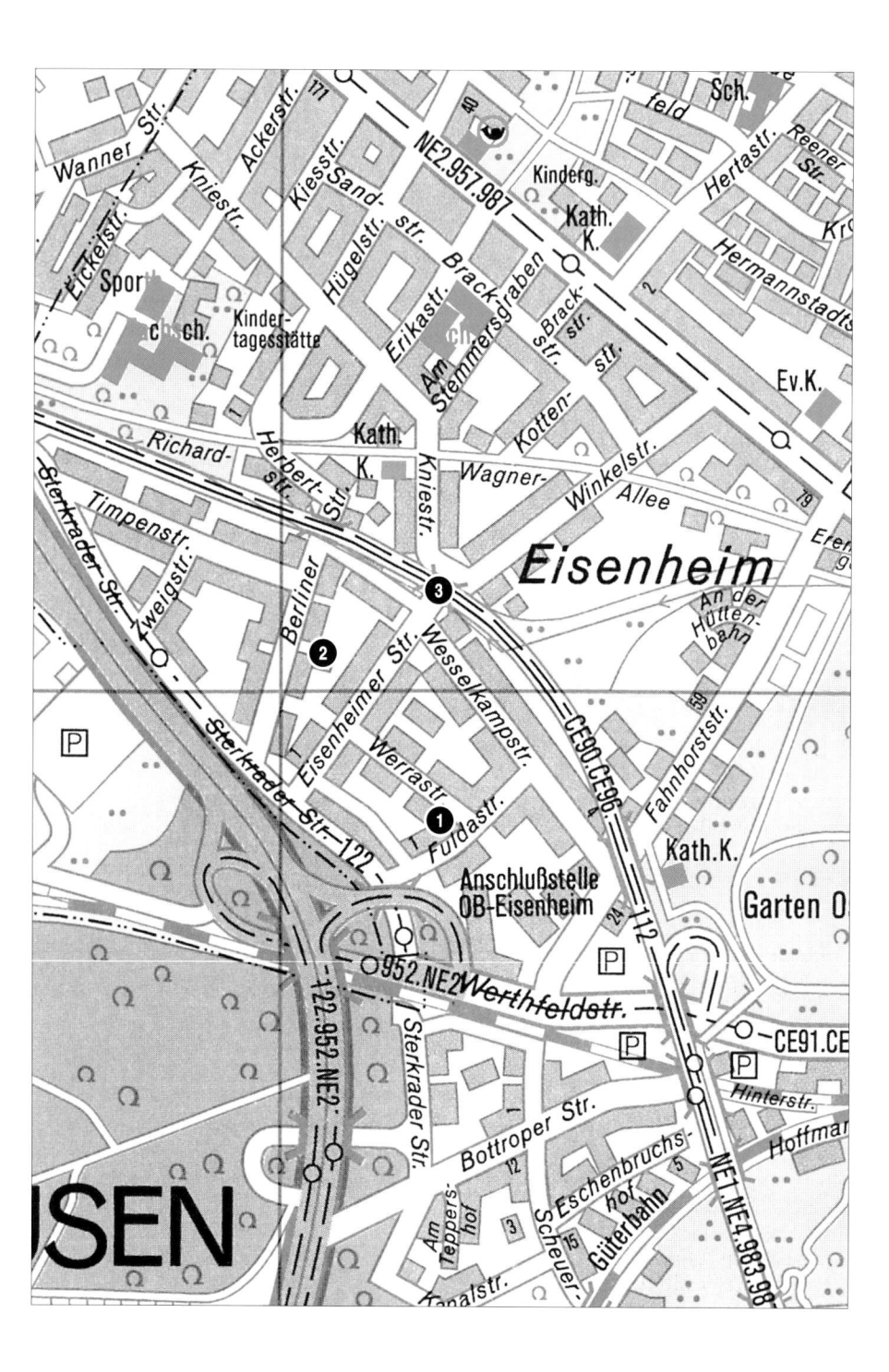

Eisenheim

Roland Günter

„Die Helden von Eisenheim"

Ausgangspunkt: *Haltestelle Eisenheim (Straßenbahn 112, Busse CE90, CE96)*

Endpunkt: *Haltestelle Eisenheim*

Dauer: *ca. 2 Stunden*

Eisenheim ist ein „Denk Mal!": Für das Leben vieler Menschen in 150 Jahren – acht Generationen. Wer die Siedlung betritt, die zwischen den drei Kernen Osterfeld, Sterkrade und Alt-Oberhausen liegt, trifft Vielschichtiges. Zwei Mythen umgeben den Gast: Der Mythos des Eisens und der Mythos der Kohle.

Seit 1840 gelingt die „Raumfahrt in die Erde" (Alfred Schmidt). Im nördlichen Ruhrgebiet fördern Tausende von Menschen in Tiefbauzechen eine neue Energie: Kohle. Sie macht es möglich, Eisen in Massen zu erzeugen. Riesige Hochöfen entstehen. Für die Massengüter wird ein neues, gewaltiges und damals einzigartig schnelles Transportmittel konstruiert: Ein Netz von Schienen, auf denen sich Ketten von Wagen bewegen, gezogen von einer Dampfmaschine, die nun auf Rädern steht.

Eisenheim ist die einzige Siedlung, deren Menschen sowohl dem Eisen wie der Kohle nützlich sind. Dieses Geschehen verändert die Welt. Im seinem Schnittpunkt entsteht eine der ersten Arbeitersiedlungen des Ruhrgebietes: 1844/1846 werden die ersten Häuser in die Höhe gemauert. Zwei Kilometer entfernt vom westfälischen Dorf Osterfeld (1824 mit 632 Einwohnern) in der sandigen Heide liegt dieses erste „Industrie-Dorf" des Ruhrgebietes. Die Vorstellung des Dorfes wird um 1900 durch den Impuls der englischen Gartenstadtidee intensiviert.

In den 70er Jahren griffen die Bürgerinitiativen, in den 90er Jahren die Internationale Bauausstellung (IBA) Emscher Park diese Idee erneut auf.

Die Siedlung zeigt das Leben der Menschen: Am Fuß des Zechengerüstes (1873) und neben dem hohen Damm der Werksbahn (heute Straßenbahn- und Omnibus-Trasse). Darüber drehen 1976 die Filmemacher Gisela Gassner und Hans-Jürgen Haug den ZDF-Film „Eisenheim – das ist eine Art zu leben".

Eisenheim steht für einen dramatischen Übergang vieler Menschen: Sie verlassen ihre jahrhundertelang angestammten ländlichen Verhältnisse, die völlig statisch sind, und geraten in die heftig bewegte Industriegesellschaft. Die

Bauschild, 1981

Nutzgärten in der Siedlung Eisenheim

neuen Häuser mit ihrem halbländlichen Charakter, mit Stall, Nutz- und Ziergarten sowie dem Feld, retten diesen Völkerwanderern die Wurzeln und vermitteln zwischen zwei Kulturen. Bis heute ist Eisenheim eine Brücke zwischen Kulturen. In Osterfeld spricht 1907 ein Sechstel der Einwohner polnisch. In den 50er Jahren kommen Familien aus Schlesien und Pommern, aus Italien, Griechenland, Spanien, Tunesien und Marokko. In den 60er Jahren wandern sie aus Jugoslawien und aus der Türkei ein. Heute sind viele Menschen in Eisenheim Türken. Die meisten aus der ersten Generation gehen zurück. Die zweite Generation bleibt. Zwischen ihnen gibt es spannungsgeladene Unterschiede.

Die Siedlung steht für das Leben dieser Menschen in einer dichten Gemeinschaft. Eisenheim ist der besterforschte Wohnbereich Europas. Das umfangreiche Archiv der Siedlung wurde in die Hände des Rheinischen Industriemuseums gelegt. Das Filmmaterial ist aufbewahrt in der „Kinemathek im Ruhrgebiet" in Duisburg-Ruhrort (Paul Hofmann), die Akten zur Sanierung bei der Stadtverwaltung Oberhausen im Fachbereich Städtebauliche Maßnahmen. Über Geschichte und Gegenwart der Siedlung gibt es eine große Zahl von Publikationen.

Eisenheim ist mit seinen drei Häuserkarrees ein Museum der Bau- und Siedlungsgeschichte. Innerhalb von 60 Jahren gibt es fünf Phasen. Phase 1: 1846 steht für die frühe Eisenbahnkonjunktur: Westliche Fuldastraße und südliche Wesselkampstraße. Phase 2: 1865 steht für die Eisenhütte I (1860; 1865 zehn Hochöfen) und das Walzwerk Neu-Oberhausen – Berliner Straße. Phase 3: 1871 steht für die Gründerkonjunktur des Kriegsgewinns – Wesselkampstraße 35, das erste Wohnhaus im Ruhrgebiet im Kreuzgrundriß. Phasen 4 und 5: 1898 und 1901 stehen für die Kohle- und Stahlkonjunktur – Werrastraße und Eisenheimer Straße.

1903 hat die Siedlung 50 Häuser (nicht alle erhalten) mit 186 Wohnungen für einst weit über 1.000 Menschen (heute rund 500). Während 1850/1900 in Berlin 43 Prozent der Arbeiterfamilien in einem Raum, 28 Prozent in zwei Zimmern leben müssen, hat in der Siedlung jede Familie vier Räume. Der sozialistische Stadtplaner und Theoretiker, der Avangardist Bruno Taut, lobt Eisenheim 1928 als „Mustersiedlung".

Seit 1972 entfaltet Eisenheim eine sprengende Kraft gegen menschenverachtende Größenwahnplanungen: Hunderte von Hochschulseminaren studierten seine vielen Kleinräume und Zwischenräume – als anschauliches Beispiel für menschliche Dimension und szenische Phantasie. Die Freiraumgestaltung bietet eine vielfältige Bühne. An ihr lernten viele Architekten.

Eisenheim reichte vielen Menschen andere Weisen des Blickens. Es war das Feld umfangreicher Forschungen: Über den Zusammenhang von Lebensformen und Bauen, im Innen- und im Außenraum. Und über die Werte kleinmaßstäblicher Architektur. Dies geschah interdisziplinär: In einer Verbindung von Geographie, Geschichts- und Sozialwissenschaften sowie Kultur- und Kunstwissenschaft.

Die Siedlung steht für die Geschichte eines wichtigen Widerstandes: Gegen zerstörerische Grundstücks- und Mietspekulation. Schon 1958 wurde Kahlschlag beschlossen; 1972 tun sich „kleine Leute" und „intellektuelle Spinner" zusammen und ringen den Goliath nieder. 1972 stellt Landeskonservator Günter Borchers Eisenheim unter Denkmalschutz – als erste Siedlung in Deutschland. Bundespräsident Gustav Heinemann kritisiert auf dem Architektentag 1974 die Kahlschlagsanierungen und hebt Eisenheim als „Beispiel für ‚Soziale Architektur' im Gegensatz zu rein technisch-wirtschaftlichen Lösungen" hervor.

Ein historischer Ort für Zukunft entstand: Robert Jungk machte 1974 im Volkshaus seine erste Zukunftswerkstatt außerhalb der Universität. Nach sechs Jahren Kampf (1972-1978) gewinnt Eisenheim: Rettung, Erhaltung, Modernisierung (1978-1981). Stefan Klein in der Süddeutschen Zeitung: „Triumph der Hartnäckigen." Mitbestimmung: Nach dem Vorbild Bologna bildeten die Bewohner einen Quartierrat. Eisenheim hatte die ersten Sozialarchitekten (Ernst Althoff und Niklaus Fritschi, später der Gestalter des Rheinufers in Düsseldorf). Sie wurden von den Bewohnern als ihre Vertrauensexperten im Sanierungsprozeß vorgeschlagen. 1978 erhält Eisenheim den Kulturpreis der Kulturpolitischen Gesellschaft. Hartwig Suhrbier: „Eisenheim markiert eine grundlegende Umwertung des Ansehens von Bauten der Industrie- und Sozialgeschichte". Bewohner gründen um 1980 das Volksmuseum.

Heute gibt es eine beispielhafte Zusammenarbeit der Bewohner mit der Eigentümerin, der Treuhandstelle für Bergmannswohnstätten (1920 gegründet), die Thyssen die Siedlung abkaufte. Zur Tradion gesellt sich Innovation: In Planung ist ein Tourismuskonzept mit „Bed and Breakfast". Und eine ruhige Studierstätte mit einer kleinen Bibliothek. Walter Siebel, Direktoriumsmitglied der IBA Emscher Park, hält Eisenheim für einen der Ausgangspunkte der IBA-Konzeption.

Eine eigene Erfindung, mit Weltpremiere, sind die „Sprechenden Straßen" von 1996, rund 70 Emailletafeln. Jede hat zwei Manuskriptseiten Text zur Geschichte und zum Leben der Bewohner. So ist Eisenheim ein einzigartig durch-

Wesselkampstraße, vor 1910

schaubarer und erklärter Ort. Seit 1996 schafft sich Eisenheim „poetische Orte". Dies sind Nachdenkpunkte: Eine literarische Idee wird künstlerisch durch Text und ein Zeichen vertieft.

Wenn Sie jetzt durch die Siedlung gehen, lassen die Tafeln an jedem einzelnen konkreten Ort eine Person mit einem besonderen Thema wiederkehren.

Ausgangspunkt ist das **Versammlungs-Haus (1)** zwischen Werrastraße 2 und 4. Das Volkshaus ist das Versammlungszentrum eines fünfjährigen Kampfes zwischen David, der Bürgerinitiative, und Goliath, dem Thyssen-Konzern. Dieser wollte die Siedlung abreißen, um Häuser nach dem Motto „Länge mal Breite mal Geld" zu bauen. 1974 besetzten Eisenheimer dieses Gebäude, ein leerstehendes Waschhaus von 1952. Fritz Unterberg und Günter Biesel leiteten den Umbau. Robert Jungk weihte es am 30. November ein: Mit seiner ersten „Zukunftswerkstatt" außerhalb der Hochschule. Hier diskutierte kurz danach die „Mutter Courage" des Ruhrgebietes, Oberbürgermeisterin Luise Albertz, mit den Familien, die sich der Vertreibung nicht fügen wollten. Und monatlich tagte, nach dem impulsgebenden Vorbild Bologna, der „Quartierrat".

Kumpel-Idylle. Vor dem Volkshaus legte die Familie Meter einen Garten an: Eine Mischung von Rheintal mit Burg und Venedig mit Brücke über das Wasser eines Teiches. An der Ecke des Stalls, lange Zeit der Käfig für die Hühner, hielt die Familie ein halbes Jahr lang, kaum zu glauben, ein fabulöses Tier: Einen kleinen Löwen. Als die Wohnungsverwaltung in der Zeitung die Story las, ließ sie ihn mit Blaulicht abholen. Und ganz Oberhausen

schmunzelte über den „Löwen von Eisenheim".
Soziale Umsicht (Werrastraße 6). In die Wohnung an der Straße zog einst Fritz Unterberg mit seiner Familie ein. Sie kamen aus einem Obdachlosenasyl – im ungeliebten Hochhaus „Drei Knappen", für das eine Arbeitersiedlung kahlgeschlagen worden war. Fritz Unterberg wachte auch über die Straße und die Siedlung. Stundenlang lag er im Fenster, und wer immer vorbeikam und nach einem Menschen fragte, erhielt einen freundlichen Hinweis; denn Fritz war das „Auge von Eisenheim". An der Rückseite des Hauses, hinter dem Wohnweg, bastelte Fritz im Garten aus zwei Autowracks ein zweites Haus, das wuchs und wuchs. Wer etwas für seinen eigenen Garten und seine Laube suchte, fand es in dem überquellenden Lager dieses archaischen Sammlers.

Der Bürgermeister (Werrastraße 5, Südgiebel). In dieser freundlichen Wohnung lebte Helmut Kons. Weil er sich in der Siedlung um vieles kümmerte, nannten ihn die Leute den „Bürgermeister von Eisenheim". Er war Bergmann, in seiner Jugend auch Boxer und Fußballer, später Betreuer der jugendlichen Hobbymannschaft, vor allem Verbindungsmann zwischen Eisenheim und der Eigentümerin – und ein außerordentlich unterhaltsamer Geschichtenerzähler. Einen erheblichen Teil seines Lebens verbrachte er in Gesellschaft: In der Kneipe. In Fritz Unterbergs Wohnung, direkt gegenüber (Werrastraße 6), zog sein Nachfolger ein: Bergmann Ralf Huck – der „junge Bürgermeister".

Der legendäre alte Mann (Werrastraße 7, Nordgiebel). Willi Wittke wohnte sein ganzes Leben in diesem Haus: 1906 brachte ihn die Mutter zur Welt, 1986 starb er – einen Tag nach dem Schriftsteller Heinrich Böll. Seine Lebensgeschichte spiegelt das 20. Jahrhundert: Dem wilhelminischen „Hurra-Patriotismus" folgt der Hunger. Von der ersten Demokratie haben die Kumpels we-

Abgerissene Meisterhäuser an der Sterkrader Straße/Fuldastraße, 1930er Jahre

nig. Unter Tage erlebt er sämtliche Technologien des Abbaus. Willi Wittke zählt zu denen, die die längste Lebenszeit unter der Erde arbeiteten: 43 Jahre. Ruhrkampf 1920. Ruhrbesetzung 1923. Willi erregte sich über den Mangel an Solidarität: Während in England 1928 gestreikt wurde, machten die deutschen Kumpels Überschichten, um Kohle auf die Insel zu schicken. NS-Staat. Willi steckt gefangenen Russen Brot zu – darauf steht hohe Strafe. Nachkriegszeit. Als Betreuer seiner Juniorenfußballmannschaft wird er Westdeutscher Meister. 1972 bis 1980 Kampf um die Siedlungen. Zum alten Willi Wittke, dem vorzüglichen Schachspieler, kommen die vielen Journalisten, die über Eisenheim schreiben. Einzigartig: Stefan Klein holt sich das Vorwort für sein Buch „Reportagen aus dem Ruhrgebiet" (1978) nicht vom Ministerpräsidenten Heinz Kühn, sondern von Willi Wittke – er verkörpert die Redlichkeit des Kumpels. Nach seiner Goldenen Hochzeit verwirklicht er 1981 einen Jugendtraum: Er fährt mit dem Moped durch Deutschland. Darüber drehen Gisela Gassner und Hans Jürgen Haug den anrührenden ZDF-Film „Und jetzt siehst du mal die Welt ...". Sie biegen nach links in die Eisenheimer Straße ein.

Zaun und Hecke (Eisenheimer Straße 1, Westgiebel). Vor dem Haus blieb der einzige eiserne Zaun aus der Frühzeit erhalten, in der in ganz Eisenheim alle Gärten von solchen Zäunen umgeben waren. Der materialgierige Hitler ließ auch dieses Eisen für seinen Krieg plündern. Dann pflanzten die Gärtner der Gutehoffnungshütte die Hecken, die heute die Siedlung charakterisieren.

Das Land. Sie gehen zur Sterkrader Straße vor. Einst war die Provinzialstraße der Weg von der Ruhr zur Lippe nach Dorsten. Auf der anderen Seite, wo heute die Autobahn liegt, breiteten sich Feld und Busch aus – der Forster Bruch. Die Gutehoffnungshütte verpachtete den Bewohnern Grabeland. Hier fühlten sich Martha Berns und ihr Mann wie Bauern. Sie hielten sogar ein Pferd.

Der Ort des Eisens (Ecke Eisenheimer-/Sterkrader Straße). Wer hier die Siedlung betritt, begegnet einem Gleichnis für die Welt: Dem Menschen mit dem Herz aus Stein und dem Menschen mit dem offenen Herzen. Diesen „poetischen Ort" errichtete der Eisenheimer Meister des Eisens, Horst Wolfframm – zum Nachdenken.

Rekonstruktion (Sterkrader Straße). Längs der Provinzialstraße stand einst eine Reihe von sieben Doppelhäusern: Die Meisterhäuser von 1846. Lug und Trug der Straßenbaubehörde löschte sie 1962 aus: Angeblich zur Straßenverbreiterung. Nun sollen zwei Doppelhäuser rekonstruiert werden.

Die Taubenväter. Sie laufen die Eisenheimer Straße nach Osten zurück und kommen zum Ostgiebel des Hauses Eisenheimer Straße 2 b. Rechts vom Wohnweg leben in einer Ansammlung von niedrigen Häuschen 350 Tauben. Die beiden unzertrennlichen Brüder Manni und Gustav Held kennen ihre Tiere so gut, daß sie jedes mit Namen rufen. Die beiden Taubenväter zählen zu den Meistern des Taubensports in Deutschland: Aus 800 km finden die Vögel sicher zurück in ihren Schlag. Die Tauben kamen in der zweiten Hälfte des 19. Jahrhunderts aus Belgien über das Aachener Revier ins Ruhrgebiet. 1884 wurde der erste Verband gegründet. In kaum einem Ruhrgebietsbuch fehlen die Brüder Held. Ihre Philosophie erzählen sie im WDR-Film „Taubenliebe" von Axel Hofmann und Werner Kubny. Dafür erhielten sie 1996 die höchste Auszeichung des Fernsehens, den Adolf-Grimme-Preis.

Das Pättchen. Sie gehen die Eisenheimer Straße rechts ein Stück hoch und biegen links vor dem Haus Nr. 5 nach Norden ein, überqueren den Wohnweg und laufen hinter dem Stall auf dem

Eisenheim

Lumpensammler in der Fuldastraße, um 1975

schmalen Pfad nach Norden. Damit die Menschen sich leicht und möglichst oft treffen konnten, legten die unbekannten Architekten von Eisenheim ein Netz von Pfaden an. In diesem Labyrinth kannte sich jedermann aus.

Die Bienenzüchter (einige Meter rechts). Hinter der Hecke steht ein niedriges hölzernes Haus: für viele Bienenstöcke. Bei fast jedem Wetter schauen zwei Männer dem Schauspiel zu: Salih Koç, einst Betonbauer, und Otto Bohn, einst Bergmann. Lange Jahre hatten sie ein schwieriges Verhältnis zueinander, aber dann machten die Bienen sie zu Freunden. Der Deutsche, oft wenig leidlich, ist ein freundlicher Mensch geworden.

Türkengärten. (Ein wenig weiter, westlich vom Pfad.) Hasan (Hans) Demirçi zieht mit seiner Familie in einem großen Garten das Gemüse, das Gesundheit und seine Heimat am Schwarzen Meer bei Zonguldag nach Eisenheim bringt. Der junge Eisenheimer Ercan Can erklärt uns: Als die aufsteigende Nachkriegsindustrie Arbeitskräfte suchte, kamen im zweiten Schub Türken. Die ersten in Eisenheim waren 1972 die Familien Koç und Idil. Die Menschen aus Kleinasien unterscheiden sich sehr stark: In Sprache, Religion und Nationalität. Die Türkei war immer schon ein multikulturelles Land. Ihre Mischkultur umfaßt Kosaken, Kasachen, Kurden, Tschetschenen, Mongolen, Tataren („Wolgatürken"), Tibeter, Araber, Perser, Afghanen, Armenier, Griechen und viele andere sowie Religionen wie Juden, Muslime, Christen, Schamanen, Sonnenanbeter, Jesiden („Teufelsanbeter"), Aleviten, Schiiten usw. In der Türkei werden über 32 Sprachen gesprochen, allein in Eisenheim vier. In der Familie sprechen die Idils die idiluralische Sprache und die Can kurdisch. Untereinander unterhalten sich die Zugewanderten in der Einheitssprache

Türkisch. Es gibt aber alte Leute, die kein Türkisch sprechen. Einige Familien kehrten in die Türkei zurück, weil sie in den frühen 80er Jahren eine betriebliche Abfindungsprämie bekommen hatten. Aber die Familien, die jetzt hier leben, denken selten an eine Rückkehr. Die Jugendlichen der zweiten und dritten Generation sind integrationsfähiger als ihre Vorfahren: Sie wollen sowohl viele türkische Wertvorstellungen behalten als auch deutsche akzeptieren. Durch mehr Bildung und Sprache können sie sich besser verständigen; das macht sie offener. Sie machen nicht den Fehler der ersten Generation, die sich gegenüber Nachbarn bewußt oder unbewußt abschottete. Die Zukunft in Eisenheim heißt: „Verständigung durch gegenseitige Akzeptanz."

Der Wohnweg hinter den Häusern der Berliner Straße ist viel breiter als die anderen und damit auch der interessanteste: Autofrei, Spazierweg, Kommunikationsraum, Hauseingänge zu ebener Erde und neben den Türen Bänke – er ist ein „grünes Zimmer". „Wenn man draußen war, hat man nie allein auf der Bank gesessen. Immer sind Nachbarn gekommen." „Die Leute waren sehr sauber. Samstags wurde der Hof gefegt und der Stall geschrubbt – alles blitzeblank." Gertrud Böke, Jahrgang 1893: „Eine Wasserrinne aus Ziegeln lief rund um das Haus. Da fing samstags gegen 13 Uhr auf dem Wohnweg oben eine Frau an zu fegen. Dann kam der Reihe nach jede Frau aus dem Haus und schrubbte weiter, was von oben kam. Bei Neifers kam alles in ein Becken rein." „Hier gehst du morgens raus und dann quasselst du erst mal mit den Nachbarn. Da kommt einer. Und dann der nächste. Er steht an der Hausecke oder guckt durchs Fenster. Hier kannst du vorbeikommen, wann du willst, ein Fenster ist immer offen." „Wir spielten auf dem Hof: Kreis und Hüpfen und Handball." „Auf dem Hof ließ es sich wunderbar sitzen. Wenn jemand durchkam, ist er stehengeblieben. Alles saß vor der Tür. Und gegen Abend kriegte der eine oder andere Lust zum Spielen. Er holte sein Akkordeon und setzte sich auf die Bank. Dann kamen alle auf den Hof. Nicht lange, nur bis neun Uhr, die Leute gingen früh ins Bett." Auf diesem Wohnweg drehte Wim Wenders 1994 einen Teil seines berühmten Films „Alice in den Städten": Ein kleines Mädchen sucht in einer Siedlung seine Großmutter. Und Marianne Lüdcke drehte 1976 mit Ingo Kratisch den WDR-Film „Tannerhütte".

Das Volksmuseum. Im Waschhaus sammelten seit 1976 die Eisenheimer „alte Schätzken". Daraus machten 1979/80 der Bergarbeiter Günter Biesel, der Busfahrer Bernhard Schimmelpfennig und der Hochofenwerker Paul Braun das **Volksmuseum (2).** Zu den Schätzen gehört das Schlafzimmer der Eheleute

Die beiden letzten Meisterhäuser an der Sterkrader Straße kurz vor dem Abriß, 1961

Eisenheim

Böke aus dem Jahre 1910 und die kuriose Konstruktion eines eisernen Kinderbettes um 1900. Günter Morsch, der spätere Leiter der KZ-Gedenkstätte Sachsenhausen, baute das Volksmuseum 1990 zu einem Trabanten des Rheinischen Industriemuseums Oberhausen aus.

Auf dem Platz wurden 1996 Gußblöcke vom Hochofen eingelassen. Die Bank fertigten Lehrlinge des Meisters Horst Wolfframm an.

Die Museumswohnung (gegenüber Berliner Straße 10). Hier lebte Lothar Heckhoff – hilfsbereit, aber unglücklich und kurz. Seine Räume stellte die Treuhandstelle für Bergmannswohnstätten als Museumswohnung zur Verfügung.

Das Leben am Hochofen. (Ein Haus weiter östlich, Berliner Straße 12.) Auch Paul Braun hatte kein langes Leben: Viele Jahre arbeitete er am heißen Abstichloch eines Hochofens. Die überaus harte Arbeit fraß seinen Körper. Mehrere Male sprang er dem Tod von der Schippe. Jahrelang öffnete er Gästen freundlich die Tür des Volksmuseums und erzählte ihnen Geschichten.

Der reformerische Viererblock. (Das östlich folgende Haus, Berliner Straße 14.) Lange Zeit betrieben die beiden Nowaks in einem Haus an der Berliner Straße die kleine Kneipe „Alt Eisenheim", die heute geschlossen ist. Der Typ der Häuser an der Berliner Straße (1865) stammt aus englischen Städten. Im Mutterland der Industrie setzten in den überfüllten Arbeiterbereichen Wohnungsspekulanten auf ein Grundstück hintereinander lange Häuserreihen. Und um Boden und Wege zu sparen, stellten sie zwei Reihen Rücken an Rücken (back-to-back) zueinander. Dieser Typ wird in der berühmten Arbeiterstadt (cité ouvrière) in Mülhausen/Elsaß (1853/1884) übernommen und mit Reformvorstellungen umgewandelt: Zum „Kreuzhaustyp", meist mit zwei Geschossen. Die Reihe wird verkleinert auf jeweils zwei Wohnungen nebeneinander, die Rücken an Rücken zu zwei weiteren stehen. Das ergibt in einem Haus vier Wohnungen mit Gärten rundherum. Wohl aus dem Elsaß kommt dieser Bautyp nach Eisenheim. Wir nennen ihn den Viererblock.

Die Wanderung der Völker (Berliner Straße 16). Die Industrieepoche ist die größte Völkerwanderung in der Geschichte. Sämtliche Eisenheimer sind Zuwanderer. Hier wohnte der Schmied Franz Rehberg, der 1922 von Ostpreußen an die Emscher reiste. „Von Kameraden hatte ich gehört, daß sie hier schönes Geld verdienten". Er fand im Hüttenwerk Arbeit, dann holte er sein Mädchen nach.

Der Hundertjährige (Berliner Straße 18). Oft konnten die Leute auf der Bank neben der Tür den pfeiferauchenden „Methusalem" von Eisenheim sehen: Den Opa Anton Stoike. 1881 in Westpreußen geboren, kurz nach 1900 mit Familie ins Ruhrgebiet gekommen – in eine ganz andere Welt. Lange lebt er im Dunkelschlag in Sterkrade, einer Bergarbeitersiedlung, die Eisenheim ähnlich ist. 1945 zieht er hierher. „Sonntags waren wir mal in der Wirtschaft, mal zu Hause. Manchmal gab es in der Wirtschaft Blasmusik. Da haben wir getanzt. Und wie! Wenn es sehr vergnüglich war, tanzten wir auch draußen auf dem Hof. Die Gemeinschaft! Das war alles wie eins. Die Leute haben zusammengehalten. Alles Sozialisten. Das war, als wenn wir Brüder und Schwestern wären." Mit 49 Jahren wird Anton Stoike Frührentner – in einer Zeit, als der Bergbau kaum einen seiner Leute vorzeitig zum Rentner machte. „Auf der Zeche verbrachte ich meine Tage, bis daß ich nicht mehr konnte. Ich hatte nie gefeiert, und auf einmal passiert es. Da schrieben sie mich dauernd arbeitsunfähig." Die Ärzte sagten ihm, er habe nur noch ein Jahr. Aber er hatte Glück: Mehr als doppelt so viele Jahre lebte er noch. Als er starb, sagten die Leute: „Die Hundert hätte er voll machen können!" Aber als dann jemand vom Amt seinen Personalausweis ansah, stellte er fest, daß Opa Stoike ein Jahr älter war, als die Leute annahmen. Er hatte 35 Jahre lang geglaubt, er sei ein Jahr jünger. Hundert Jahre ist er alt geworden.

Auf der Kokerei (Berliner Straße 20). Willi Hentschel stand viele Jahre bei Wind und Wetter hoch oben in der Luft: Auf der Plattform über den heißen Öfen der Kokerei.

Haltestelle Eisenheim. Sie biegen auf dem Wohnweg der oberen Wesselkampstraße nach rechts ein. An der Eisenheimer Straße sehen Sie links die futuristisch anmutende **Haltestelle Eisenheim (3)**. Von oben haben Sie einen Blick über die gesamte Siedlung.

„**Das Gehirn**" (Ecke Wesselkamp-/Eisenheimer Straße). Unter den hohen Kastanien breitet sich ein Terrain aus, das den „Poetischen Orten" gewidmet ist – als Beitrag von Eisenheim zur Landesgartenschau 1999. Ein Park entsteht. Als erstes wurde eine Eisenplastik aufgestellt: „Das Gehirn" – von jungen Leuten in der Metallausbildung beim Meister des Eisens Horst Wolfframm gemacht: Die Plastik trägt die Zeichen ihrer eigenen Phantasien. Und sie ist gewidmet den Phantasien der Menschen, die die Welt in Bewegung setzen.

„**Die Raumfahrt in die Erde**". Als Horst Wolfframm daneben das große Gerüst aufstellte, wußte niemand, daß es rasch im doppelten Sinn ein „Denk Mal!" wird. Paradox: Das Gerüst ragt in den Himmel und die Bilder zeigen, was unter unseren Füßen tief in der Erde geschah – für die Industrieepoche weitaus wichtiger und folgenreicher als die Raumfahrt in die Luft. Alfred Schmidt zeichnete 25 Jahre lang in den Zechen unter Tage – einzigartig in der Geschichte des Bergbaues. Viele seiner Bilder finden Sie verkleinert auf den „Sprechen-

den Tafeln" quer durch Eisenheim. Zum erstenmal kam Alfred Schmidt im Sommer 1981 in die Siedlung und wurde ihr Freund. Der Künstler zog einen Handwagen: Daran sahen die Leute auf zwei zeltartig zusammengestellten Tafeln Zeichnungen von unter Tage. Er machte eine Tournee von sechs Wochen durchs Ruhrgebiet. In dem Wagen schlief er. Alfred Schmidt zeigt in den Bildern am Gerüst die andere Dimension der Welt, in der die Männer von Eisenheim viele Generationen lang lebten. Unter der Siedlung bauten sie Kohle ab. 1876 wurde auf dem Feld zwischen Osterfeld und Eisenheim die Zeche Osterfeld angelegt. Die Eisenheimer Häuser liegen heute einige Meter tiefer als 1846, weil der Boden allmählich abgesunken ist. Damit sie nicht auseinanderbrechen, erhielt fast jedes Gebäude ein Korsett: Lange Eisenstäbe halten sie zusammen. Ein Auftrag der Ruhrfestspiele brachte Alfred Schmidt von Düsseldorf ins Ruhrgebiet. Dann lebte er lange in einer Zeche in Gelsenkirchen-Buer, im früheren Stall der Grubenpferde von „Bergmannsglück". Unter Tage zeichnete er das Labyrinth, das sich in dieser Region im Schoß der Erde ausbreitet. Die Tiefe der Erde war unzugänglich, bis Menschen herausfanden, wie sie diese erste Weltraumfahrt, noch vor dem Fliegen, zustanden bekamen: Mit mächtigen Dampfmaschinen und Pumpen. Seit 1842 dringen sie in die Erde ein: Viele hundert Meter, 1.000 Meter, 1.500 Meter. Es ist das Werk von zusammengerechnet Millionen Bergleuten. Alles müssen sie von oben mitbringen, selbst die Luft zum Atmen. Sie schaffen dort unten Räume. Die Kohleschichten werden aus vielen Quadratkilometer großen Grubenfeldern herausgeholt. Dafür sind Zugänge angelegt. Lange Tunnels. Die Wege treffen und verknoten sich. Ein Netz entstand. Die Arbeit prägt die Leute. Wir sehen „die Humanisierung des Men-

Eisenheim

Berliner Straße, Schweineställe

schen durch Arbeit" (Alfred Schmidt). Wir beobachten: Mut, Beharrlichkeit, Umsicht, Einsicht, Vorausschau, rechtzeitiges Vernehmen der Gefahr, lange Zeit ein Lebensrisiko, heute die sichersten Bergwerke der Welt, Kenntnisse, Bündelung von Erfahrungen, Überlegung und Einfallsreichtum, Bewältigung von problematischen Arbeitssituationen, Ordnung und Verantwortung untereinander. Der engagierte Künstler machte mit vielen spektakulären Aktionen unermüdlich auf die Leistungen und Würde der Menschen unter Tage aufmerksam. Er nannte das Unternehmen Bergbau die „Raumfahrt in die Erde". 1997 starb Alfred Schmidt den aufregendsten und schönsten Tod eines Künstlers: Drei Monate lang hatte er in Bremen den Untergang der Vulkan-Werft beschrieben und gezeichnet; als das Tor geschlossen wurde, fiel er nach wenigen Schritten zusammen – sein Leben schloß mit der Werft. So ist dieser poetische Ort auch dem Gedächtnis an den Künstler gewidmet, dessen Bilder ein wichtiges Stück Ruhrgebietskultur geschaffen haben.

Der geniale Kreuzgrundriß. Sie gehen zum Haus Wesselkampstraße 35. Hier wohnen die beiden wichtigen Initiativen-Männer Günter Biesel, Mann für alles, scherzhaft auch „Stadtwerke Eisenheim" genannt und Willi Pfarrer, Nachfolger von Johann Kriniewicki und Willi Wittke als Sprecher der Initiative. Das Haus von 1872 ist das älteste bislang nachweisbare im Kreuzgrundriß. Im Viererblock an der Berliner Straße lagen immer zwei Eingänge nebeneinander. Das ist kommunikativ, kann aber auch zu Konflikten führen. Daher entwickelte ein nicht namentlich bekannter Planer der GHH einen neuen Grundriß: Eine Variante des Viererblocks. In der Mitte des Hauses stehen zwei Wohnungen Rücken an Rücken. Die eine wendet sich zur Straße, die andere zum Hof. Die beiden weiteren Wohnungen werden raffiniert um 90 Grad gedreht und an beide Giebel angesetzt. Nun hat das Haus mit den vier Wohnungen an jeder Seite einen Eingang. In jeder Himmelsrichtung. Jeder Bewohner kann sich vorstellen, daß er der Herr über ein Terrain ist: Über eine Seite des Gebäudes und über den Raum davor. Weil die Eingänge in Form eines Kreuzes angeordnet sind, nennt man diesen Typ den Kreuzgrundriß. Im Ruhrgebiet verbreitete sich dieser Haustyp in vielen Siedlungen. In Eisenheim wurden in der dritten und vierten Phase (1897/1903) ausschließlich solche Häuser gebaut.

Der kurdische Dichter. Sie gehen zur Ecke zurück, dann die Eisenheimer Straße nach links und biegennach links in die Werrastraße ein. Werrastraße 7, Südgiebel. Chef der kurdischen Familie Can mit ihren sechs Personen ist Kazim Can, Jahrgang 1945, seit 1971 als Bergmann im Ruhrgebiet, seit 1982 in Eisenheim. Früh verschlang er Bücher: Tolstoi, Turgenjew, Balzac und Zola. Später wurde er ein Dichter und Autor für eine türkische Zeitung. Sein Sohn Ercan, Jahrgang 1975, machte das Abitur, dann Zivildienst und übernahm 1998, zusammen mit einem Bosnier, ein Lebensmittelgeschäft in Sterkrade.

Das Kriegszeichen (linkerhand hinter den Gärten). Der riesige Bunker ist ein Zeichen für den furchtbaren Krieg. Hier explodierte am 30. März 1944, als die Leute sich vor dem Bunker Luft und Sonne holen wollten, eine Mine und zerriß 50 Menschen. Weil kurz zuvor ein Nachbar den achtjährigen Helmut Kons grob mit einem Tritt in den Hintern in den Bunker beförderte, blieb der Junge am Leben. An einigen Häusern der Werrastraße sind auf ewig die Spuren der Zerstörung sichtbar: Die Ziegel des Wiederaufbaues unterscheiden sich von den alten.

Die Journalisten (Werrastraße 8, Nordgiebel). Stellvertretend für die große Zahl der Journalisten, die Eisenheim halfen, sei Carmen Thomas genannt. An einem strategisch außerordentlich wichtigen Zündpunkt in der Auseinandersetzung um die Siedlung entschied sie sich von einer Woche zur anderen, mit „Violetta", ihrem berühmten WDR Ü-Wagen, nach Eisenheim zu kommen. An einem bitterkalten Donnerstag im Januar 1977 entstand auf dem Platz vor dem Bunker einen ganzen Morgen lang eine dramatische Diskussion – landesweit von vielen Menschen verfolgt.

Die Zwerge (Garten Werrastraße 3-5). Der Bergmann Karl Falk fertigte den Turm und die Zwerge an. „Der Kölner", im Krieg durch ganz Europa getrieben, „ich schwöre, daß ich nie einen Menschen getötet oder verletzt habe", verließ Eisenheim nie mehr. Er wurde berühmt für diese Schöpfungen aus Hochofenschlacke, hergestellt in einem offenen Atelier im Garten, zusammen mit Kindern. Jahr für Jahr „wartete" er sie: Er restaurierte – für ein „Pülleken Bier".

Die deutsche Mutter der Türkenkinder (Werrastraße 3). Hier wohnte lange Jahre Emma Adamcak, die Witwe eines der vielen Bergarbeiter, die meist mit 60 Jahren an Staublunge starben. Die zähe alte Frau, inzwischen mit zwei künstlichen Hüften, wurde die Mutter der türkischen Kinder genannt. Denn sie hatte stets für die vielen kleinen tanzenden Nachkömmlinge der zugewanderten Fremden freundliche Worte und auf ihrer Fensterbank Bonbons und Schokolade.

Der Fischhändler. In dieser Siedlung hatte auch der Erzähler Johann Grohnke seine Heimat, der als Bergmann einige

Johann Grohnke

Der Fischhändler

Er lockte die Leute aus ihren Wohnungen – mit dem Ruf: „Hier ist Doktor Viktor aus Steele!"

Zweimal in der Woche erschien er. Sein Verkaufswagen war vollgepackt. Mit Fässern und Kisten. In ihnen lagen grüne Heringe, Salzheringe und Kabeljau. Manchmal brachte er auch Obst und Eier mit. Obwohl er als Pole schon in der zweiten Generation im Ruhrgebiet lebte, rief er seine Ware häufig als „Schleczie!" aus. Da heißt auf Polnisch Fisch.

Seine Sprüche kamen wie Hagel: „Fisch und Eier – das gibt Feuer." – „Die herrlichen Katharina-Pflaumen aus Steele laben den Gaumen und die Kehle." – „Ihr Frauen alt und jung! Onkel Viktor gibt heut Fisch auf Pump."

Auch kurz vor dem Lohntag, wenn sie oft kein Geld mehr hatten, lachten die Frauen und kauften grüne Heringe, fünf Pfund für eine Mark, und ließen sie bei Doktor Viktor anschreiben.

Oft, wenn die Mutter nicht zu Hause war, schüttete er in der Küche ungefragt die fünf Pfund grüne Heringe aus der Wiegeschütte in das steinerne Spülbecken.

Rund 80 Prozent der Bergleute in der Siedlung waren arbeitslos. Und wer noch Arbeit hatte, mußte zwei bis drei Feierschichten pro Woche verkraften. So waren die gerade noch erschwinglichen eingelegten grünen Heringe mit Pellkartoffeln ein Festtagsessen.

Es kam aber auch vor, daß Frauen dem Doktor nachliefen und schrien: „Viktor, deine Fische stinken." Dann handelte er: „Na gut, 50 Pfennig für fünf Pfund – und wir sind uns einig."

Er ging mit jedem per 'du' um. Viele ließen sich darauf ein und redeten ihn ebenfalls mit Vornamen an. Er wollte Kumpel unter Kumpeln sein – und natürlich auch seine Geschäfte machen.

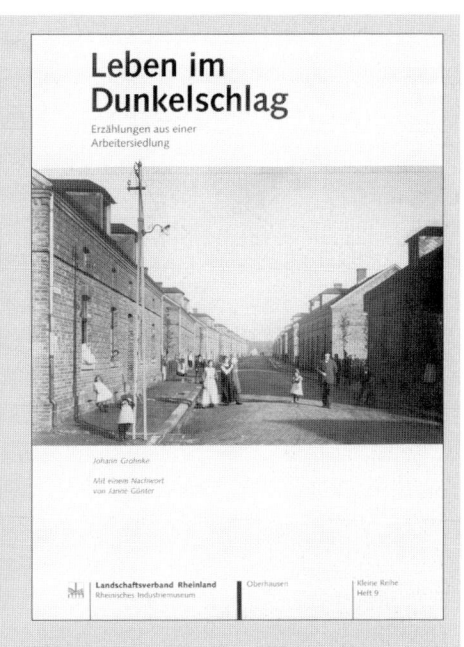

Doch bei den einen oder anderen „lief er vor den Schrank". Nicht jedermanns Sache waren Sprüche wie „Kennst Du Müller? Der liebt wie Schiller." Mit der Zeit fand er jedoch heraus, wie unterschiedlich er jeden zu nehmen hatte.

Der Doktor Viktor war auch ein Fußballfanatiker. So geschah es oft, daß er seinen Wagen stehen ließ und auf der Straße mit den Jungen Ball spielte.

Als einige Halbwüchsige unserer Straße einen Heißhunger auf Bücklinge bekamen, verfielen sie auf eine List. Sie ärgerten ihn solange, bis er plötzlich zornig dem Schlimmsten nachlief – über den Hof, durch die Gärten und über Hecken und Zäune. In der Zwischenzeit machten sich die anderen an Doktor Viktors Wagen zu schaffen und stibitzten Bücklinge.

Es waren nur ganz wenige. Die Jungen teilten sie in einer stillen Ecke redlich unter sich.
Aber Viktor war geschockt. In Zukunft brachte er einen Helfer mit. Die Leute wunderten sich ohnehin, warum er in dieser Zeit der vielen Entbehrungen allein arbeitete und seinen Wagen gelegentlich ohne Aufsicht ließ.
Einmal stellten wir seine für uns geradezu sprichwörtlich gewordene Schlagfertigkeit auf eine harte Probe. Zu mehreren spielten wir an einem Küchentisch Karten. Da hörten wir, wie sich Viktor aus Steele mit seinen Sprüchen ankündigte. Willi, der älteste von uns, kam auf eine Idee: „Laßt uns einen Spaß mit Viktor machen. – Da oben auf dem Schrank steht eine Flasche mit Karottensaft. Du, hol sie runter! – So, damit schmiert ihr euch die Gesichter und die Hände ein. – Gut, jetzt legt euch auf den Boden. – Ich hole meinen alten Revolver. Natürlich ohne Patronen."
Im Flur hörten wir Viktor.
Jetzt legte Willi, unser Anführer, eine Szene hin, die reif für das Stadttheater war. Wirr hing ihm das Haar in die Stirn. Wild blickten die Augen auf drei blutbefleckte Tote am Boden.
In Panik rannte Viktor aus der Wohnung und schrie auf der Straße: „Mord, Mord, Mord!".
Als sich schließlich einige Männer ein Herz faßten und vorsichtig die Stätte des Schreckens betraten, saßen dort vier Jungen am Küchentisch und spielten, frisch gewaschen, friedlich Karten.
Die erwartungsvollen Leute auf der Straße durchschauten den Spaß. Und Viktor war beleidigt. Er würdigte Willi eine Zeitlang keines Blickes. Aber er lief auch nicht mehr ganz so dreist in jede Wohnung.

Kilometer nordwestlich in der Dunkelschlagsiedlung lebte. In die Werrastraße kam auch der humorige Fischhändler aus Essen-Steele, von dem Grohnke in seinem Buch „Geschichten aus dem Dunkelschlag" berichtet.

Die vielen Fäden (Werrastraße 1, Südgiebel). Dieses Haus war von 1972 bis 1980 der logistische Dreh- und Angelpunkt des Widerstandes gegen den drohenden Abriß von rund 1.000 Siedlungen. 50 Arbeiterinitiativen wehrten sich. Hier liefen die Fäden ihrer Arbeitsgemeinschaft zusammen. Eine Emailletafel zeigt, daß viele Menschen in der legendären Küche saßen und miteinander redeten. 1974 zog der Professor mit seiner Frau Janne und den Töchtern Bettina und Birgitta aus Bonn in dieses Haus. Hier schrieb Janne Günter das wichtigste Buch über die Siedlung: „Leben in Eisenheim".

Wilhelm Lueg – der Manager (weiter südlich Fuldastraße 5/7). Das älteste Haus der Siedlung von 1846 war zuerst eine „Kaserne" für ledige Arbeiter, später zu Wohnungen umgebaut. Eisenheim ist die erste von vielen Siedlungen im Ruhrgebiet. Die Geburt dauerte lange von 1836 bis 1846 – zehn Jahre. Dies zeigt, wie schwierig es war, in starr erscheinenden Verhältnissen etwas zu bewegen. Der erste Plan entstand 1836 im Kopf des Direktors der Hüttengewerkschaft und Handlung Jacobi, Haniel & Huyssen, seit 1873 Gutehoffnungshütte. Wilhelm Lueg (1792-1864) studierte am Lehrerseminar in Soest, wurde 1812 von Gottlob Jacobi, Mitbesitzer der Hütte, als Hauslehrer angeworben und lernte bei ihm nebenbei Eisenhüttenkunde. Jacobi holte ihn 1817 ins Werk, dort wurde Lueg Hütteninspektor und übernahm nach dem plötzlichen Tod von Jacobi 1823 die Werksleitung: Als erster Chef eines großen Unternehmens, der kein Eigentümer, sondern reiner Manager war. Er blieb bis 1864 Generaldirektor.

Vielleicht brachte der Gedanke der utopischen Sozialsiedlungen den intelligenten und weitsichtigen Manager auf die Idee, Eisenheim für rund 300 Menschen anzulegen. Robert Owen (1771-1858) errichtete in New Lanark in Schottland neben seiner Textilfabrik eine Mustersiedlung mit genossenschaftlichen Läden. Charles Fourier (1772-1837) gründete in Frankreich Wohnprojekte „familistères" für je 300 Familien und agrarische Genossenschaftsgebiete „phalanstères". Ein Bündel von Motiven könnte Ursache für das Entstehen von Eisenheim sein. Vielleicht auch die Tradition uralter Verantwortung vieler Adliger für ihre Bauern, die von einigen Unternehmern übernommen wurde, am deutlichsten von Alfred Krupp. In der Eckwohnung (Nr. 7) zog Bernhardine Bartlok ihre neun Kinder auf. Der Vater, Hennes Bartlok, hatte den gefährlichen Beruf des Schachthauers. Sie kehren in die Werrastraße zurück.

Die Bauern (Werrastraße 2, Südgiebel). Hier wohnten die „Bauern" von Eisenheim: Kaspar Harsche, rumänischer Deutscher, Bergmann – der letzte, der in seinem Stall Schweine hielt. „Jeder Bergmann hatte Schweine. Die Mutter hat das Vieh versorgt. Der Schweinekessel wurde in der Küche auf dem Herd gekocht. Darin waren Kartoffelschalen und Rüben. Es roch wie früher beim Bauern. Hinter dem Stall gab es eine Mistkuhle. Der Mist wurde auf einen Karren geladen, aufs Land gebracht, dort ausgestreut und dann untergegraben. Jede Familie hatte hinter den Ställen ein Stück Land, etwa 12 x 18 m groß."

Die Lampe (Haus Werrastraße 1, südöstliche Hausecke). Bis um 1900 waren nachts die Straßen in der Siedlung dunkel. Dann ließ die Hütte Gasleitungen legen und an einigen Häusern Laternen anbringen. Bis in die 20er Jahre kam abends und morgens ein Mann mit dem Fahrrad: Der Laternenanzünder. Eine einzige Lampe blieb erhalten aus der Zeit, als das künstliche Licht die Menschen ungeheuer faszinierte.

Das Versteck (Werrastraße 1, Straßenseite). Im Dachzimmer hielt sich in der NS-Zeit der Gewerkschafter Bruno Blank einige Zeit versteckt. Von Heimweh getrieben, kehrte er in seine Siedlung Dunkelschlag zurück, wurde dort von der Gestapo aufgespürt und wegen „Hochverrats" verurteilt. Er überlebte.

Die poetischen Orte (Werrastraße 2-4). Im Garten vor dem Volkshaus steht der „Wald der Taubenhäuser" – gewidmet den Tauben, den Botschaftern der Liebe. Die Idee stammt vom italienischen Dichter Tonino Guerra. Er wurde berühmt als Mitautor der wichtigsten poetischen Filmemacher: Frederico Fellini, Michelangelo Antonioni, die Brüder Paolo und Vittorio Taviani, Francesco Rosi, Andrej Tarkofskij, Thodoros Anghelopoulos. 1996 war er in Eisenheim und speiste köstlich gegenüber im Haus Nr. 1. In seiner Heimat westlich von Rimini ließ Tonino Guerra rund 25 poetische Orte entstehen. Horst Wolfframm und Eisenheim schenkten ihm eine überlebensgroße eiserne Schnecke für den Garten des kleinen Hotels Lago Verde in Pennabilli. Die Idee der poetischen Orte wurde ausgehend von Eisenheim im Ruhrgebiet weitergeführt. Hier entstehen auf freien Flächen rund um die Siedlung solche Nachdenk-Stätten: Vor allem zum Mythos des Eisens. Gestalter ist der Meister des Eisens, Horst Wolfframm.

Das Volkshaus wurde 1997/98 von Manfred Rosenbleck, Ralf Huck, Günter Biesel, Peter Böhm und den Gebrüdern Held umgebaut. Für Feste und auch als Stätte, an der sich das Theater Oberhausen ausbreiten kann. Die Initialzündung dazu gaben der Schauspieler Andrea Bettini sowie die Dramaturgen Erynnia Wolf und Gerhard Postel – mit ihrem „Café poetico" im Sommer 1996.

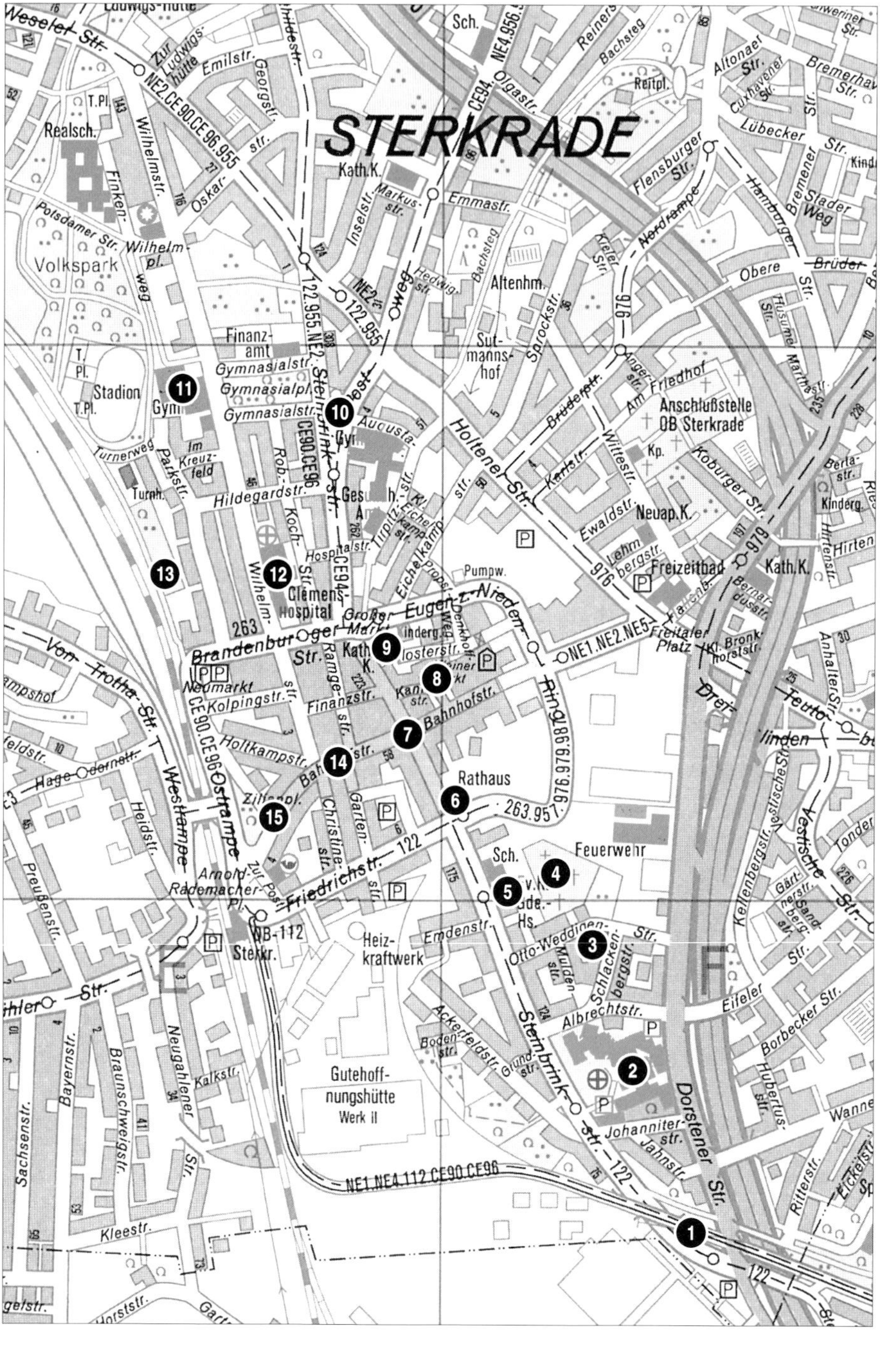

Klaus Bielecki / Otto Dickau

Sterkrade: Die Nonnen, die Hütte und der Rabe

Ausgangspunkt: *Haltestelle Preßwerk (Straßenbahn 112, Busse CE 90, CE 96, 122)*

Endpunkt: *Haltestelle Sterkrade Bahnhof (Straßenbahn 112, Busse CE 90, CE 94, CE 96, 122, 263, 935, 955, 956, 957, 976, 979, 986, 987)*

Dauer: *ca. 3 Stunden*

Starckenroede, Starkinrotha, Stirckerode, Starkenrath, Sterkerot – eine unverständliche Abfolge von Worten? Vielleicht Überbleibsel eines lokalen Dialekts oder gar ein Buchstabenrätsel? Bei genauerem Hinsehen erkennt man Gemeinsamkeiten, die vertraut klingen, sind sie doch sprachhistorische Meilensteine des Namens Sterkrade. Ihre Anfänge reichen wahrscheinlich bis in das 7. Jahrhundert zurück, wie die Funde auf dem Frankenfriedhof an der Weseler Straße und im Alsbachtal zeigen. Die Bezeichnung Sterkrade selbst leitet sich wohl vom Namen eines fränkischen Stammesangehörigen ab, der vermutlich Starko hieß; er soll in den ehemals auf dem heutigen Stadtgebiet befindlichen Wäldern eine Rodung angelegt haben.

Erste schriftliche Hinweise auf die spätere Stadt liefert das aus dem 10. Jahrhundert stammende Grundbuch des Benediktinerklosters in Essen-Werden, das in diesem Raum über beträchtlichen Grundbesitz verfügte. Um 1150 ist an gleicher Stelle ein Kleriker namens Franko bezeugt, der die Sterkrader Abgaben an den Oberhof Arenbögel in Bottrop-Vonderort abzuliefern hatte.

Sterkrade war und ist bis in die Neuzeit hinein eine Gemeinde, die stets in Abhängigkeit gelebt hat: Seit der Mitte des 13. Jahrhunderts waren es die Äbtissinnen des Klosters Sterkrade, die Lebens-, Verhaltens- und Denkweisen der Menschen prägten. Das Kloster wurde um 1254 von Defth bei Kirchhellen nach Sterkrade verlegt. Die Nonnen, meist Angehörige des niederen Adels, lebten zwar nach einer Ordensregel, waren jedoch – insbesondere in der frühen Neuzeit – auch weltlichen Genüssen und

Das ehemalige Kloster mit St. Clemens, um 1900

Freuden nicht abgeneigt. Im Juli 1809 wurde die Abtei aufgelöst, 1819 kam es zum Verkauf der Gebäude und Grundstücke.

Die eine Herrschaft geht, die andere Herrschaft kommt: Eine neue Führungsschicht präsentierte sich den Sterkradern in der 1808 gegründeten Hüttengewerkschaft Jacobi, Haniel & Huyssen, die innerhalb der Gemeinde ihren Verwaltungssitz aufschlug. Als der größte Arbeitgeber entwickelte die Gesellschaft dynamische, zukunftsweisende Ideen – nicht nur bei der Verwaltung des eigenen Unternehmens. Auch auf die lokale Politik nahm die Gesellschaft Einfluß: Waren doch die Hüttendirektoren Wilhelm Lueg und Hugo Jacobi im Laufe ihres Lebens

Gutehoffnungshütte Sterkrade, 1921

in Personalunion Gemeindevorsteher und Manager der Hüttengewerkschaft.

Nachdem die Gemeinde per Erlaß am 1. April 1886 zur Bürgermeisterei aufgestiegen war und mit dem ehemaligen Premierleutnant Botho Wolfgang von Trotha ihren ersten Bürgermeister erhalten hatte, bestand das enge Verhältnis zwischen Hütte und Stadt fort.

Das Ende der Stadt Sterkrade kam mit der Kommunalreform im Jahre 1929. Hierbei wurden die Städte Oberhausen, Osterfeld und Sterkrade zur neuen Großstadt Oberhausen zusammengelegt. Aber das haben die Sterkrader noch nicht vergessen. Wird man in Groß-Oberhausen oder in der näheren Umgebung als Einwohner des heutigen Stadtteils nach seiner Herkunft befragt, so lautet die Antwort, man sei „Sterkrader". Nach wie vor fahren die Sterkrader nicht in die City, sondern nach Oberhausen. Es wird halt noch ein Weilchen dauern, bis die Stadt auch in den Herzen der Menschen nur noch Oberhausen heißt. Zu lang war in Sterkrade die Zeit der Abhängigkeit, zu kurz die Freiheit, die von 1886 bis 1929 dauerte.

Wenn Sie an der **Haltestelle Preßwerk (1)** aussteigen und zurückschauen, fällt der Blick auf eine Gebäudegruppe, die zum ehemaligen Werk III der Gutehoffnungshütte (GHH) gehörte.

Die Geschichte dieses weltumspannenden Konzerns begann 1741 mit der vom Kurfürsten Clemens August von Köln an den Domkapitular Franz Ferdinand von der Wenge zu Dieck in Münster erteilten Erlaubnis, im Gebiet zwischen Osterfeld und Buer nach Eisenstein zu schürfen. 1753 erhielt von der Wenge die „Concession zu erbauung und anlegung einer Eisenschmeltz, Hütten- und Hammerwerk". 1810 wurden die drei auf Groß-Oberhausener Gebiet liegenden Betriebe Antony-Hütte, Gutehoffnungshütte und der Hammer Neu-Essen unter der Bezeichnung „Hüttengewerkschaft und Handlung Jacobi, Haniel & Huyssen" zusammengeschlossen. Später übernahm diese Gesellschaft die Bezeichnung „Gutehoffnungshütte" und machte den Namen weltberühmt. Neben der Stahlerzeugung betätigte sich der Konzern auch in der Stahlverarbeitung, im Brückenbau, im Maschinen- und Anlagenbau und anderen Bereichen.

Nach dem Zweiten Weltkrieg wurde der GHH-Konzern entflochten. Es entstanden drei voneinander unabhängige Gesellschaften: Eine „Bergbau-Aktiengesellschaft Neue Hoffnung" mit den im Oberhausener Raum liegenden Bergbauanlagen; die „Hüttenwerk Oberhausen Aktiengesellschaft" mit den Oberhausener Hüttenbetrieben (HOAG) und die „Gutehoffnungshütte Sterkrade Aktiengesellschaft". In den 60er Jahren wurde die HOAG-Stahl Gesellschaft an die Thyssenhütte in Duisburg-Hamborn veräußert und ging inzwischen zur Gänze im Thyssenkonzern auf. Der Rest des Stahlwerks in Oberhausen wurde Ende 1997 stillgelegt, die Belegschaft auf andere Bereiche des Unternehmens aufgeteilt. Die HOAG-Bergbau AG wurde 1968 in die neugegründete Ruhrkohle AG überführt. Die Überreste des ehemaligen GHH-Konzern wurden nach vielfachen Fusionen Teil der MAN-AG; in Oberhausen selbst verblieben nur minimale Reste. Zum 31. Dezember 1997 stellte dieser Teilkonzern seine Aktivitäten vollkommen ein. Heute erinnern nur noch die Namen einiger Betriebe, wie z.B. der ehemalige Turbinenbau unter der Bezeichnung GHH-Rand, an den ehemaligen Weltkonzern.

Sie stehen nun fast am südlichen Ende von Sterkrade, an der Steinbrinkstraße. Früher einmal war sie ein innerörtlicher Erschließungsweg – eine Landstraße, die sich von Süd nach Nord hinzog, von Mülheim über Oberhausen, Sterkrade, Dinslaken, Wesel bis in die Niederlande führte. Genau in der Stadtmitte kreuzte sie die Ost-West Verbindung, die sich vom Rhein nach Westfalen zog.

Folgen Sie nun der Steinbrinkstraße, die nach einer alten Sterkrader Gemarkung benannt ist, so sehen Sie nach wenigen Schritten rechts in einer wunderschönen Parkanlage das **Johanniter-Krankenhaus (2)**. 1895 wurde es durch den Hochmeister des Ritterordens vom heiligen Johannes zu Jerusalem, kurz Johanniter genannt, Prinz Albrecht von Preußen, eingeweiht. Das Gebäude wurde als eine symmetrische Anlage – ein Längsflügel mit Nord-Ost-Achse und drei rechtwinklig dazu angeordneten

Johanniter Krankenhaus, um 1900

Quertrakten – errichtet. Der vorgegebene architektonische Rahmen eines zweigeschossigen Backsteingebäudes mit Walmdach ist auch heute noch Zentrum des Johanniter Krankenhauses. Das repräsentative Äußere der in dunkelroten Ziegeln mit Gesimsen, Fenstereinfassungen aus grauem Werkstein und unter Verwendung anderer Stilelemente der Sakralarchitektur gestalteten Fassade ist kennzeichnend für den Historismus im ausgehenden 19. Jahrhundert. Besonders bemerkenswert

Roswitha Czajkowski

Die Halde lebt!

*Zugänge: Birkhahnstraße, Kirchhellener Straße
Haltestelle Kleekamp (Bus 976)*

Unübersehbar ist dies am Karfreitag, wenn der Essener Bischof mit mehreren tausend katholischen Gläubigen die Halde Franz Haniel erklimmt, um den Kreuzweg zu beten und unterm Gipfelkreuz zu predigen.

Die Halde lebt aber auch an allen anderen Tagen des Jahres, denn sie ist ein wohldurchdachtes Landschaftsbauwerk mit einer artenreichen Tier- und Pflanzenwelt. Es hat jedoch mehr als hundert Jahre gedauert, bis die Zechenbetreiber bereit waren, das „taube" Gestein, das zusammen mit der Steinkohle gefördert wird, der Naherholung dienstbar zu machen, statt es zu einem schmutzig-grauen Kegel aufzuschütten und damit die Gegend zu verschandeln. Eine Abraumhalde jüngerer Generation wird von vornherein terrassenförmig angelegt und bereits begrünt, während an anderer Stelle die Aufschüttungsarbeiten weitergehen. Die Pflanzen, die hier wachsen sollen, müssen allerdings widerstandsfähig sein: Der Untergrund ist steinig, es gibt keinen Schatten, keinen Windschutz, keine sichere Bewässerung, denn schon nach wenigen Höhenmetern fehlt die Verbindung zum Grundwasser. Gleichwohl – auf der Halde Franz Haniel grünt es mittlerweile rund ums Jahr, so daß nicht nur Gärtner und Botaniker ihre Freude haben. Im unteren Bereich dominieren die blühenden und früchtetragenden Bäume und Sträucher, wie Heckenrose, Schneebeere und Pfaffenhütchen, Haselnuß und Ahorn, Erle, Vogelbeere und Sanddorn, Robinie und Kirsche. Im Sommer locken ihre Blüten Schmetterlinge und Bienen, im Winter ernähren ihre Früchte Vögel und Kleintiere. Natürlich wird weiter oben der Bewuchs spärlicher. Bis zur 4. Kreuzwegstation findet man noch Rosen, Robinien, Königskerzen und verschiedene

Franz Kardinal Hengsbach, Bischof von Essen und Papst Johannes Paul II. vor der Auffahrt auf die Haniel Halde, am 22. April 1987

Gräser. Dann beginnt die rauhe Welt der Knöterichpflanzen, Kiefern und niedrigen Büsche.

Der Kreuzweg auf der Hanielhalde erinnert an die Wurzeln hiesiger Lebens-, Glaubens- und Arbeitskultur. Bildliche Abfolgen des Leidenswegs Jesu von der Verurteilung bis zur Kreuzigung werden im christlichen Abendland etwa seit dem 15. Jahrhundert aufgestellt, oft an den Wegen zu Wallfahrtskirchen. Für diesen ungewöhnlichen Ort schufen die Ordensfrau und Künstlerin Tisa von der Schulenburg, der Oberhausener Künstler Adolf Radecki und Auszubildende des Bergwerks Prosper-Haniel gemeinsam insgesamt 15 Kreuzwegstationen. Sie bestehen jeweils aus einer Kupferplatte mit sakralem Motiv sowie einem Arbeitsgerät aus dem Bergbau und sind an einem Gerüst befestigt, das dem Fördergerüst der Schachtanlage Franz Haniel nachempfunden wurde. Dazu sind Schrifttafeln mit besinnlichen Worten global wie lokal bekannter Theologen und Philosophen angebracht. Auch an den evangelischen Seelsorger und NS-Widerstandskämpfer Dietrich Bonhoeffer wird erinnert.

1.200 Meter lang ist der Weg bis zum Gipfelkreuz, das 1987 anläßlich des Papstbesuchs gebaut und fünf Jahre später hier aufgestellt wurde. Es besteht aus Spurlatten, jenen im Schacht eingebauten senkrechten, vierkantigen Holzbalken, an denen die Förderkörbe geführt werden, damit sie nicht zur Seite ausschlagen können. Doch auch für Nichtchristen lohnt der Aufstieg, allein schon wegen der Aussicht, die sich bei klarem Wetter bietet. Im Osten sieht man die Förderanlage von Prosper-Haniel, eine der letzten noch fördernden Ruhrgebietszechen, dahinter die Bergehalde in Bottrop-Batenbrock mit dem Tetraeder, einer begehbaren Stahlpyramide. An ihr läßt sich gut der terrassenförmige Aufbau einer Halde neueren Typs erkennen. Im Nordosten fällt das große Kohlekraftwerk Gelsenkirchen-Scholven auf, im Westen Oberhausens spektakulärste Ausstellungsadresse: Der Gasometer. Ebenfalls vom Gipfel aus unübersehbar: Hier wird weiter Abraum aufgeschüttet. Und die Deutsche Steinkohle AG hat für 1,3 Mio. DM ein Amphitheater für 750 Besucher auf dem Plateau der Halde gebaut. Die Halde lebt – und wächst!

sind der Dachreiter mit Glockenturm und das als Mosaik gefertigte Johanniterkreuz.

Das Krankenhaus stellt den Bautyp der Pavillonbauweise dar, die nach Entdeckung der Bedeutung der Keimfreiheit die traditionelle Korridorbauweise ablöste. Der ursprüngliche Aufgabenbereich des Krankenhauses änderte sich rasch. Als „Kranken-, Siechen- und Rekonvaleszenten-Haus" gegründet, entwickelte es sich zu einem Unfallkrankenhaus für die im Bergbau verunglückten Kumpel. Hier wurde auch die gefürchtete Steinstaublunge, die Silikose, behandelt. Mit dem Niedergang des Bergbaus in Oberhausen wandelten sich auch die Tätigkeitsfelder dieses Hauses. Als neuer Zweig kamen die Nierenheilkunde und mit ihr die ersten Einrichtungen zur Dialyse von Nierenkranken nach Sterkrade. Darüber hinaus spezialisierte sich die Klinik auf die Behandlung von Atemwegserkrankungen und die Betreuung psychisch kranker Menschen. In allen Bereichen genießt das Haus hohes Ansehen.

Gehen Sie die Steinbrinkstraße weiter aufwärts und biegen nach rechts in die **Otto-Weddigen-Straße (3)** ein. Es ist eine ruhige Seitenstraße mit einer sehr dichten Reihung von Wohnhäusern aus der Zeit um die Jahrhundertwende. In deutlichem Kontrast zur Umgebung steht das Haus Nr. 6, das im Jahr 1896 entstand. Ein Blick in das Adreßbuch des Jahres 1912 verstärkt den Eindruck. In den umliegenden Häusern wohnten zwei bis sechs Personen, deren Berufsangaben Ingenieur, Hüttenbeamter, Techniker, Lehrerin usw. die Bewohner dem Sterkrader Bürgertum zuweisen. Das Haus Nr. 6 dagegen war von neun Arbeitern bewohnt.

Setzen Sie Ihren Weg bis zur Schlackenbergstraße fort, in deren Umfeld die GHH bis zur Jahrhundertwende – Nomen est Omen – Schlacke und die sonstigen in der Gießerei anfallenden Neben-

Höhere Evangelische Mädchenschule, später Berufsschule der GHH (Seniorenwohnheim „Haus Katharina"), um 1900

produkte entsorgte. Kurz vor der Einmündung sehen Sie rechts ein Gebäude (Nr. 22), das 1900 als „Höhere evangelische Mädchenschule" eingeweiht, zwischenzeitlich als Berufsschule der GHH genutzt wurde, um dann 1994 zum Seniorenwohnheim „Haus Katharina" umgebaut zu werden.

Gehen Sie die Otto-Weddigen-Straße zurück zur Steinbrinkstraße und folgen ihr nach rechts und dann weiter der Ausschilderung „Kriegsgräberstätte". Sie gelangen auf den **Friedhof (4)** der evangelischen Gemeinde. Es ist ein ruhiger, beschaulicher Ort im Großstadtgetümmel. Hinter dem Tor wenden Sie sich nach links. Nach wenigen Metern sehen Sie einige große Grufen, die mit alten Sträuchern und Bäumen bewachsen sind. Hier ruhen Mitglieder der Familien Haniel, Huyssen, Jacobi und Lueg, deren Namen eng mit der Geschichte der GHH und Sterkrades verbunden sind. Die Gedenksteine sind aus Stein und aus Metall gefertigt. Entstanden ist das Grabmal der Familie Jacobi in der Gießerei der GHH, gleichsam zur dauerhaften Erinnerung des Konzerns an seine Gründer.

Wenn Sie den Friedhof durch den Haupteingang in Richtung auf die Steinbrinkstraße wieder verlassen, liegt auf der rechten Seite die **Friedenskirche (5)**, die nach zweijähriger Bauzeit 1852 der Gemeinde übergeben wurde.

Bis zu ihrer Fertigstellung war es aber ein weiter Weg. In dem stark dem katholischen Glauben verhafteten Sterkrade waren die ersten Reformierten, unter ihnen der mehrfach erwähnte Wilhelm Lueg, regelrechte Exoten. Die seelsorgerische Betreuung oblag eigentlich dem im fernen Holten wohnenden evangelischen Pastor. War ein Kind zu taufen oder ein Begräbnis zu begehen, mußten die Gläubigen sich zu ihm auf den langen Marsch nach Norden machen. Da es jedoch ein weitgehend harmonisches Miteinander war und die beiden Konfessionen fast ohne Streit in friedlicher Eintracht nebeneinander lebten, vertrat der katholische Pfarrer in Sterkrade seinen evangelischen Amtsbruder schon mal bei einer Taufe oder bei einem Begräbnis.

Mit der fortschreitenden Zunahme der Belegschaften der GHH kamen auch immer mehr evangelische Christen in diese Stadt. 1838 unternahm Wilhelm Lueg die ersten Schritte zur Gründung einer eigenen evangelischen Gemeinde. In relativ kurzer Zeit gelang es, ein Presbyterium zu bilden und einen Pfarrer zu finden. Die Wahl der Kommission fiel auf den Vikar August Creutzberg aus Wesel, der 1846 als erster evangelischer Geistlicher eingeführt wurde.

Gottesdienste, Taufen, Konfirmandenunterricht hielt Pfarrer Creutzberg zunächst in einem Zeichensaal ab, den die Hütte zur Verfügung stellte. Als großzügige Geste gewährte die preußische Regierung einen Zuschuß von 200 Talern.

Der ständig steigende Zuzug von Arbeitskräften mitsamt ihren Familien zwang die Gemeinde zu langfristigen Lösungen. Durch gemeinsame Bemühungen des Presbyteriums, des Gustav Adolf Vereins und anderer Privatpersonen gelang es, einen Bauplatz für Schule, Pfarrhaus und Kirche zu erwerben. Während die Schule bereits 1847 fertig wurde, mußten die Gläubigen sich noch fünf

Sterkrade 125

Friedenskirche und Steinbrinkschule, um 1910

Jahre gedulden, ehe der Architekt Dahmen der Gemeinde das Gotteshaus übergeben konnte.

Es ist ein relativ kleiner, im klassizistischen Stil ausgeführter Bau, der viele neugotische Zierelemente aufweist. Der auf quadratischem Grundriß eingezogene Westturm besitzt ein flaches Pyramidendach und ist gekrönt von einer achtseitigen Laterne. Im Inneren können Sie sehen, daß noch viele Ausschmückungen aus der Zeit vor der Jahrhundertwende erhalten sind: Die ursprünglich von gußeisernen Säulen getragene, umlaufende Empore, die originale Holzdecke, der Taufstein, die Kanzel und das Orgelprospekt.

Von der Kirche sind es nur wenige Schritte bis zur Schule, die seit mehr als 150 Jahren fast immer am gleichen Platz stand. Das jetzige (dritte) Schulgebäude wurde 1901 errichtet. Es ist ein langgestrecktes Backsteingebäude mit drei Geschossen und dunkelgedecktem Walmdach.

Als 1847 die Schulglocke das neue Schuljahr einläutete, sah sich der erste Lehrer Wilhelm Brandt 60 Kindern unterschiedlichen Alters gegenüber. Für den Unterricht stand ihm nur ein Raum zur Verfügung. In seinem Bericht über die Entwicklung Sterkrades erwähnt er nur lapidar, daß die Gemeinde erst ab dem Jahr 1865, als die Schülerzahl inzwischen auf über 150 angestiegen sei, eine zweite Klasse habe einrichten müssen. Der Magister Brandt scheint ein vielseitig begabter Zeitgenosse gewesen zu sein, der neben seinem Unterricht in der Kirche noch die Orgel spielte und dem Männergesangverein „Frohsinn" als musikalischer Leiter vorstand.

Auf der gegenüberliegenden Straßenseite hebt sich das Haus Nr. 169 nicht nur durch sein äußeres Erscheinungsbild deutlich von den umliegenden Gebäuden ab. Es wurde gemeinsam mit dem Haus Nr. 167 um 1903 für den Architekten und Branddirektor Arthur Wenzel errichtet. Bemerkenswert ist der seitlich angebrachte Erker mit reicher Fachwerkverzierung; besondere Aufmerksamkeit verdient aber die Toreinfahrt, über der ein sog. „Neidkopf" angebracht ist, der angestrengt zu anderen Straßenseite hinüberblickt.

Sie verlassen nun den „evangelischen Teil" Sterkrades. Sie erreichen den Anfang der Fußgängerzone. Dort liegt auf der rechten Seite das einstige **Rathaus (6)**, in dem nun die Bezirksverwaltungsstelle der Stadtverwaltung Oberhausen untergebracht ist.

Am 27. Januar 1886 erging die königliche Verfügung, mit der das bisher zur Bürgermeisterei Holten gehörende Sterkrade selbständige Gemeinde wurde. Zum ersten Bürgermeister ernannte die Regierung Botho Wolfgang von Trotha

Sterkrader Wappen

(1853-1929). Anfänglich reichten für seine Amtsgeschäfte zwei im Hotel Sprüth angemietete Räume. Mit dem Aufblühen der Hüttengesellschaft und dem damit verbundenen Zuzug von vielen Arbeitskräften und deren Familien vermehrten sich ebenfalls die Amtsgeschäfte des Bürgermeisters.

Im Oktober 1887 beschloß der Gemeinderat, einen Bauplatz für ein Amtshaus zu erwerben. Die Grundsteinlegung für dieses Gebäude erfolgte im April 1888. Entworfen wurde es von dem Essener Architekten Carl Müller, die Bauausführung übernahm der Sterkrader Bauunternehmer Wilhelm Klüsener. Bereits nach sechs Monaten konnten die Räume im Erdgeschoß bezogen werden, im Oktober war das gesamte Gebäude fertig. Zusätzlich zu den Diensträumen war eine Dienstwohnung für den Bürgermeister eingerichtet worden.

Das Amtshaus ist augenfälliger Beweis, daß sich an der Gestaltung von Gebäuden

Rathaus Sterkrade, um 1910

auch das Selbstverständnis des Bauherrn dokumentiert. In Sterkrade war man stolz auf die gewonnene Eigenständigkeit. Dies zeigt sich an der mit Skulpturen und aufwendigen Ornamenten verzierten Fassade sowie an dem von Säulen getragenen Vorbau, den man über eine beidseitige Treppe erreicht. An der rechten Gebäudeseite ist das Sterkrader Stadtwappen angebracht; es geht auf das Familienwappen der Sterkrader Äbtissin Anna Catharina von Nunum gen. Dücker zurück. Deutlich abgesetzt erscheint der 1901 erstellte Anbau der durch seine einheitliche Klinkerung und die sparsamen Verzierungen, die sich auf Flächenreliefs unterhalb der Fenster beschränken, nüchtern wirkt und eher an einen Zweckbau erinnert.

Folgen Sie nun weiter der Steinbrinkstraße aufwärts. Auf der linken Seite – unmittelbar am Eingang der fußläufigen Bahnhofstraße – erhebt sich ein futuristisch gestaltetes Bauwerk, der 1996 errichtete **„Center Point"** (7). Er soll der Kommunikation dienen und zum Verweilen einladen. In ihm sind ein Bistro und das „Center Point Marché" angesiedelt. Das schräggestellte Flugdach, auf dem eine Photovoltaikanlage zur Umwandlung von Sonnenlicht in Energie installiert ist, wird von den Sterkradern wegen der Ähnlichkeit mit den russischen Feldraketenwerfern aus dem Zweiten Weltkrieg gelegentlich scherzhaft als „Stalinorgel" bezeichnet.

Neben dem „Center Point" befindet sich der von dem Oberhausener Künstler Heinrich Kasan geschaffene Brunnen, der durch die Figuren und Bilder Sterkrader Geschichte lebendig werden läßt. Der Urwald erinnert an die Entstehung der Steinkohle. Der Holzmeiler verweist auf die Gewinnung der Holzkohle, die u.a. auf der St. Antony-Hütte gebraucht wurde, um Eisen zu schmelzen. Die beiden Streben mit einem Blindschacht und vier darin arbeitenden Bergleuten nehmen Bezug auf die Geschichte des Bergbaus in

Die erste von der GHH gebaute Lokomotive von 1839, Detail am Brunnen von Heinrich Kasan

Sterkrade. Auf der anderen Seite der zweite Gewerbezweig, der eng mit dem Namen Sterkrade verbunden ist: Der Hochofen als Symbol für die Stahlerzeugung. Ferner erinnert die Abbildung einer der ersten Lokomotiven, die bei der GHH gebaut wurden, an die Entwicklung der Metallverarbeitung. Dann sehen Sie den Sterkrader Raben, der auch im Stadtwappen erscheint, mit einem aufgespießten schrägen O., dem bekannten Oberhausen-Logo. Diese Darstellung ist wohl noch eine kleine Spitze auf die nicht freiwillig erfolgte Eingemeindung Sterkrades nach Oberhausen 1929.

Sie stehen nun vor dem Stadtmittehaus, einem Wohn- und Geschäftshaus, das 1931 fertiggestellt wurde. Innerhalb von zwei Jahren entstand dieser Gebäudekomplex, der aus vier bzw. – unter Einbeziehung des Turms – fünf gestaffelten Baublöcken besteht. Stilistisch ist das Objekt dem expressionistischen Funktionalismus zuzuordnen, dessen herausragender Vertreter der Architekt Erich Mendelsohn war. 1953 erhielt der Turm einen Aufsatz mit einem Glockenspiel und auf seinen zur Straße gerichteten Partien beleuchtbare Ziffernblätter. Als Vorlage für die auffälligen Verzierungen am Turm selbst diente dem Architekten der Dom zu Siena.

Seit mehr als einhundert Jahren gab es die verschiedensten Pläne zur Umgestaltung der Stadtmitte. 1914 wurde der Kreuzungsbereich Bahnhofstraße/Steinbrinkstraße offiziell zur Stadtmitte erklärt. Ein verstärkter Ausbau der Stadtmitte war aber erst seit 1916 möglich. In diesem Jahr trat die Pfarrgemeinde St. Clemens den ehemaligen Friedhof an die Stadt ab, auf dessen Resten Sie sich gerade befinden. Seit 1897 waren Oberhausen und Sterkrade durch die Straßenbahn

Steinbrinkstraße/Bahnhofsstraße, um 1900

miteinander verbunden; noch im gleichen Jahr wurde diese Strecke bis zum Hagelkreuz verlängert. 1913 wurde die Verbindung zwischen Osterfeld und Sterkrade geschaffen.

Die Sterkrader Stadtmitte blühte auf, viele Fachgeschäfte siedelten sich hier an. Deren Vielfalt und Qualität brachten der Stadt den Ruf ein, ein geschäftlicher Ort

Stadtmittehaus, 1930er Jahre

Axel Hoppe
Die Oberhausener Straßenbahn – angeschafft, abgeschafft, wiederentdeckt

Letzte Fahrt der Straßenbahnlinie 1, 1968

Am 4. April 1897 begann in der jungen Stadt Oberhausen das Straßenbahnzeitalter. An diesem Tag startete die erste kommunale Straßenbahn Deutschlands. Verantwortlich für den Betrieb der Tram waren die Stadtwerke Oberhausen. Sie gingen als erster kommunaler Straßenbahnbetrieb Deutschlands in die Geschichte ein. Oberhausen zählte erst etwa 30.000 Einwohner, als man mit zehn Trieb- und drei Beiwagen auf der von Siemens & Halske gebauten, 7,1 km langen Strecke startete. Der günstigste Fahrschein kostete 10 Pfennig.

Noch im Eröffnungsjahr erfolgte der Ausbau der Straßenbahn über die Stadtgrenze hinaus nach Norden bis zur selbständigen Gemeinde Sterkrade. Endhaltestelle war zunächst „Hagelkreuz". Die Osterfelder Strecke wurde 1900 bis zur Ortsmitte und damit nach Westfalen hinein und ein Jahr später über die Vestische Straße bis zum Sterkrader Bahnhof verlängert. Als im Jahre 1929 durch die kommunale Neugliederung des Ruhrgebietes die drei Städte Oberhausen, Sterkrade und Osterfeld zusammengefaßt wurden, war hierfür nicht zuletzt die enge verkehrliche Verknüpfung durch das Stadtwerke-Gleisnetz ausschlaggebend.

Schmale Straßen, vor allem in den Zentren der drei Stadtteile, und für Großraumwagen zu enge Kurven erschwerten einen reibungslosen Nahverkehr. Nur auf kurzen Streckenabschnitten konnte die Bahn zweigleisig auf der Fahrbahnmitte rollen. Diese Gründe sowie die fällig werdenden Instandhaltungs- und Neuinvestitionen in das Gleisnetz und in den Fuhrpark führten dazu, daß das Straßenbahnnetz 1968 durch ein reines Busliniennetz ersetzt wurde. 1994 beschloß der Rat der Stadt Oberhausen die Straßenbahn wieder einzuführen. Die gleichzeitig entstehende Neue Mitte Oberhausen als gewaltiger Verkehrserzeuger sowie die Aussicht, mit der kombinierten Bus-Straßenbahntrasse einen großen Qualitätssprung für den öffentlichen Nahverkehr und den Stadtverkehr insgesamt zu erzielen, gaben den Ausschlag für diese Entscheidung.

Im Jahre 1996 begann bei den Stadtwerken Oberhausen AG (STOAG) ein neues Zeitalter. Herzstück des neuen Nahverkehrssystems ist die vom Individualverkehr unabhängige, 8,4 km lange Trasse. Unter Benutzung stillgelegter Trassen der Deutschen Bahn und der Thyssen-Werksbahn verbindet sie den Sterkrader Bahnhof über die Neue Mitte mit dem Hauptbahnhof und wird mit der wiedereingeführten Straßenbahnlinie und den CityExpreß-Buslinien befahren. Bequeme neue Niederflurbusse wurden angeschafft, die Fahrplantakte verdichtet, und das rechnergesteuerte Betriebsleitsystem der STOAG gibt den Bussen und Bahnen Vorrang im Straßenraum.

Bis zum Jahresende 1999 konnte die STOAG bereits 36,5 Millionen Fahrgäste begrüßen. Seit der Eröffnung des CentrO. in der Neuen Mitte liegen die Steigerungsraten bei fast 50 % gegenüber den Vergleichszeiträumen der Vorjahre. Inzwischen besitzt das Oberhausener Nahverkehrssystem Vorbildfunktion bei Verkehrsplanern.

von Rang zu sein. Er sollte sogar, bis zur Eingemeindung, noch den Ruf der Stadtmitte Alt-Oberhausens überflügeln.

1968 ging in Oberhausen eine Ära zu Ende. Der Straßenbahnbetrieb wurde auf Omnibusse verlagert. Die Stadtplaner gestalteten den unteren Teil der Bahnhofstraße, von der Steinbrinkstraße abwärts, zu einer Fußgängerzone um. 1969 waren die Arbeiten abgeschlossen. Der obere Teil der Bahnhofstraße bis zum Kleinen Markt und Teile der Steinbrinkstraße sind seit 1997 autofreie Zone.

In dem vorgenannten Teil der Bahnhofstraße beherrscht ein Bau die Szene. Es ist das grüne Gebäude, die ehemalige Hauptverwaltung des GHH-Konzerns. Nach der Auflösung des Unternehmens im Jahre 1997 wird dieses Gebäude als „technisches Rathaus" mit den Abteilungen Bauen, Planen und Wohnen neu genutzt.

Gegenüber schauen Sie auf den **Kleinen Markt (8)**. Auf ihm fand im 19. Jahrhundert ein lebhafter Kleinhandel statt. Heute wird der Kleine Markt von

GHH-Verwaltung Sterkrade (Technisches Rathaus), 1950er Jahre

Sterkrade

Kleiner Markt, um 1900

der Fassade eines Warenhauses, dem vom Duisburger Künstler Gerhard Losemann geschaffenen Brunnen und den neuerrichteten Wohn- und Geschäftshäusern geprägt. Das Warenhaus steht auf den Resten der alten Klostermühle, auch unter dem Namen „Sonderfelds Mühle" bekannt. Die zur Mühle gehörende Teichfläche erstreckte sich bis hinter den heutigen Eugen-zur-Nieden-Ring. Der Teich ermöglichte auch eine erfolgreiche Fischzucht. Alte Bilder zeigen den Kleinen Markt mit dem Kriegerdenkmal, das zu Ehren Kaiser Wilhelms 1888 errichtet wurde.

Verlassen Sie nun den Kleinen Markt und begeben Sie sich über die Kantstraße zur Steinbrinkstraße zurück. Hier biegen Sie rechts ab. Die alten Wohn- und Geschäftshäuser stammen überwiegend

aus der Zeit um die Jahrhundertwende. Rechter Hand liegt der Glockenturm der **Propsteikirche St. Clemens (9)**, der 1988 erbaut wurde. Die derzeitige Kirche stammt aus den Jahren 1952/53, da der

Kleiner Markt, 1984

Vorgängerbau im Zweiten Weltkrieg zerstört worden war. Außer dem jetzigen Bau sind an diesem Standort drei Vorgängerkirchen bezeugt. Die älteste schriftliche Nachricht stammt aus dem Jahre 1281.

Wenden Sie sich jetzt dem Inneren der Kirche zu. Sie betreten sie durch den Nebeneingang an der Klosterstraße. Vor Ihnen öffnet sich ein langgestreckter, weiträumiger Hallenbau, der sich am Modell der Wegekirchen mit wandhohen Fenstern und einem erhöhten Altarraum orientiert. Der Altarraum wird durch das von Ludwig Baur geschaffene Mosaik „Der auferstandene Christus" abgeschlossen. In der Kirche wird das „Passauer Gnadenbild" verehrt. Es ist eine Kopie des Bildes von Lukas Cranach dem Älteren, das im 17. Jahrhundert durch den Passauer Mönch Pius geschaffen wurde. Seit 1738 sind hier Wunder und Heilungen bezeugt. Am linken hinteren Pfeiler findet sich das Wappen der Sterkrader Äbtissin Anna Catharina von Nunumgen. Dücker (1674-1715), das als Vorlage für das Stadtwappen diente, und das ihrer Nachfolgerin Antonella Bernadina von Wrede (1751-1788).

Verlassen Sie die Kirche und treten Sie auf den Großen Markt hinaus. Hier wird mittwochs und samstags Wochenmarkt gehalten. Er kehrte erst 1997 an seinen alten Platz zurück. Zuvor wurde er viele Jahre auf dem Neumarkt abgehalten. Sollten Sie an einem Mittwoch oder Samstag in Sterkrade sein, lassen Sie sich den Markt nicht entgehen. Den Platz umschließen einige wunderschöne alte Häuser. Besonders ist hier das Haus an

Großer Markt mit Hotel Kaiserhof und St. Clemens, um 1900

Sterkrade

Steinbrinkstraße/Finanzstraße, um 1920

der Ecke Brandenburger Straße und Steinbrinkstraße zu erwähnen, das sich dem Betrachter als eine gelungene Eckbebauung präsentiert. Sehenswert sind die den Straßenseiten zugewandten zweigeschossigen Giebel und die mit reichem ornamentalem Schmuck versehenen Fenster.

Alljährlich ist der Große Markt auch ein Veranstaltungsort der Fronleichnamskirmes. Dieses größte Volksfest am Niederrhein dauert von Mittwoch vor Fronleichnam bis einschließlich Montag nach Fronleichnam und lockt jedes Jahr Millionen von Besuchern an. Der Ursprung der Kirmes ist nicht genau bekannt. Überliefert ist jedoch ein Markt, der zeitgleich zur jährlichen Hagelprozession stattfand. Seine Wurzeln sollen bis in das 13. Jahrhundert zurückreichen. Oft zeigt die Geschichte, daß große Volksfeste ihren Ursprung in früheren Märkten hatten. Reste derselben sind auch noch inmitten der Sterkrader Fronleichnamskir-

mes zu finden. In den letzten Jahren ist ein kleiner „Krammarkt" an der Eichelkampstraße wieder stärker hervorgetreten.

Die moderne Bebauung der Eichelkampstraße und der Klosterstraße lassen nichts mehr von der einstigen Bedeutung dieses Platzes erkennen. An diesem Platz befand sich das eingangs erwähnte Sterkrader Kloster; erst vor wenigen Jahrzehnten wichen die letzten Reste dem Neubau des Kindergartens der Pfarrei St. Clemens.

Folgen Sie der Steinbrinkstraße bis zum Haus Nummer 249. Es wurde 1906 fertiggestellt und besticht durch seine mit Tier- und Personenmotiven verzierte Fassade. Im Kontrast dazu steht das Haus Nr. 272, dessen hochragender Aufbau einem Malakowturm ähnlich sieht.

Sie nähern sich nun dem **Hagelkreuz (10)**. Weißgetüncht steht es im Kreuzungsbereich von Steinbrinkstraße und Postweg. Es ist jedoch nicht mehr das ursprüngliche Kreuz. 1993 zerstörten Unbekannte das Hagelkreuz; der Corpus verschwand spurlos. Innerhalb weniger Wochen gelang es der Pfarrei St. Clemens in Zusammenarbeit mit Handwerkern und engagierten Bürgerinnen und Bürgern, das Kreuz in der alten Form wiederentstehen zu lassen.

Steinbrinkstraße mit Alleeschule und Feuerwache, um 1920

Freiherr-vom-Stein-Gymnasium, um 1910

An dieser Stelle errichteten 1849 die Brüder Johann, Anton und Josef Rogezgen. Lantermann ein steinernes Kreuz, nachdem das von ihrem Vater 1802 aufgestellte hölzerne Kreuz dem Zahn der Zeit zum Opfer gefallen war. Seit dem 16. Jahrhundert soll zu dieser Stelle alljährlich eine Hagelprozession gezogen sein. Von diesem Ort aus segneten die Priester die umliegenden Felder und baten um Gottes Schutz und eine gute Ernte. Dies ist keine Sterkrader Besonderheit; auch in Buschhausen ist ein weiteres derartiges Kreuz bezeugt, das sogar seit 1571 urkundlich belegt ist.

Folgen Sie der Steinbrinkstraße weiter aufwärts und biegen nach links in die Gymnasialstraße ein, die direkt zum **Freiherr-vom-Stein-Gymnasium (11)** führt. Erbaut wurde es in der Zeit zwischen 1907 und 1909. Aus der starken Zunahme der Bevölkerung um die Jahrhundertwende und der sich immer stärker formierenden bürgerlichen Gesellschaft resultierte auch ein gesteigertes Bedürfnis, den kommenden Generationen optimale Bildungschancen zu verschaffen.

Das Gymnasium wurde nach den Plänen des Regierungsbaumeisters J. Heeren gebaut und ist durch barockisierende Jugendstilformen bestimmt. Ein 1928 angefügter Erweiterungsbau greift zwar die Gliederung der Fassade auf, ist aber durch neoklassizistische Formen geprägt. Kennzeichnend für das Gebäude ist neben dem geschweiften Giebel der quadratische Dachreiter mit Brüstungsgitter und der aufstehenden, achtsitigen Laterne.

Die erste öffentliche höhere Schule in Sterkrade ist aus der Zusammenlegung zweier Schulen hervorgegangen: Der 1890 vom Kaplan Vrey gegründeten katholischen Rektoratsschule an der Klosterstraße und aus der seit 1900 bestehenden Schule mit Realschuleinrichtung, einem Gemeinschaftswerk von Gemeinde und GHH.

Wenn Sie der Wilhelmstraße weiter nach links folgen, liegen linker Hand die **St. Clemens-Hospitale (12)**, vor 1996 als St. Josef-Hospital bekannt. Dessen Anfänge reichen bis in das Jahr 1866 zurück, als in Sterkrade eine Cholera-Epidemie wütete. Pfarrer Anton Witte bat die Genossenschaft der Barmherzigen Schwestern in Münster um Hilfe. Diese entsandte zwei Schwestern, die die Pflege der Kranken übernahmen. Nachdem die Epidemie abgeklungen war, blieben die Schwestern als ambulante Krankenpflegerinnen. 1868 richtete die Gemeinde ein kleines Haus für diesen Zweck ein. Es steht noch immer und dient heute als Krankenhauskapelle.

Sie erreichen nun die Kreuzung Wilhelmstraße/Brandenburger Straße. Wenden Sie sich nach rechts, dann erreichen Sie neben dem letzten roten Backsteinhaus den Eingang des **Volksparks (13)**. 1906 hatte die Gemeinde das östlich der heutigen Bahnlinie Oberhausen – Arnheim gelegene Waldgelände angekauft und zu einem Naherholungsgebiet ausgestaltet. Mittelpunkt des Parks ist der in den 30er Jahren angelegte Teich. Eingebettet ist er in große Rasenflächen, die mit Baumgruppen durchsetzt sind. Die am Rande angepflanzten Erlen, Trauerweiden und Mammutbäume schaffen ein stimmungsvolles Gesamtbild. Im Eichenwald hat man die vorgefundene Vegetation mit Büschen erweitert, Rotbuchen wurden neben die vorhandenen Pappeln gesetzt und so ein Raum geschaffen, der

Volkspark mit Zeche Sterkrade, um 1930

dem Ortsteil Sterkrade das Attribut einer Garten- und Waldstadt im Norden verschaffte.

Jenseits der Bahnlinie sehen Sie die Reste der ehemaligen Zeche Sterkrade. Die ersten Abteufarbeiten begannen 1897, doch erst 1901 durchstieß der Schacht das Deckgebirge und erreichte die Steinkohlenflöze. Im folgenden Jahr begann die Teufe von Schacht 2, schon 1903 begann die Förderung der Steinkohle, 1907 erweiterten die Betreiber die Zeche um eine Kokerei und eine Kohlenwertstoffgewinnungsanlage, 1925 kam eine Teerdestillation dazu. Im Jahre 1929 bauten 2.235 Beschäftigte 663.000 Tonnen Kohle ab. 1931 wurde das Grubenfeld von der Zeche Hugo Haniel übernommen; im Jahr darauf förderten ca. 1.200 Beschäftigte 425.000 Tonnen Kohle. Das Ende kam 1933, als der Grubenbetrieb mit der Zeche Osterfeld vereinigt wurde. Der Schacht Sterkrade diente nur noch der Material- und Personenfahrt.

Verlassen Sie nun den Volkspark und gehen zurück zur Kreuzung Brandenburger Straße/Wilhelmstraße und biegen rechts ab. Nach wenigen hundert Metern mündet die Wilhelmstraße in die **Bahnhofstraße (14)**. Hier im Kreuzungsbereich hat sich eine wunderschöne Bebauung aus der Jahrhundertwende erhalten. Eines der imposantesten Gebäude in diesem Bereich ist das in Massivbauweise ausgeführte Wohn- und Geschäftshaus Bahnhofstraße 31/Wilhelmstraße 2, das in die allgemein starke Neubauentwicklung Sterkrades um 1910 fällt und dem Kreis des Besitzbürgertums zuzuordnen ist. Der 3½-geschossige Bau trägt ein pfannengedecktes Mansardendach. Im Eckbereich tritt ein Erker mit darüberliegendem Balkon her-

Wilhelmstraße/Finanzstraße mit Kolpinghaus, 1970er Jahre

vor. Auffällig ist auch der Giebelaufbau mit Putzornamenten und ovalem Fenster. Weitere umlaufende, hochrechteckige Putzverzierungen zwischen dem ersten und zweiten Geschoß runden das Bild ab. Sehenswert ist auch das auf der gegenüberliegenden Straßenseite liegende, 1902 entstandene Gebäude, das sich auf den Resten der ehemaligen Villa des Bauunternehmers Wilhelm Klüsener gründet. Auffallend ist die farbige Putzfassade, die umlaufende Gesimsgliederung und die beiden turmähnlichen Erker im Eckbereich.

Vielfältig ist das Angebot der in diesem Bereich angesiedelten Gastronomie. An der Einmündung der Wilhelmstraße in die Bahnhofstraße liegt der wohl traditionsreichste Sterkrader Gasthof „Klumpen Moritz". Anläßlich der Kirmes und an anderen Feiertagen treffen sich hier die Sterkrader und die, die sich dafür halten, um zu feiern. Sie bekommen dort gutbürgerliche Hausmannskost in einer liebevoll, rustikal eingerichteten Gaststube.

Nach dem Besuch im „Klumpen Moritz" gehen Sie weiter die Bahnhofstraße herunter. Links und rechts zeigt sich eine Vielfalt von Geschäften in anspruchsvoll gestalteten Häusern. Die Bahnhofstraße verbindet sich nun mit dem **Zilianplatz (15)**, benannt nach dem Oberhausener August Zilian (1895-1944), der wegen seines Widerstands gegen das Naziregime vom Volksgerichtshof abgeurteilt und in Dortmund hingerichtet wurde. Am Ausgang der Straße steht die 1960 von Wilhelm Hanebal geschaffene Plastik „Der Eisengießer", eines der wenigen Arbeiterdenkmäler im Ruhrgebiet. Links liegt die Post und ihr gegenüber der Sterkrader Bahnhof. Geradeaus schauen Sie auf die Haltestelle, von der Sie die Rückreise in alle Richtungen antreten können.

Wilhelm Hanebal: Der Eisengießer, 1960

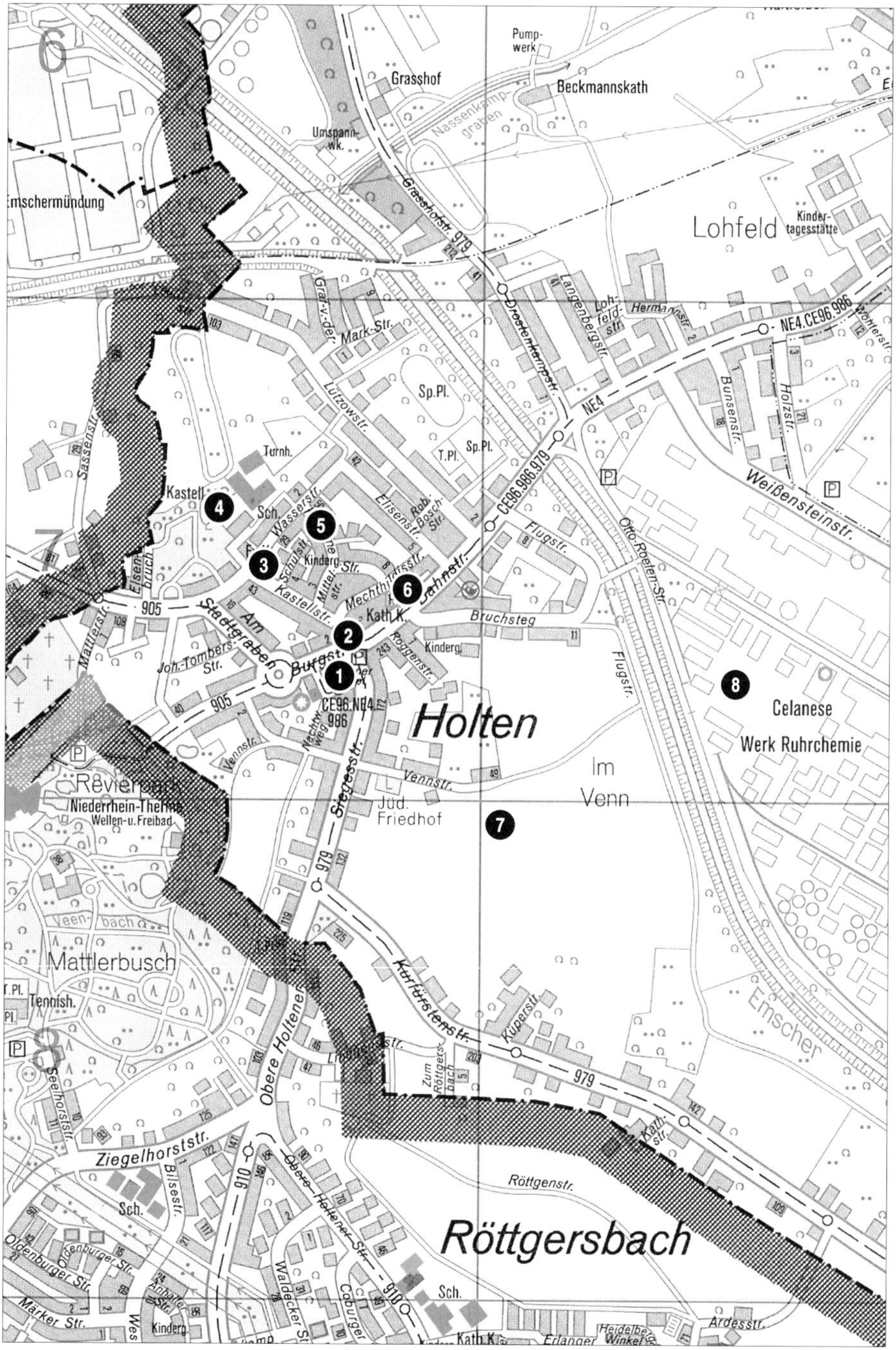

Pumpwerk
Grasshof
Beckmannskath
Nassenkampgraben
Umspannwk.
Emschermündung
Grasshofstr.
Lohfeld
Kindertagesstätte
Graf-v.-der-Mark-Str.
Drostenkampstr.
Langenbergstr.
Lohfeldstr.
Hermannstr.
NE4.CE96.986
Bunsenstr.
Holzstr.
Lützowstr.
Sp.Pl.
T.Pl.
NE4
Sassenstr.
Turnh.
Kastell
Sch.
Wasserstr.
Elisenstr.
Rob.-Bosch-Str.
CE96.986.979
Weißensteinstr.
Flugstr.
Otto-Roelen-Str.
Schulstr.
Kinderg.
Mittelstr.
Mechthildisstr.
Bahnstr.
Elsenbruch
Am Stadtgraben
Kastellstr.
Kath.K.
Bruchsteg
Mattlerstr.
Joh.-Tombers-Str.
Burgstr.
Roggenstr.
Kinderg.
CE96.NE4
986
Holten
Celanese
Werk Ruhrchemie
Vennstr.
Siegesstr.
Im Venn
Revierpark
Niederrhein-Therme
Wellen-u.Freibad
Jüd. Friedhof
Veenbach
Mattlerbusch
T.Pl.
Tennish.
Kurfürstenstr.
Küperstr.
Emscher
Obere Holtener Str.
Zum Röttgersbach
Seelhorststr.
Kath.str.
Ziegelhorststr.
Bilsestr.
Sch.
Röttgenstr.
Obere Holtener Str.
Oldenburger Str.
Röttgersbach
Waldecker Str.
Coburger Str.
Märker Str.
Kinderg.
Sch.
Kath.K.
Erlanger Winkel
Heidelberger
Ardesstr.

Monika Elm
Holten: Steine erzählen Geschichte

Ausgangspunkt: *Haltestelle Holten Markt*
(Busse CE 96, 905, 979, 986)

Endpunkt: *Haltestelle Ruhrchemie*
(Busse CE 96, 979, 986)

Dauer: *ca. 2 Stunden*

Machen Sie sich heute als Besucher zu einem Rundgang durch Holten auf, gelangen Sie bequem mit dem eigenen Pkw oder mit öffentlichen Verkehrsmitteln hierher. In früheren Zeiten hätten Sie wohl kaum Interesse an diesem ehemaligen Städtchen aufgebracht und es mit dem Chronisten von 1721 gehalten, der sich ganz verwundert fragte: „waß die Fundatores bewogen dieses Städtchen an einen außer aller passage gelegenen Orthe, und wo niemand hinkomt er habe dann etwas zu hohlen, niedersetzen zu laßen".

Hätten Sie damals aber dennoch den Weg nach Holten gefunden, so hätten sich mehrere abenteuerliche Möglichkeiten der Anreise ergeben. Eventuell wären Sie in Holzpantinen, von Biefang oder Sterkrade kommend, durch das Holtener Bruch marschiert. Damit hätten Sie den weiten Weg über die wenigen öffentlichen Straßen gemieden. Nicht umsonst hatte die heutige Kurfürstenstraße die Bezeichnung „die lange Strass". Manch Wagemutiger hätte gar als Wasserweg den Elper- oder Mühlenbach genommen. Dieser wurde nämlich zum Holtener Stadtgraben, indem er sich in Höhe der katholischen Kirche in zwei Arme teilte, die die Ortschaft umgaben. Am Ende der Stadt vereinigten sie sich wieder und zogen weiter dem Rhein entgegen. Heute ist der Mühlenbach, dessen Name von den vielen Mühlen herrührt, die er während langer Jahre antrieb, verlegt und verläuft teils unterirdisch, teils freiliegend in einer tiefen Betonrinne entlang des Mattlerbusches. Zur Winterszeit hätten Sie auf Schlittschuhen über den ehemaligen Waldteich hinweg nach Holten gleiten können. Der Name Waldteichstraße erin-

Holtener Marktplatz, Winter 1943

nert noch an das Gebiet östlich der Bahnstraße. Zu Anfang des 20. Jahrhunderts hätten Sie schließlich auch noch als tollkühner Sportflieger auf dem Luftweg nach Holten gelangen können, gab es hier doch auch einen weithin bekannten Flugplatz.

Umgeben von einer unwirtlichen Bruchlandschaft und abgeschnitten von den großen Zufahrtsstraßen hatte das Städtchen Holten, das bereits 1310 Stadtrechte erhalten hatte, wahrhaftig keine große Bedeutung. Gehen Sie allerdings in den Ort hinein und schauen dabei in seine Geschichte, so können Sie viel Interessantes erleben.

Ausgangspunkt des historischen Rundgangs ist der **Holtener Marktplatz (1)**.

der Stadtmauer, den Türmen, Toren und dem Stadtgraben war sein Umfang vorgegeben. Dieser Vorteil von einst wirkte sich nachteilig auf die spätere Entwicklung aus. Holten konnte nicht expandieren, und mehr als 150 Wohnhäuser hat es niemals gezählt. Die überschaubare Stadt kam aus ihrer Enge nicht heraus. Wollte man in früheren Zeiten nach Holten hineinkommen, mußte man eines der zwei Stadttore passieren. Am Eingang zur heutigen Kastellstraße befand sich das Waldtor, an der anderen Seite hinter der evangelischen Kirche das Kirchtor. An den beiden Toren befanden sich die Torschreiberhäuser. Gleich das erste Haus auf der linken Seite der Kastellstraße war das **Torschreiberhaus (2)** an der Waldpforte.

Die Torschreiberhäuser waren aus alter Tradition Eigentum der Stadt. Nachdem sie nicht mehr genutzt wurden, gab die Stadt sie mietfrei an Pächter ab. Als Gegenleistung verpflichteten sich diese, die Gebäude instand zu halten. Ebenso hatten sie dort die Arrestanten aufzubewahren sowie die Polizeiwache unterzubringen. Da sich die Gemeinde auf die Dauer die kostspieligen Reparaturen ersparen wollte, wurden letztendlich beide Gebäude öffentlich versteigert und an die Meistbietenden verkauft. So wurde beispielsweise das Torschreiberhaus hier an der Waldpforte 1830 an den Polizeidiener Joseph Weydauer veräußert.

Ähnlich verfuhr man mit der öffentlichen Stadtwaage. Sie wurde ebenfalls an den Meistbietenden verpachtet, nachdem zuvor ein Antrag in der Stadt bekannt gemacht worden war. Der „Waagemeister" betrieb die Stadtwaage und erhob auch das Wege- oder Pflastergeld. Eine lohnende Einnahmequelle bot sich hiermit jedoch nicht. Da oftmals wenig Pachtgeld hereinkam, fanden sich kaum Anpächter. Es ist nicht verwunderlich, daß über die geringen Einnahmen geklagt wurde, machten doch die Fuhrleute – um das

Kriegerdenkmal, um 1907

In seiner heutigen Form wird er seit 1983 freitags nachmittags für den Wochenmarkt genutzt und präsentiert sich nach seiner Umgestaltung als moderner Busbahnhof. In früheren Zeiten fand ein Wochenmarkt in der Stadt selbst statt, während Vieh- und Jahrmärkte außerhalb der Stadt abgehalten wurden.

Überqueren Sie die Burgstraße und biegen links hinter der Eisdiele in die Kastellstraße ein. Hier an der Einmündung, auf dem ehemaligen Marktplatz vor der Stadt, wurde 1905 ein Kriegerdenkmal eingeweiht. Es steht seit Mitte der zwanziger Jahre am Kastell, da es der damals erbauten Straßenbahnlinie nach Hamborn weichen mußte.

Wenden Sie sich nun dem Stadtkern, dem alten Holten, zu. Durch seine Anlage als befestigte und gesicherte Stadt mit

Wegegeld zu sparen – große Umwege, „so weit entlegen, daß man sie darüber nicht ertappen kann". Erst 1907 wurde das Pflastergeld aufgehoben.

Die Kassen der Stadt und die ihrer Bürger waren meistens leer. War andererseits einmal Geld für eine dringende Reparatur vorhanden, mußte diese auch schon mal um Jahre verschoben werden, da das nötige Baumaterial fehlte. So wird berichtet, daß die Dächer der beiden Stadttore durch einen heftigen Sturm stark beschädigt wurden. Mit der Ausbesserung mußte man jedoch zwei Jahre lang warten, da es keine Dachpfannen zu kaufen gab. Da war der „Pfannenbäcker" gefragt!

Die Stadttore befanden sich ständig in einem desolaten Zustand. Da der Turm des Waldtores schließlich so verfallen war, entschloß man sich 1771 zum Abbruch. Die dabei angefallenen Steine wurden zum Verkauf angeboten. Ein großer Teil dieser Steine fand schließlich beim Bau des neuen evangelischen Pastoratshauses Verwendung.

Gehen Sie ein paar Schritte weiter, sehen Sie auf der gegenüberliegenden Seite die Mechthildisstraße abbiegen, die früher Kirchstraße oder auch Hinter der Mauer hieß. Der heutige Name weist auf eine der bedeutendsten Persönlichkeiten der Holtener Geschichte hin, auf die Erbtochter Mechthild aus dem Edelherrengeschlecht von Holte. Da die Straße geradewegs zur katholischen Kirche führt, erklärt sich die einstige Benennung Kirchstraße. Die Bezeichnung Hinter der Mauer verweist auf die alte Stadtmauer.

Einige Straßen mußten im Zuge der Eingemeindungen umbenannt werden, um Doppelbenennungen auszuschließen. Im Jahre 1917 wurde Holten nämlich nach Sterkrade eingegliedert, und 1929 kam es unter Sterkrade nach Oberhausen. Die Kastellstraße trägt ihren Namen nach dem ältesten Gebäude der Stadt, das am anderen Ende der Straße auf einer leichten Anhöhe liegt. Die frühere Bezeichnung Lange Straße deutete an, daß sie die „längste" Straße in dem kleinen Ort war.

Bleiben Sie jetzt bitte vor Hausnummer 11 stehen. Auch auf diesem Anwesen stand früher ein wichtiges Haus. Zu der Zeit, in der Holten Sitz einer eigenen Bürgermeisterei (1806-1886) war, wohnte hier der Bürgermeister Beudel. Dieser wußte seiner Stadt durch einen interessanten Vorschlag einem immer wiederkehrenden Notstand abzuhelfen: „Die hiesige Bürgermeisterey besitzt bekanntlich gar keine Gemeinde Gebäude. Die Dienst-Localien müßen daher miethweise beschafft werden...", so heißt es in einem Schreiben von 1833. In einem „Mieth-Kontrakt" räumt der Bürgermeister nun „in seinem ihm eigenthümlich zugehörigen, in hiesiger Stadt gelegenen Wohnhause nicht nur die erforderlichen Localien für ein anständiges Amts=Büreau... ein, sondern giebt auch den an seinem Hause neu angebauten großen Saal zu den Sitzungen des Gemeinderaths her". Ein eigenes Rathaus hat Holten nie besessen.

Die nächsten zwei Fachwerkhäuser lassen erahnen, wie die Häuserfront der Kastellstraße in früheren Zeiten ausgesehen hat. Reichlich heruntergekommen, sind sie erst vor kurzem liebevoll restauriert worden. Um möglichst viele Häuser in

Kastellstraße, vor 1944

Vorbereitungen zur 500-Jahr-Feier der Bürgerschützengilde Holten,
Bahnstraße/Kastellstraße, 1939

der Durchgangsstraße unterbringen zu können, wurden schmale Häuschen gebaut, deren Giebel nach vorn schauten. Stallungen und Scheunen waren in den langgestreckten Parzellen hinten untergebracht. Platz für einen Vorgarten wäre Verschwendung gewesen. Anstatt blühender Blumenbeete befanden sich Misthaufen vor den Häusern. Eine ältere Bausubstanz als die des 17. Jahrhunderts ist außer bei der evangelischen Kirche und dem Kastell kaum nachzuweisen. Beim großen Stadtbrand von 1631 hatte Holten nämlich fast die Hälfte seiner Häuser verloren. Große, stattliche Häuser, die einer „Stadt" Holten zur Ehre gereicht hätten, fanden sich hier nicht. Das Situationsbild aus dem Jahre 1748 weist z. B. überhaupt keine großen Häuser auf, dagegen 42 mittlere, 29 kleine und 74 ganz kleine.

Die Ackersleute, Handwerker und Tagelöhner lebten stets ärmlich.

Eine Zeitlang war das „Fuselstocken" eine sichere Einnahmequelle. Im Jahre 1724 vermerkt der damalige Bürgermeister: „Die Nahrung der Stadt besteht vornemlich im starken Fuselstocken, Linnenweberey... im Ackerbau und Viehzucht...". 18 Fuselkessel wurden zu dieser Zeit in Holten gezählt. Da die Holtener aus den Wacholderbeeren, die sich reichlich in der Umgebung fanden, ein vorzügliches „Beerenwater" herstellten, konnten sie diesen Schnaps sogar ausführen. Mit zunehmender Konkurrenz aus den Nachbarorten versiegte dieser Erwerbszweig allmählich.

Ein bescheidener Wohlstand ist nur für die kurze Zeitspanne von rund 100 Jahren auszumachen, als in Holten die Weberei florierte. Da verdingten sich viele Einwohner als Leineweber, Wollspinner oder Tuchmacher, und so mancher Holtener hatte seinen eigenen Webstuhl. Mit der Kontinentalsperre in der Zeit der napoleonischen Herrschaft Anfang des 19. Jahrhunderts wurde der Absatz so schwierig, daß die Weberei schließlich zum Erliegen kam. Zudem hielten die Holtener mit der industriellen Entwicklung nicht Schritt. Da der mechanische Webstuhl hier keinen Einzug fand, verpaßten sie den Anschluß.

Biegen Sie nun in die den beiden Fachwerkhäusern gegenüber liegende Mittelstraße ein, an deren Ende sich die Krumme Straße gabelt. Das Haus Nummer 9 ist ein Ackerbürgerhaus, das einen noch gut erhaltenen Ziegelbau aufweist und nicht mit einer neuen Fassade „geschmückt" wurde. Gehen Sie jetzt wieder zur Kastellstraße zurück und schauen sich hier um. Sie sehen kaum ein Geschäft. Dabei war hier einst fast jedes Haus ein Geschäftshaus. In dem Haus mit der Nummer 20 z. B. konnte man sich beim Friseur und Heildiener Gerhard Nuyken zusätzlich auch noch den schmerzenden Zahn ziehen lassen. Bemerkenswert ist das Gebäude Nr. 31/33, die altbekannte Bäckerei Posser, heute Eichmüller. Hier stand vor 200 Jahren das erste katholische Pastorat, als die katholischen Pfarre nach der Reformation wieder eingerichtet wurde.

Die nächste kleine Nebenstraße der Kastellstraße ist die Schulstraße. An ihr lag einst die erste Schule von Holten. Schon um 1525 wurde ein Schulmeister erwähnt, der auch die Uhr betreute und Küster und Stadtschreiber war. In dem langgestreckten Fachwerkhaus auf der rechten Seite befand sich die ehemalige evangelische Schule, deren erster beamteter Lehrer 1615 berufen wurde.

Erst seit 1842 ist dieses Gebäude in Privatbesitz. Es wurde bei einer öffentlichen Versteigerung an den Schneider Heinrich Wiebus verkauft.

Das Schulhaus war stets auch Wohnhaus der Lehrer. So setzte sich seinerzeit der Lehrer Herkendell aus verständlichen Gründen ganz intensiv für die Erbauung einer neuen Schule ein. In der alten Schule war nur Platz für höchstens 80 Kinder, dennoch besuchten im Winter 120 Kinder die Schule. Außerdem war das Gebäude in einem derart schlechten baulichen Zustand, daß der Lehrer um seine „Gesundheit in einer solchen kerkermäßigen Schule" fürchtete. Als nach langem Warten endlich der Neubau an gleicher Stelle errichtet wurde, fand so mancher Stein seine Wiederverwendung.

Auf diese Art verfuhr man eigentlich bei allen öffentlichen Reparaturen. So zwang die Armut die Holtener beispielsweise dazu, die Steine der abgebrochenen Stadttürme zur Reparatur der Stadtmauer zu benutzen. Als diese selbst so verfallen war, daß sich ein Reparieren nicht mehr lohnte und auch unbezahlbar war, wurden die Steine verkauft und zum Teil zur Ausbesserung des „Stadtsteinpflasters" verwandt.

Gegenüber dem ehemaligen Schulgebäude liegt das neue evangelische Gemeindezentrum, das 1978 eingeweiht werden konnte. Gehen Sie nun an dem Parkplatz davor vorbei – hier zog sich der alte Friedhof um die Kirche hin – stehen Sie vor dem Portal der heutigen **evangelischen Kirche (3)**.

Sie ist die erste Kirche Holtens. In ihr haben im Laufe der Zeit sowohl katholische als auch evangelische Gläubige ihren Gottesdienst abgehalten. Sie wurde im Jahre 1319 gegründet. Bis dahin gehörte Holten kirchlich zu Walsum. Die Erbtochter Mechthild von Holte hatte 1281 dem Johanniterorden die Pfarrkirche in Walsum, deren Patronat die Herrschaft Holte besaß, mit dem Patronatsrecht, dem Pfarrhaus und allen Einkünften zur Ordensniederlassung abgetreten. Als der neue Herr von Holten, Graf Engelbert II. von der Mark, Jahre später Anspruch auf eine eigene Pfarre geltend machte, kam es zu einem heftigen Streit zwischen ihm und dem Orden. Er endete schließlich mit dem Vergleich von 1319, wobei Burg und Stadt Holten als eigene Pfarre mitsamt den Burgmannenhöfen Mattler (heute Mattlerhof im Revierpark Mattlerbusch) und ter Schüren von Walsum abgesondert wurden. Bald darauf wurde mit dem Bau der Kirche begonnen. Nun mußte auch nicht mehr die große Entfernung bis zum Rhein auf beschwerlichen Wegen zurückgelegt werden. Im Gegenzug beließ Engelbert dem Johanniterorden die Kirche zu Walsum mit deren Patronatsrechten.

Die Zeit der Reformation brachte auch für Holten Erneuerungen. Als sich die Holtener gegen Ende des 16. Jahrhunderts der neuen Glaubensrichtung gegenüber sehr aufgeschlossen zeigten, wußten sie die klevische Regierung, die am katholischen Glauben festhielt, geschickt zu täuschen. Der von den Klevern gesandte Geistliche mußte sich mit dem von den Holtenern selbstgewählten Pfarrer arrangieren. Selbst der Angriff im Spanisch-Niederländischen Krieg, bei dem die Spanier Holten verwüsteten, beendete die „Ketzerei" nicht. Seit 1611 ist Holten nachweislich als reformierte Gemeinde anzusehen.

Die Kirche mußte so manchen Sturm über sich ergehen lassen. So wurde sie in Kriegszeiten gar als Pferdestall oder Lazarett genutzt. Nach der fast völligen Zerstörung am 6. Oktober 1944 war ihr Wiederaufbau erst 1957 beendet.

Setzen Sie Ihren Rundgang fort und überqueren die Wasserstraße, lädt Sie rechterhand die Gaststätte „Alt Holten" zu einer kleinen Erfrischung oder einem guten Essen ein. Eine Reihe von alten Fotos an den Wänden läßt die vergangene Zeit wiederaufleben. Im Sommer lädt ein Biergarten dazu ein, draußen Platz zu nehmen.

An der Gaststätte vorbei führt die Straße, die nach wenigen Metern in einen Weg übergeht, jetzt zum **Kastell (4)**. Rechts und links des kleinen Wegstücks lagen die ehemaligen evangelischen Schulen. Die alte Kastellschule, die sich auf der rechten Seite befand, wurde im Sommer 1996 abgerissen. Sie war 1915 als neue Schloßschule eingeweiht worden. Ihr gegenüber stand die alte Schloßschule von 1900. Die sogenannte Kleinkinderschule, die 1850 in dem danebenliegenden ehemaligen Wirtschaftsgebäude eingerichtet worden war, diente jahrzehntelang als Kindergarten.

Wenn Sie jetzt die Stufen zum Kastell hinaufsteigen, sehen Sie linkerhand das Kriegerdenkmal aus dem Jahre 1905, das einst an der Einmündung zur Kastellstraße gestanden hatte. Nach seiner Versetzung an den heutigen Standort, wurde eine halbkreisförmige Anlage darum herum errichtet, die an die Gefallenen des Ersten Weltkriegs erinnert. Nach dem Zweiten Weltkrieg erfuhr das Denkmal zwei weitere Ergänzungen: Eine Tafel erinnert an die Gefallenen des Zweiten Weltkriegs, eine andere gedenkt anonym bleibenden Opfern anonymer Gewalt während der Naziherrschaft. Wenige Denkmäler bringen deutsche Befindlichkeiten neuerer Geschichte so komprimiert zum Ausdruck wie dieses.

Gaststätte „Alt-Holten", Wasserstraße, 1930er Jahre

Holten

Wasserstraße mit ev. Kirche, 1930er Jahre

Sie sind nun beim Kastell angelangt. Es bestand vermutlich aus Haupt- und Vorburg, die über eine Brücke verbunden waren. Wassergräben umsäumten die Burgteile sowie die ganze Anlage. Wer heute vor dem Bauwerk steht, vermag kaum zu ahnen, wie verfallen die erhaltene Wohnburg noch vor 30 Jahren aussah. Es hat in seiner langen Geschichte vielerlei Funktionen ausgeübt: In seiner frühen Form ist das Kastell der Sitz der Edelherren von Holte, die erstmals 1166 mit Everwin von Holte nachweisbar sind. Schon 1188 findet eine erste urkundliche Erwähnung eines „castri" statt. Ab 1266 treten die Burgmannen als Verwahrer der Burg auf.

Die berühmteste Vertreterin dieses Geschlechts ist Mechthild von Holte, die sich ihr Leben lang mutig und energisch – selbst gegen den Erzbischof von Köln – für ihr mütterliches Erbe eingesetzt hat. Mit ihren großzügigen und umfangreichen Schenkungen hat sie besonders dem Nonnenkloster in Sterkrade 1255 die Grundlage für dessen wirtschaftliche Entwicklung geschaffen. Sie lebt bis heute in der Erinnerung der Holtener, ohne daß viele es wissen. Ein schöner Brauch ist nämlich das allabendliche 9-Uhr-Glockenläuten. Dem Volksmund nach konnte Mechthild, die sich einst im unwegsamen Bruch verirrt hatte, dank des Glockengeläutes wieder nach Hause finden.

Aus ihrer kurzen Ehe mit dem Burggrafen von Köln, Gerhard von Arberg, ging ihr einziger Sohn Johann hervor. Er verstarb jedoch im Alter von kaum 30 Jahren bei der Vorbereitung zu einem Kreuzzug ins Heilige Land. Johann von Arberg hinterließ eine Tochter, die ebenfalls Mechthild hieß. Die kluge Politik ihrer Großmutter führte 1299 zu ihrer Vermählung mit dem Grafen Engelbert II. von der Mark, wodurch Holten märkisch wurde.

Infolge von verwandtschaftlichen Beziehungen kam es dann wiederum um 1400 unter die klevische Landesherrschaft. Holten entwickelte sich nun zu einem klevischen Amt mit dem Drosten oder Amtmann an der Spitze. Das Kastell wurde somit zum Amtshaus. Viele Generationen lang stellten die Herren von Loe die Amtmänner. In der Folgezeit traten dann Richter und Rentmeister als Amtmänner und Burgverwahrer auf. Amtmann von Schaumburg erhielt die Burg 1765 in Erbpacht. Wegen Einsturzgefahr

Wasserstraße/Krumme Straße, 1930er Jahre

Kastell Holten, 1960

des Gebäudes wurden ihm die Steuern erlassen und 400 Reichstaler für Reparaturarbeiten aus der königlichen Kasse dazugegeben.

In der Zeit der napoleonischen Herrschaft wurde das Kastell 1808 als Domäne angepachtet. Zehn Jahre später wurde es an den Arzt Dr. Prosch verkauft und ging damit in Privatbesitz über. Im Jahre 1838 entschloß sich die Gemeinde, das Kastell zu Schulzwecken anzukaufen und es zu Schulräumen und Lehrerwohnungen für beide Konfessionen umzubauen. Das alte Schulhaus, das bislang Kinder aller Glaubensrichtungen aufgenommen hatte, reichte nämlich für den Schulbedarf nicht mehr aus. Inzwischen war auch die katholische Gemeinde wieder so stark angewachsen, daß der Wunsch nach einer eigenen Schule bestand. Diese wurde somit 1842 im Kastell eingerichtet.

Im alten Wirtschaftsgebäude gegenüber sollten fortan die „Brandspritze" aufbewahrt sowie die Gefangenen untergebracht werden. Der damalige Lehrer Barlen befürchtete die „Sittlichkeit" der Jugend könne durch die Nähe des Gefängnisses bedroht werden. In den ersten Jahrzehnten des 20. Jahrhunderts beherbergte das Kastell die Polizei, das Gefängnis, das Standesamt, die Verwaltungsnebenstelle und schließlich noch eine Zweigstelle der Stadtsparkasse.

Das Kastell verfiel im Laufe der Zeit immer weiter. 1961 entschloß man sich zum Abriß des Südflügels. Für den Erhalt des Haupttraktes machte sich die Bürgerschützengilde stark, die 1968 einen Überlassungsvertrag mit der Stadt Oberhausen abschloß. In mühe- und liebevoller Arbeit haben die Bürgerschützen das Kastell 1971 wieder aufgebaut, 1975 war die 2. Bauphase beendet. Als Anerkennung wurde es ihnen für 60 Jahre zur Nutzung überlassen.

Steigen Sie nun die Stufen wieder hinunter, wenden sich nach links und gehen um das Kastell herum. Die leichte Vertiefung neben dem Gebäude markiert noch den Verlauf des alten Stadtgrabens. Folgen Sie dem Hauptweg durch die Parkanlage. An der Stelle, wo er auf die Wasserstraße trifft, flossen einst die beiden Arme

Portal des Kastells, 1943

des Stadtgrabens wieder zum Mühlenbach zusammen. Auf der anderen Straßenseite führt der Weg weiter durch das alte Bachbett Richtung Holtener Markt.

Linkerhand mit der Nummer 42 befand sich das ehemalige Torschreiberhaus an der Kirchpforte. Dieses Gebäude hatte noch vor dem Torschreiberhaus an der anderen Seite der Stadt seinen Besitzer gewechselt. Schon 1819 erstand es der Kattunweber Heinrich Christoph Gißke – mitsamt dem linken Torpfeiler, der untrennbar mit dem Gebäude verbunden war.

Wenden Sie sich nun nach rechts und folgen der Dinslakener Straße bis zur Einmündung der Straße Am Stadtgraben, um einen Blick auf die ehemalige unterste Kornmühle zu werfen. Wieder vereint, trieb der Mühlenbach diese Mühle an, die sich rechts in dem weißen Gebäude befand. Der vordere Teil der sich daran anschließenden Parkanlage barg bis zum Jahre 1891 den „Communalfriedhof" von Holten.

Kehren Sie nun aber wieder um und setzen Ihren Spaziergang der Straße folgend fort. Ab der Höhe des ehemaligen Stadtgrabens trägt sie den Namen Wasserstraße. Sie kommen wieder an der Gaststätte „Alt Holten" vorbei. Ca. 50 m weiter, vor dem kleinen Weg, der nach links zur Kastellschule und alten Turnhalle abbiegt, liegt das Haus Nummer 18. Früher war es das letzte Haus auf der linken Seite dieses Straßenabschnitts. Die Nähe des Stadtgrabens ließ hier eine weitere Bebauung nicht zu. Die kleinen Häuser auf der rechten Seite erinnern daran, wie einst das Straßenbild ausgesehen hat. Das Haus Nummer 3, ehedem in Fachwerk errichtet, wurde 1997 abgerissen. Lange Zeit hatte es unbewohnt dagestanden. Ein Haus weiter endete früher die Wasserstraße. Vor Kopf stand das letzte Haus der Krummen Straße.

Biegen Sie jetzt rechts in die **Krumme Straße (5)** ein. Liebevoll restauriert zieht

Krumme Straße mit der Getreidemühle Süselbeck, 1930er Jahre

gleich das erste Haus auf der rechten Seite Ihren Blick auf sich. Interessant sind die hoch unter dem Dach angesetzten Fenster. Sie können diese Anordnung bei mehreren alten Häusern erkennen. Wenn Sie langsam diese Straße entlang schlendern, verstehen Sie, warum sie den Namen Krumme Straße trägt. Verweilen Sie einen Augenblick vor dem Haus mit der Nummer 29. Hier haben Sie eines der ältesten Häuser von Holten vor sich, das seinen ursprünglichen Charakter auch nach der Renovierung nicht verloren hat. Eine alte Inschrift mit dem Datum 1691 ziert die rechte Hauswand.

Zwei Häuser weiter, an der Einmündung in die Mittelstraße, sehen sie die ehemalige Getreidemühle Süselbeck vor sich. Unter dem Giebel können Sie das Holtener Stadtsiegel erkennen, das auch auf einigen anderen Häusern abgebildet ist. Heraldisch rechts – und damit vom Betrachter aus links gesehen – zeigt es ein Wolkenfeh, das von mehreren bedeutenden Familien am Niederrhein verwendet wurde. Die heraldisch linke Seite stellt das märkische Schach dar.

Bleiben Sie auf der Krummen Straße. Ein paar Häuser weiter können Sie schon den Kirchturm der **katholischen Kirche (6)** ausmachen. Bevor Sie die paar Stufen zum Kirchplatz hinaufgehen, werfen Sie noch schnell einen Blick auf das Eckhaus an der rechten Seite. Es hat ebenfalls ein

Holtener Wappen nach der Vorlage von 1379

stolzes Alter aufzuweisen. Obwohl es übrigens die Hausnummer 1 der Krummen Straße trägt, liegt sein Hauseingang in der Mechthildisstraße. Gegenüber befindet sich das katholische Pastoratshaus von 1803.

Zwei Häuser weiter befindet sich die 1858 eingeweihte ehemalige Synagoge. Als sie nicht mehr genutzt wurde, vermietete sie die jüdische Gemeinde. 1936 wurde sie in ein Wohnhaus umgebaut und zwei Jahre später verkauft.

Wenden Sie sich nun der katholischen Kirche zu. Die einstige katholische Kirche war ja im Zuge der Reformation in ein evangelisches Gotteshaus umgewandelt worden. Im Laufe der Jahre war die katholische Bevölkerung Holtens so stark angewachsen, daß sie eine eigene Pfarre wünschte. 1781 wurde der damalige König Friedrich II. höchstpersönlich angeschrieben. Die katholischen Einwohner baten darum, ihnen die Erlaubnis zur Erbauung einer Kirche zu erteilen und dafür eine Kollekte zu bewilligen. Mit einer Reihe von Bedingungen wurde diesem Gesuch entsprochen, und so konnte eine kleine Kirche in Fachwerk erbaut werden, das 1784 geweiht wurde.

Ein paar Jahrzehnte später faßte das Gebäude die katholische Gemeinde nicht mehr. Da die Kirche zudem noch „auf einem, von Wasser umspülten, niedrigen Terrain" errichtet worden und so schadhaft war, „daß eine Reparatur und Herstellung nur Verschwendung genannt werden kann", war der Bau einer neuen Kirche unumgänglich. Unermüdlich half der damalige Pfarrer Matthias Reenen mit, Geld für den Kirchbau aufzutreiben.

Da aber der Bau einer größeren Kirche an gleicher Stelle geplant war, mußte vorab eine Schwierigkeit bewältigt werden. Der hinter der Kirche verlaufende Bach, der Holtener Stadtgraben, mußte verlegt werden. Nach erfolgreichem Abschluß entstand nach zweijähriger Bauzeit die Kirche im neugotischen Stil. Sie wurde zu Allerheiligen 1875 geweiht. Da der Bischof wegen des Kulturkampfes verbannt war, wurde die Weihe vom Dechanten des Dekanates Wesel, dem Sterkrader Pfarrer Witte, vorgenommen. Schauen Sie einmal auf das Chronogramm über dem Portal. Aus den lateinischen Großbuchstaben läßt sich die Jahreszahl 1874 zusammensetzen.

Wenn Sie nun auf die Bahnstraße hinaustreten, verlassen Sie damit das alte Holten. Hier verlief ehedem der Holtener Stadtgraben. Links, auf der Höhe der Bushaltestelle, stand einst die oberste Mühle, die schon im 14. Jahrhundert erwähnt wurde. Gehen Sie nach rechts auf die Kreuzung zu und biegen dort links in die Siegesstraße hinter der alten Wirtschaft Theissen ein. Nach etwa 200 Metern erreichen Sie die Vennstraße. Schräg gegenüber ragen, von den Häusern verdeckt, die Flügel der ehemaligen Mühle Brahm auf. Sie wurde 1838 vom Mühlenbauer Heinrich Brahm als Turmwindmühle erbaut und bot eine willkommene Ergänzung zu den vorhandenen Wassermühlen.

Biegen Sie links in die Vennstraße ein, kommen Sie nach ein paar Schritten zum alten jüdischen Friedhof, der auf der rechten Seite im Schatten hoher Bäume liegt. Er wurde schon 1714 an dieser Stelle angelegt, nachdem der Jude Moses Simonis hier eine „Erbbegräbnisstätte" ankaufte.

Im Hintergrund zieht sich vor der ländlichen Silhouette das Werksgelände der Ruhrchemie hin. Nur 20 Jahre hatte es gedauert, in denen sich das **Holtener Bruch (7)** von einer Weide zu einem Industriegelände entwickelt hatte. Anfang des 14. Jahrhunderts hatte der damalige Landesherr des Städtchens Holten, der Graf von der Mark, urkundlich festgelegt, daß er „onsen lieven bürgern zu Holte...dat schwort fenn" für ewigen Besitz und Nutzen schenkte. Dieses Holtener Bruch, wie es später genannt wurde, ließ aufgrund seiner Bodenbeschaffenheit nur eine Nutzung als Viehweide zu. Über Jahrhunderte hinweg trieben die Holtener ihr Vieh auf diese Stadtweide. Als Hüter wurde ein Rinderhirte eingestellt. Die Verwaltung achtete streng darauf, daß möglichst hier im Bruch geweidet wurde, kamen doch durch das Weidegeld Einnahmen in die stets leere Stadtkasse. Den Bürgern Holtens stand das Weiden des Viehs als ein Nutzungsrecht zu, während die Stadt sich als Eigentümer fühlte und der Magistrat die Verwaltungsangelegenheiten übernommen hatte. Beide Positionen wurden jahrhundertelang respektiert, erst in den Anfängen des 19. Jahrhunderts trat ein neues Anspruchsdenken der Bürger auf. In der Zeit der sich schnell entwickelnden Industrialisierung, die auch in Holtens unmittelbarer Umgebung wie Sterkrade oder Hamborn stattfand, gewann die Frage nach dem Eigentumsrecht an Bedeutung. Die Nachfrage nach Grund und Boden stieg gewaltig und damit auch deren Wert. Um eigene finanzielle Vorteile auszuschöpfen, verlangten sogenannte Interessenten die Teilung des Weidebruchs in „private Hüteberechtigungen". Als Vertreter hatten die Bruch-

Blick auf die Siegesstraße
mit Vennbach und jüdischem Friedhof, 1935

deputierten zu fungieren. Das setzte eine langjährige Streitsache zwischen der Gemeinde und den Bruchberechtigten in Gang, die erst im Jahre 1909 mit einem Vergleich endete. Der Gemeindevorstand beanspruchte stets das Eigentumsrecht und wollte das Hütungsrecht zudem nur den Besitzern zugestehen, die ihre Häuser innerhalb der Ringmauern der Stadt liegen hatten und dort auch wohnten.

Nach dem Beschluß von 1909 wurden die 160 Bruchberechtigten mit je 2000 Mark von der Gemeinde Holten entschädigt. Die dafür benötigte Summe Geldes hatte die Gemeinde durch den Verkauf eines Teils des Holtener Bruches an die Gutehoffnungshütte (GHH) aufbringen können. Das Gelände wurde durch Ent-

Monika Elm

Von tollkühnen Männern und fliegenden Kisten

Einen letzten Höhepunkt erlebte die Luftfahrt in Holten mit der Niederrheinischen Flugwoche zu Himmelfahrt 1927. Die Veranstalter hatten immense Vorbereitungen getroffen, um das Fest gelingen zu lassen, und zahlreiche illustre Gäste wie die Kunstflieger Thea Rasche und Ernst Udet eingeladen. Die Veranstaltung war ein grandioser Erfolg. Dennoch wurde die Ortsgruppe Sterkrade zum Jahresende 1928 aufgelöst.

Zum Programm der Flugwoche gab auch die Presse umfangreiche Informationen heraus. Vorab aber sollte jeder Zuschauer die „Zehn Gebote" verinnerlichen, wie sie in der Sterkrader Zeitung vom 26. Mai 1927 veröffentlicht wurden:

Zehn Gebote für Flugtagbesucher.

1. Bevor Du zum Flugplatz gehst oder fährst, suche Dir an der Hand der in den Zeitungen veröffentlichten Kartenskizzen den für Dich in Frage kommenden Zugangsweg. Insbesondere ist für Fahrzeuge der Anfahrtsweg und der Abstellplatz genau vorgeschrieben. Auf die Zuschauerplätze dürfen Fahrzeuge und Fahrräder nicht mitgenommen werden.

2. Bevor Du Deine Wohnung verläßt, überzeuge Dich, ob Du sie gut gesichert, die Leitung von Gas und Wasser abgestellt, das Feuer gelöscht und die Haustiere versorgt hast. Setze Dich mit zuverlässigen Nachbarn in Verbindung, die auf Deine Wohnung oder Dein Anwesen achtgeben. Es gibt Leute, die sich Deine Abwesenheit zunutze machen könnten.

3. Mach' Dich rechtzeitig auf den Weg, damit ein unnötiges Hasten vermieden wird. Im übrigen ist für die Zuschauer reichlich Platz vorhanden, außerdem wird so viel geboten, daß Du noch genug siehst, auch wenn Du etwas später kommst.

4. Wenn Du nicht Bescheid weißt, frage die Ordner des Vereins oder die Polizeibeamten, aber belästige sie nicht mit unnötigen Fragen. Befolge die gegebenen Anweisungen der Polizeibeamten.

5. Nimm Rücksicht auf die geschaffenen Anlagen und die bebauten und bestellten Grundstücke. Abgesehen davon, daß Du Dich strafbar und schadensersatzpflichtig machst, beherzige den Spruch: Was Du nicht willst, daß man Dir tu', das füg' auch keinem andern zu.

6. Vermeide jegliches Drängen und unnötiges Umherlaufen. Wenn Du eine Vorführung von Deinem Platze aus nicht besonders gut siehst, so bedenke, daß Du eine andere wieder von Deinem Platz aus wirst besser beobachten können.

7. Störe die Leitung und die Vorführenden nicht durch unangebrachte Zurufe. Vermeide ungehöriges Lärmen, denn Du störst Dich und andere bei der Beobachtung der Veranstaltung.

8. Sollte bei einem Flugzeug ein Unfall eintreten oder zu befürchten sein, so versuche die nötige Ruhe zu bewahren und bedenke, daß man häufig der Gefahr am besten begegnet, wenn man sich platt auf den Boden legt. Der Unfallstelle selbst halte Dich fern, denn Du hinderst nur die Tätigkeit der verantwortlichen Fachleute.

9. Setze Dich nicht unter Alkohol und unterlasse das Rauchen unbedingt, wo es wegen der Entzündungsgefahr der Betriebsstoffe unterbleiben muß. Wirf nicht brennende Zündhölzer oder glimmendes Rauchmaterial weg, wegen der Gefahr eines Heidebrandes.

10. Achte auf Dein Geld und Deine Wertgegenstände, denn es gibt Taschendiebe, die für Deine Sachen mehr Interesse haben als für die Vorführungen.

Programm

Himmelfahrt, den 16. Mai 1927

Schauflugtag

auf dem

Flugplatz Sterkrade-Holten.

☆

Den Beginn des Schaufliegens künden Böllerschüsse an.

1. Geschwader-Begrüßungsflüge
2. Kunstflüge: Tillmanns
3. „ Udet
4. „ Thea Rasche
Die hohe Schule der Fliegerei.
5. Udet als Ballonkünstler.
6. Abschuß eines Fesselballons.
7. Fallschirmabsprung:
Röhrig, Darmstadt, springt mit einem Heinecke-Fallschirm aus einem Flugzeug.
8. Luftringen: Udet—Tillmanns.
9. Start eines Segelflugzeuges.
Eine Erfindung der Raab-Katzensteinwerke, Kassel, die für den Zukunftsverkehr von großer Bedeutung ist.
10. Ballonrammen.
11. Aufstieg der bekannten Montgolfierefahrerin Margarete Baumgart mit ihrem neukonstruierten Fallschirm.

Während der ganzen Veranstaltung finden Passagierflüge statt.

wässerung industriell nutzbar gemacht, wodurch ein neues Zeitalter für das Holtener Bruch begann.

Die große Fläche des Bruches bot sich nach einigen Planierungsarbeiten hervorragend als Flugplatz an. 1909 gründete sich der Westdeutsche Verein für Flugsegler e.V. zu Oberhausen mit dem Flugplatz Holten. Der Holtener Architekt Schnaare, Mitglied des Flugseglervereins, erbaute einen drehbaren Flugturm, der sich je nach Windrichtung einstellen ließ. Bereits im Mai 1911 fand das erste Schaufliegen statt, das reges Interesse bei der Bevölkerung fand. Einer der damaligen Flugpioniere war der Fördermaschinist Heinrich Bergmann von der Zeche Hugo, der gemeinsam mit seinem Freund, dem Friseur Otto Rohde, einen Doppeldecker gebaut hatte. Das Schaufliegen mußte im Erster Weltkrieg eingestellt werden. Gegen Ende des Krieges gab es Überlegungen, eine Fliegerstaffel nach Holten zu verlegen. Die von der Militärverwaltung bereits eingerichtete Flugstelle wurde dann aber wegen des Waffenstillstandes nicht mehr in Betrieb genomen.

Das Gelände im Holtener Bruch wurde auch als Trabrennbahn vom Niederrheinischen Pferdezucht- und Rennverein Sterkrade-Holten e. V. genutzt.

Danach breitete sich die Industrie im Holtener Bruch aus. Im Jahr 1927 wurde in Essen die Kohlechemie Aktiengesellschaft gegründet. Sie hatte das Ziel, den Überschuß an Kokereigas chemisch zu nutzen und für die Gewinnung von Ammoniak einzusetzen. Ganz allgemein sollte über die Kohleveredelung hinaus auch Kohlechemieforschung betrieben werden. Initiator dieser Kohlechemie Aktiengesellschaft war das sogenannte Casale-Konsortium, zu dem sich fünf Bergbauunternehmen des Ruhrgebiets zusammengeschlossen hatten. Ein halbes Jahr später wurde der Name in Ruhrchemie Aktiengesellschaft geändert. Der Standort Holten setzte sich gegen zwei andere Mitbewerber durch. Zur Auswahl standen noch Grundstücke in der Mündelheimer Schlaufe hinter Huckingen sowie an der Ruhrmündung auf dem Gelände

Flugplatz Holten, Abflugturm für Gleitflieger, 1910er Jahre

Holten

Ruhrchemie mit Emscher, 1949

des Duisburger Hafens. Als besondere Vorteile galten im Holtener Bruch der verhältnismäßig günstige Baugrund, die Nähe des Rheins für die Wasserversorgung (der jetzige Emscherkanal wurde erst 1949 fertiggestellt), der Gasbezug von der nahe gelegenen Kokerei Osterfeld, ein günstiger Absatz des Restgases, eine schnelle Aufschlußmöglichkeit durch die Werksbahn der GHH sowie eine gesicherte Erweiterungsmöglichkeit der Anlage.

Der Baubeginn des neuen Werkes fand im Februar 1928 statt. Nachdem schon bald die Stickstoffanlage und das Kraftwerk gebaut worden waren, konnte ein Jahr später das neu erstandene Werk seine Produktion mit der Erzeugung des ersten Ammoniaks aufnehmen. Die Anfangsjahre verliefen recht erfolgreich, die Stickstoffanlage wurde erweitert und die Chemische Fabrik Holten gegründet. Mit dem Aufbau der **Ruhrchemie (RCH) (8)** setzte zugleich der werkseigene Wohnungsbau ein. Weltweite Beachtung fand die RCH mit der Fischer-Tropsch-Synthese, das ein Verfahren zur synthetischen Bezingewinnung darstellte. Im Zuge der weiteren Forschungen daran wurde die Aldehyd-Synthese entdeckt. Erfinder dieser Synthese, unter der Kurzbezeichnung „Oxo-Synthese" bekannt geworden, war der Chemiker Dr. Otto Roelen.

Infolge ihrer Expansion begann sich die RCH auch auf die südliche Seite der Otto-Roelen-Straße (füher: Bruchstraße) hin auszudehnen, so daß ein Teil der Straße ins Werksgelände einverleibt und dort zur „Hauptstraße" wurde. Als Gegenleistung baute die RCH dafür eine öffentliche Straße, die Weißensteinstraße.

In den letzten Kriegsjahren griffen britische Bomber die RCH an; die Produktion kam im Oktober 1944 zum Erliegen. Mit dem Einmarsch der Amerikaner in Holten wurde die schwerbeschädigte RCH im März 1945 besetzt. Als 1949 unter englischer Besatzung Demontagearbeiten durchgeführt werden sollten, erfolgte ein heftiger Widerstand der Belegschaft. Sowohl durch ihre als auch die abwehrende Haltung des damaligen Bundeskanzlers Konrad Adenauer wurde die Demontage eingestellt.

In der Wiederaufbauphase stellte sich die RCH auf die Rohölverarbeitung um. Es kam der Produktionsbereich Polyethylen hinzu. Eine „Spezialität" dieses Kunststoffes ist weltweit unter dem Namen Hostalen GUR bekannt.

Im Jahre 1988 wurde das einst selbständige Werk in das Unternehmen Hoechst AG eingegliedert. Im Zuge einer Umstrukturierung bei Hoechst trägt es nun seit Juli 1997 den Namen Celanese-Werk Ruhrchemie.

Jetzt gehen Sie die Vennstraße in Richtung Ruhrchemie weiter. Vor dem Damm des Emscherkanals biegen Sie dann links in die Flugstraße ein, die Sie wieder auf die Bahnstraße führt. Halten Sie sich rechts und überqueren die Brücke. Nach ein paar Metern erreichen Sie die Haltestelle Ruhrchemie.

Roswitha Czajkowski

Die Emscher: Schwarz – Braun – Blau? Wird geklärt!

Vielleicht ist die Zeit nicht mehr weit, bis sich überzeugte Lokalpatrioten dazu bekennen, daß Oberhausen an der Emscher liegt. Die „schöne blaue Emscher" gab es bislang nur als Theaterstück, im richtigen Leben bestimmen seit fast 130 Jahren Industrie- und Haushaltsabwässer den Charakter des Flusses im nördlichen Revier. Den ersten ökologischen Lichtblick erlaubte anno 1976 die Kläranlage Emschermündung. Ihr gelang es, die Kloake so herauszuputzen, daß sie weiterhin zu Vater Rhein ins Bett durfte.

109 Kilometer lang war der Flußlauf der Emscher, als sie vor der Industrialisierung des Ruhrgebiets gemächlich, in den typischen großen Schlingen eines Flachlandflusses ihren Weg von der Quelle bei Holzwickede bis zur Mündung in Alsum bei Duisburg zurücklegte. Heute kommt sie nur noch auf 77 Kilometer Länge und ihre Mündung in den Rhein liegt um einige Kilometer weiter nördlich bei Dinslaken. Aber nicht nur das unterscheidet die Emscher von anderen Flüssen. Fremde halten das Gewässer ob seines Bettes aus Betonsohlschalen, seines eigenartigen Duftes und seines oftmals schnurgeraden Laufs für einen offenen Abwasserkanal, was ein ehrlicher Einheimischer auch kaum bestreiten kann. Erst der Niedergang von Kohleförderung und Stahlproduktion machte Ruhrpotts Pechmarie zur Krisengewinnerin: Mit Hilfe dezentraler Kläranlagen, gesondert geführter Abwässerrohre und renaturierter Zuläufe soll aus der schwarzen Brühe wieder ein blauer Fluß werden. Paradebeispiel im Städtedreieck Oberhausen/Essen/Mülheim: Der Läppkes Mühlenbach.

Um ca. 1870 begann die Industrialisierung im Nordwesten. Die vielen neuen Arbeitsplätze zwischen Emscher, Rhein und Ruhr wirkten wie ein Magnet: Innerhalb von 40 Jahren verdreifachte sich im Emschergebiet die Bevölkerungszahl auf 2 Mio. Menschen (1910). Wo noch wenige Jahrzehnte zuvor Wildpferde – die berühmten Emscherbrucher Dickköpfe – grasten, entstanden Zechen, Eisenhütten, Maschinenfabriken. Alle Abwässer – ob aus Haushalt oder Industrie – flossen in den Fluß. Bergsenkungen störten den

Emscher, um 1900

mangels Gefälle sowieso schon viel zu langsamen Abfluß zusätzlich. Sumpfiges Gelände, zahlreiche Überschwemmungen und stinkender Schlamm in den Kellern der Wohnhäuser waren die Folgen. Schlechte Lebensverhältnisse und mangelnde Hygiene taten das übrige: Typhus-, Ruhr-, und Choleraepidemien gefährdeten die Anwohner.

Zwei Provinzregierungen, drei Regierungsbezirke, unzählige Städte, Landkreise und Bürgermeistereien stritten sich nach dem St. Florians-Prinzip um das Recht, wer die Emscher mit seinen Abwässern wann und wo verschmutzen durfte. Erst die Gründung der Emschergenossenschaft im Jahre 1904 brachte akzeptable Lösungen. Die Genossen, das waren anliegende Gemeinden, Bergwerksbetreiber und Industrieunternehmen, ließen den Fluß zwischen Dortmund und dem Rhein begradigen, deichten Überschwemmungsgebiete ein, errichteten Pumpwerke, wo der natürliche Abfluß nicht mehr möglich war, und verlegten die Mündung, nachdem diese sich weit unter Rheinniveau gesenkt hatte. Unterirdische Abwasserrohre verboten sich jedoch, solange im Emschergebiet noch Kohle abgebaut wurde: Die durch Bergsenkungen verursachten Schäden mußten schnell, am besten mit bloßem Auge, zu entdecken sein, offene Kanäle verstopfen zudem seltener durch Schlamm und können einfacher repariert werden.

An der Stadtgrenze zwischen Oberhausen und Dinslaken steht dem Mündungsklärwerk ein 75 Hektar großes Gelände zur Verfügung. Das gesamte Flußwasser wird hier behandelt, das sind etwa 20 bis 30 Kubikmeter pro Sekunde. Aus „Emscher schwarz" wird „Emscher braun". Am Anfang steht die mechanische Reinigung: Grob- und Feinreinigung erfolgen durch Rechen, anschließend werden in Sandfangbecken oben schwimmende Fette und Öle abgeräumt. Die nächste Stufe ist die biologische Reinigung: Das Wasser wird mit Sauerstoff angereichert und viele fleißige Mikroorganismen müssen sich mit den Schmutzstoffen vollfuttern. Zum Dank werden sie hinterher eingedickt, ausgefault, entwässert und verbrannt. Nach 16 Stunden wird das gereinigte Wasser wieder in die Emscher geleitet. Nun trauen sich sogar Enten ins braune Naß.

1998 nahm das Klärwerk Emschermündung drei eigene eiförmige Faulbehälter in Betrieb. Sie sind weithin sichtbar und gehören mit einem Volumen von je 16.700 Kubikmetern zu den größten der Welt. In den Faultürmen wird Klärgas gewonnen, durch dessen Verbrennung etwa 40 % der Energie, die die Kläranlage braucht, selbst erzeugt werden kann. Auch dies wissen die Nachbarn nicht zu schätzen. Sie liefen schon Sturm gegen die Sauerstoffbecken der biologischen Reinigungsstufe, weil sie angeblich Gestank verbreiteten, was nach Expertenmeinung kaum möglich ist. Die Becken wurden inzwischen abgedeckt und die Lufthoheit in Sachen Geruch den mit Gülle düngenden Bauern überlassen.

Die begonnene ökologische Umgestaltung des Emschersystems von der Kloake zum lebendigen Fluß wird ca. 20

Emscher, 2000

bis 25 Jahre dauern und rund 8 Milliarden DM kosten. Die Kläranlagen im Ober- und Mittellauf der Emscher sorgen dafür, daß bereits jetzt ein relativ sauberer Fluß in Oberhausen ankommt. Auf Wunder darf man trotz dieses enormen Aufwandes nicht hoffen. Zwar zog der Kohlebergbau gen Norden, doch die Bergsenkungen bleiben und damit große Poldergebiete, die unter dem Grundwasserspiegel liegen. Auch die renaturierten Bäche müssen weiterhin an der Mündung hochgepumpt werden. Sollten die Pumpwerke abgeschaltet werden, würde das nördliche Ruhrgebiet zur Seenplatte.

Karl-Heinz Rochlitz
Wo das Ruhrgebiet zu Ende ist
Eine Radtour von Oberhausen-Holten nach Wesel

Ausgangspunkt: *Holten Bahnhof (Züge: RB 33, RB 35, Busse CE 96, 918, 955, 986)*

Endpunkt: *Bahnhof Wesel (Züge RB 33, RB 35, RE5 [hält nicht in Holten])*

Länge: *45 Kilometer (einschließlich eines 4 Kilometer langen Abstechers in Hiesfeld zum Rotbachsee)*

Fahrtdauer: *ca. 4 Stunden.*

Empfohlene Karten:
Radwanderkarte des Kreises Wesel, 1:50.000, Spiralbindung. Herausgegeben vom Kommunalverband Ruhrgebiet, Essen 1994, Gelände- und Straßendarstellung weitgehend optimal, während einige eingetragene Radrouten vor Ort nicht markiert sind.
Großraum Städteatlas Rhein-Ruhr: Zwar ist die gesamte Tour anhand der Straßennamen exakt nachzuverfolgen; aufgrund Format und Schwere aber äußerst unpraktisch für unterwegs.

Die abwechslungsreiche Radtour läßt Sie nahezu alle Facetten des nordwestlichen Ruhrgebietes und der Landschaft am Niederrhein erleben. Sie ist zwar nicht anstrengend, weil es so gut wie keine Steigungen gibt, aber da die Routenführung zu fast durchgehender Aufmerksamkeit zwingt und die Radwege nicht immer in besonders gutem Zustand sind, benötigt man doch einiges an Ausdauer (und Sitzfleisch). Die Route ist so gewählt, daß viel und schnell befahrene Straßen nicht benutzt werden; allerdings sind solche Straßen immer wieder mit etwas Vorsicht zu überqueren. Ein normales, halbwegs robustes Alltagsrad reicht aus. Wer sich eine 45-Kilometer-Radtour nicht zutraut, kann die Tour nach 25,5 Kilometern beim Bahnhof Voerde in zwei etwa gleich lange Hälften unterteilen. Langsam ist man vor allem auf den ersten 15 Kilometern im Bereich von Oberhausen-Holten, Duisburg-Wehofen und Dinslaken-Hiesfeld; anschließend kommt man meist zügig voran.

Sie starten an der Kreuzung nahe dem Bahnhof Oberhausen-Holten. Wer mit dem Auto anreist, kann dieses zumindest am Wochenende gut auf dem Park-and-Ride-Parkplatz abstellen. Zunächst überqueren Sie die Kreuzung und fahren auf dem vorerst schlechten Radweg längs der Bahnstraße nach Südwesten.

Nach 1,3 km biegen Sie an der Kreuzung, hinter der die Straße auf die Brücke über die Emscher hinaufführt, links ab in die Otto-Roelen-Straße. Nach kaum 300 m führt die Straße nach links: Sie fahren stattdessen ganz kurz geradeaus und dann nach rechts auf einer schmalen Brücke über die Emscher. Wenn Sie hinter der Brücke nicht gleich links den Spuren durch das Gras folgen, kurz geradeaus, dann gleich spitzwinklig wieder zum Ufer der Emscher zurück.

Auch wenn Sie am „Ufer" der Emscher entlang fahren, sehen Sie vom künstlichsten Fluß des Ruhrgebietes außer auf der Brücke nichts: monotone Dämme begleiten das begradigte Bett der Emscher. Trotz seiner Künstlichkeit ist der Fluß nicht ungefährlich: Wer ins schmutzige Wasser der „Köttelbecke" fällt, kommt wegen der glitschigen Ufer kaum wieder heraus – es hat schon Tote gegeben. Wie ist die heutige Emscher ent-

Radtour von Oberhausen-Holten nach Wesel

standen? Sie mußte Anfang des Jahrhunderts kanalisiert werden, weil der verschmutzte Fluß damals durch Bergsenkungen immer wieder seinen Lauf änderte und durch Aufstauungen Ursache schlimmer gesundheitlicher Bedrohungen für die Bevölkerung geworden war. Noch 1901 fielen beispielsweise allein in Gelsenkirchen 500 Menschen einer Typhus- und Cholera-Epidemie zum Opfer.

Sie folgen nun noch kurz der bisherigen Fahrtrichtung; jenseits der Emscher liegt die Ruhrchemie, die heute Celanese heißt. Nach 400 m biegen Sie nach rechts

Der Rhein bei Dinslaken

ab (Radweg R 21) und fahren über freies Feld weiter: Hinter Ihnen liegt – stellvertretend mit der Ruhrchemie – das industrielle Ruhrgebiet, vor Ihnen mit der Holtener Mühle von 1838 das vorindustriell geprägte Ruhrgebiet. Nach einer schlechten Wegstrecke, zuerst über den Feldweg, dann über eine Stichstraße lassen Sie die Mühle links liegen, überqueren die Siegesstraße – was für ein merkwürdiger Straßenname: An welchen Sieg wird hier wohl erinnert? – und folgen geradeaus weiter der Vennstraße.

Dem kurz darauf links abzweigenden Radweg R 21 folgen Sie nicht, obwohl die Radwanderkarte des Kreises Wesel ihn und die anschließende NiederRhein-Nebenroute 34 eigentlich als ideale Strecke für die Weiterfahrt ausweist: Die Karte hilft Ihnen vor Ort jedoch nicht, weil im unübersichtlichen Gelände die entsprechenden Ausschilderungen fehlen. Halten Sie sich also stattdessen an die Straßennamen und einstweilen an eine von den Markierungen unabhängige Beschreibung.

Nach 400 m links in die Burgstraße. Über diese erreichen Sie nach weiteren 300 m den Eingang des Revierparks Mattlerbusch, fahren in einer Rechts-Links-Kurve um den Parkplatz der Niederrhein-Therme herum und biegen kurz nach der Bushaltestelle bei einem Schild Parkplatz 2 von der asphaltierten Straße rechts ab (400 m hinter dem Eingangsschild). Gleich halblinks und dann immer in etwa der gleichen Richtung, wenngleich mit einigen Kurven, durch den nördlichen Teil des Revierparks zur Straßenkreuzung Im Eichelkamp/Wehofer Straße, die Sie nach weiteren 400 m erreichen. (Wenn man beim zweiten Parkplatz nicht rechts abbiegt, trifft man ebenfalls auf die Wehofer Straße und folgt ihr dann nach rechts.)

Nach der Überquerung der Straße Im Eichelkamp 400 m weiter auf der Wehofer Straße (mit gutem Radweg) bis zur Einmündung in die Dinslaker Straße (Ampel). Links abbiegen, unter der Eisenbahnbrücke hindurch und noch kurz geradeaus, dann hinter der Bushaltestelle halbrechts in die Straße Unter den Ulmen (200 m).

Die Siedlung, die Sie jetzt für 700 m durchfahren, hat einen merkwürdigen Straßengrundriß: Alle Straßen sind im rechten Winkel zueinander angeordnet, gleichzeitig aber um 45 Grad gegenüber dem Netz der Hauptstraßen versetzt. Ein Straßenname verdeutlicht, auf wessen Initiative die Anlage dieser Arbeitersiedlung zurückgeht.

Bei der dritten Straße (300 m) biegen Sie rechts in die August-Thyssen-Straße,

Rainer Schlautmann

Friedensdorf International – Hilfe für Kinder in Not

Adresse: *Pfeilstr. 35, 46147 Oberhausen sowie Lanterstr. 21, 46539 Dinslaken (Verwaltung) Haltestelle Friedensdorf (Bus 987)*

Unter dem Eindruck des Sechstagekrieges Israels gegen seine arabischen Nachbarn 1967 gründete eine Bürgerinitiative im Oberhausener Norden im selben Jahr die Aktion Friedensdorf e.V. Ziel war ein Hilfsprogramm für Kinder, die unschuldig in Not gerieten, in Kriegen verletzt wurden oder in ihren Heimatländern nicht behandelt werden konnten. Die bis heute über drei Jahrzehnte andauernde Arbeit des Friedensdorfes schließt in den Anfangsjahren auch Fehler und Fehleinschätzungen ein: Zahlreiche vietnamesische Kinder, die bis 1975 Aufnahme im Friedensdorf gefunden hatten, kehrten nicht in ihr Heimatland zurück und konnten erst viele Jahre später ihre Familien wiedersehen. Es gab durchaus eine Zeit, in der das Friedensdorf umstritten war. Mittlerweile ist Friedensdorf International eine weltweit geachtete und beachtete Einrichtung. Ein wenig stolz registriert man dies auch in den Heimatstädten Oberhausen und Dinslaken. Während das Dorf in Oberhausen blieb, zog die Einsatzzentrale vor einigen Jahren nach Dinslaken. Das Friedensdorf ist zu einer Art Aushängeschild und Gütezeichen für die beiden Städte und ihre Bürger geworden. Wie kam es dazu? Erfahrungen wie auch Fehler der Anfangsjahre flossen in ein neues Arbeitskonzept, durch das Friedensdorf International als ein umfangreiches Programm weltweit für Kinder zur Verfügung steht, denen sonst keiner hilft. Diesen Anspruch verwirklicht das Friedensdorf in drei Hauptarbeitsbereichen:

Einzelfallhilfe: Von der Zentralstelle des Friedensdorfes in Dinslaken aus organisieren Mitarbeiter Einsätze in die unterschiedlichsten Kriegs- und Krisengebiete, vermitteln verletzte oder erkrankte Kinder

Kinder, denen sonst keiner hilft

in deutsche, österreichische und holländische Krankenhäuser, in denen sie von Ärzten ohne Berechnung eines Honorars behandelt werden. Nach ihrer Genesung stellt das Friedensdorf sicher, daß die jungen Patienten wieder in die Heimatländer und in die Obhut ihrer Familien zurückgeführt werden. Ohne das Engagement der über 250 Kliniken, die mit dem Friedensdorf zusammenarbeiten, ohne die kostenfreie Arbeit der Ärzte, Schwestern und Verwaltungen, ohne die ehrenamtlich tätigen Betreuer der Kinder wäre die Arbeit des Friedensdorfes nicht möglich. Voraussetzungen für die Aufnahme von Kindern sind in jedem Einzelfall, daß eine medizinische und soziale Indikation vorliegt und eine Behandlung im angestammten Kulturkreis unter den derzeitigen Umständen nicht möglich ist. Gleichzeitig muß eine Behandlung in Europa sinnvoll sein und Erfolgschancen haben. Im Verlauf eines Jahres kann das Friedensdorf mittlerweile annähernd 1.000 Kindern helfen, die in ihrer Heimat keine Chance haben, unter der Voraussetzung, daß circa vier Millionen DM an Spendengeldern zur Verfügung stehen. Nach Abschluß der stationären medizinischen Behandlungen in den Kliniken werden die Kinder in der Oberhausener Einrichtung, also im Friedensdorf selbst, zur postoperativen Versorgung aufgenommen. Hier beginnt dann die Reintegration, um eine behutsame Rückführung der Kinder aus Afghanistan, Angola, Georgien, Armenien, Vietnam und anderen Ländern in ihre Familien zu ermöglichen. Die gesamte Einzelfallhilfe wird ausschließlich durch Spenden und Mitgliedsbeiträge finanziert.

Projektarbeit – Hilfen im Heimatland: Ebenso wichtig wie die Überlebenshilfe in Deutschland ist die Unterstützung in den Heimatländern der Kinder. Katastrophenhilfe, medizinische Unterstützung und eigene Projekte sollen vor Ort Not, Leid und Elend lindern. Die Probleme, die durch die Trennung der Kinder von Familie und Kultur entstehen können, werden nur in Kauf genommen, wenn die medizinische Situation der Kinder keine andere Wahl zuläßt. Friedensdorf-Filialen arbeiten bereits seit einigen Jahren in Vietnam, Afghanistan, Angola, Georgien, Kasachstan, Litauen, Sri Lanka und Rumänien, oder sind in Planung. Die umfangreiche Projektarbeit des Friedensdorfes wird hier in Deutschland weniger registriert, obwohl gerade dadurch deutlich wird, daß sich Friedensdorf International auch später noch um die jungen Patienten kümmert, die z.B. in Europa Prothesen erhielten, welche wachstumsbedingt nach einiger Zeit erneuert werden müssen. Außerdem wird hier, abgerundet durch regelmäßige Hilfsgütersendungen, der Auffassung Rechnung getragen, daß Kinder sinnvoller in der Nähe ihrer Eltern, Familien und im Heimatland behandelt werden sollten. Die Finanzierung der Projekte wird vom Auswärtigen Amt und dem Bundesministerium für wirtschaftliche Zusammenarbeit bezuschußt – im Gegensatz zur Einzelfallhilfe. Dennoch muß das Friedensdorf auch hier einen erheblichen Anteil durch Spendengelder aufbringen.

Friedensdorf Bildungswerk: Der dritte große Bereich der heutigen Aufgaben ist die Arbeit des Bildungswerks. Seit 1986 werden unterschiedliche Seminare mit friedenspädagogischem Inhalt für Jugendliche und Erwachsene angeboten. Die Palette reicht von Seminaren zur Situation in den Heimatländern der Kinder über Theater- und Puppenseminare bis hin zu Eltern-Kind-Gruppen. Sogar eine eigene Fußballmannschaft, die von Mitarbeitern und Zivildienstleistenden organisiert wird, ist in das Bildungsangebot integriert. Die Veranstaltungen richten sich an Bürger, die sich informieren oder engagieren wollen; Ziel des Friedensdorfs ist es dabei unter anderem, Erfahrungen mit der praktischen Hilfe für Kinder aus Kriegs- und Krisengebieten weiterzugeben. Die Verknüpfung von inhaltlicher Arbeit und Bewußtseinsbildung, konkreter Hilfe und Öffentlichkeitsarbeit ist ein Hauptziel des Bildungswerks und schon im Gründungsaufruf von 1967 verankert. Immer mehr Bürger nehmen die Seminarangebote an.

Spendenkonto 102 400 Stadtsparkasse Oberhausen BLZ 365 500 00

fahren über einen kleinen Marktplatz hinweg und erreichen kurz darauf die Hauptstraße Am Dyck, in die Sie halblinks einbiegen. Kurz folgen Sie einem schlechten, schmalen Radweg (einfacher könnten Sie auch gleich den linken Bürgersteig benutzen!), den Sie aber schon bald wieder verlassen (400 m): Nach den letzten Häusern auf der rechten Seite zweigen Sie links in die Leitstraße ab, in der es einen guten Radweg rechts neben der Straße gibt. Zum ersten Mal kommen Sie für 1,5 km rasch voran, doch die Strecke bietet im Moment nicht sehr viel: Links beengen begrünte Halden die Sicht, und auch nach rechts gibt es keine Aussicht; selbst der Stadtplan verzeichnet nur eine weiße Fläche.

An der Kreuzung der Leitstraße mit der Brinkstraße hat Sie das „moderne Ruhrgebiet" wieder: Nach links ist längs der Halde eine großzügig ausgebaute Auffahrt auf die Autobahn A 59 entstanden. Der Ortsname Wehofer Bruch erinnert daran, daß Sie sich in einer früheren Rheinauen-Landschaft bewegen.

Sie folgen nur noch kurz der Leitstraße über die Kreuzung hinweg und biegen gleich darauf (200 m) rechts in die Südstraße ein, überqueren nach gut 200 Metern noch einmal die Emscher und zweigen nach 300 m halbrechts in die Oststraße ab. Kurz darauf überqueren Sie die breit ausgebaute Otto-Brenner-Straße – hier sind alle Straßen breit ausgebaut, so daß Radfahrer bei der Straßenquerung gut aufpassen müssen – und erreichen, jetzt fast in ländlichem Gebiet, die Straßenkreuzung, bei der Sie links in die Landwehrstraße einbiegen. Ihr folgen Sie nun eine Weile ohne Abbiegungen (1,0 km), bis Sie auf die Haupteisenbahnlinie Oberhausen – Wesel stoßen und gleich rechts durch eine niedrige, unauffällige Unterführung hindurchfahren. Sofort wieder links und kurz darauf rechts in die Marschallstraße. Einen leichten Berg hinauffahrend, erreichen Sie nach 600 m den Jahnplatz, den zentralen Platz von Hiesfeld, über dem links sehr schön die evangelische Kirche im romanischen Baustil thront.

Wer kennt schon Hiesfeld? Dinslaken kennt man immerhin noch wegen seiner Trabrennbahn, aber kaum jemand weiß, wie alt Dinslaken ist: Bereits 1273 erhielt es die Stadtrechte. Um 1850 setzte hier, am Nordrand des Ruhrgebietes, die Industrialisierung ein, erfaßte aber das benachbarte

Wegweiser

Hiesfeld weit weniger. 1917 wurde die eher ländliche Bürgermeisterei Hiesfeld mit Dinslaken zusammengelegt; beide bilden seitdem die heutige Stadt Dinslaken. Eine gewisse Eigenständigkeit von Hiesfeld besteht rein optisch aber auch heute noch, was Sie hier am Jahnplatz sofort erkennen.

Kurz hinter dem Kirchhügel biegen Sie nach links in die Sterkrader Straße und

fahren in einem Links-Rechts-Bogen hinunter zu einer großen Straßenkreuzung (300 m). Gerade über sie hinweg in die Ziegelstraße, der Sie zunächst nur 90 m weit folgen: Dann müssen Sie sich entscheiden, ob Sie nach rechts den 4,3 km langen Abstecher zum Rotbachsee (s. Kapitelanfang) unternehmen wollen.

Entscheiden Sie sich für diesen Abstecher, so erleben Sie eine angesichts der städtischen und industrialisierten Umgebung überraschend reizvolle Idylle: Der Grünzug, der sich von der Ziegelstraße nach Osten zieht, ist zu einer interessanten Landschaft umgestaltet worden, in der Kinderspielplätze, Kleingartenanlage, Freibad und Reithalle, vor allem aber auch der reizvolle Rotbachsee eingebettet sind.

Bei der Überquerung der Kirchstraße steht links die Hiesfelder Wassermühle, ein sehr fotogenes Gebäudeensemble, an dem Sie nicht achtlos vorbeifahren, sondern anhalten und zu Fuß die beste Ansicht erkunden sollten.

Bei dem Abstecher ab der Ziegelstraße passieren Sie zunächst einen großen Kinderspielplatz und wechseln anschließend mit einem Rechts-Links-Bogen über eine kleine Brücke auf die andere Bachseite. Immer geradeaus zur Kirchstraße und über sie hinweg (1,1 km, Richtung Freibad – links das Mühlenmuseum), dann links an der Gaststätte des Bürgerschützenvereins (von 1654) vorbei und zum kurz dahinter liegenden Damm des Rotbachsees (500 m). Es bietet sich an, dieses landschaftliche Kleinod zu umrunden (1,2 km) – am besten rechts herum, wobei man überrascht erkennt, daß der eigentliche Rotbach gar nicht den See selbst durchfließt. Bei der Rückfahrt zunächst wieder über die Kirchstraße und bis zu einer Brücke, über sie rechts hinweg und dann zweimal links, um die Kleingartenanlage herum (aber im selben Tälchen wie bei der Herfahrt), zurück zum Ausgangspunkt des Abstechers an der Ziegelstraße.

Nun immer dem gutem Radweg der Ziegelstraße auf der rechten Straßenseite folgen, zunächst leicht bergauf und nach einer Ampelkreuzung wieder abwärts. Hinter der engen Durchfahrt unter einer Eisenbahnbrücke sehen Sie rechts voraus die Zeche Lohberg/Osterfeld, die heute noch in Betrieb ist. Sie erreichen eine große Kreuzung (1,3 km), überqueren sie geradeaus in die Augustastraße, biegen aber in ihr sofort wieder rechts ab auf einen breiten, nicht asphaltierten Weg durch einen Grünzug. Leider können Sie ihm nach gut 500 m nicht weiter folgen (nur noch Wege für Fußgänger), so daß Sie parallel zu ihm durch die Dorotheenstraße bis zu deren Ende fahren (900 m). Nicht rechts in die Grabenstraße, sondern links ab und längs des Lohberger Entwässerungsgrabens weiter.

Dieser Entwässerungsgraben mit kleinen Wasserflächen und einem recht natürlichen Aussehen zeigt, daß der Bergbau im Ruhrgebiet Landschaft nicht nur zerstört, sondern auch reizvolle künstliche Biotope geschaffen hat. Das gilt auch für den Landschaftseingriff, der die folgenden Kilometer prägt: Große Baggerseen, aus denen der Rheinschotter abgebaut worden ist, passen sich recht gut in die Landschaft ein, ja bereichern sie sogar.

Im Lohberger Entwässerungsgraben stoßen Sie endlich auf eine Markierung der NiederRheinroute, nämlich auf die Nebenroute 35, während Sie im Gebiet des Revierparks Mattlerbusch und auf dem gesamten folgenden Weg bis hierher die Nebenroute 34 trotz ihrer Eintragung in die Radwanderkarte des Kreises Wesel vermißt haben. Die 35 war hingegen im Frühjahr 1998 zuverlässig ausgeschildert, so daß Sie sich ihr problemlos anvertrauen können. Dies ist angenehm, angesichts der folgenden, häufigen Abbiegungen, die hier eher kurz skizziert werden; sozusagen zur Sicherheit, falls auch die Schilder dieser Route „verschwinden" sollten.

Werner Becker

„Ja, wo laufen sie denn?" – Auf der Trabrennbahn Dinslaken!

Adresse: Bärenkampallee 25, 46535 Dinslaken

Nähert man sich an einem Montagabend der Trabrennbahn am Bärenkamp in Dinslaken, so hört man bereits aus der Entfernung den Lautsprecher: „Noch eine Minute bis zur Parade des ersten Rennens. Die Pferde bitte zum Geläuf!" Das ist dann der Moment, in dem der echte Trabrennfreund seinen Schritt beschleunigt, um rechtzeitig zum ersten Rennen die Bahn noch zu erreichen. Montag für Montag finden ca. 5.000 Trabrennfreunde den Weg nach Dinslaken, um den gebotenen Sport zu genießen und Wetten am Totalisator zu plazieren.

Schon seit dem 25. Juli 1954 wird auf Deutschlands einzigem 800 Meter-Kurs getrabt. Begonnen hatte alles mit der Gründung des „Niederrheinischen Traber-Zucht und Rennvereins e.V." im Jahre 1948. Hatte sich der Trabrennsport in Deutschland vor 1945 noch auf Berlin, Hamburg, München und Niederbayern konzentriert, so entwickelten sich nach dem Krieg die Trabrennbahnen an Rhein und Ruhr in rapidem Tempo, und man kann heute mit Fug und Recht behaupten, daß diese jetzt die Führungsrolle in Deutschland beanspruchen. So liegt seit einigen Jahren die Bahn in Dinslaken bei den Wettumsätzen nach Gelsenkirchen mit an der Spitze! Dabei ist der Umsatz pro Rennen in Gelsenkirchen inzwischen doppelt so hoch wie auf Deutschlands Derby-Bahn Berlin-Mariendorf.

Aber auch andere Fakten belegen die Dominanz der westdeutschen Bahnen: Veranstaltungen finden in Gelsenkirchen, Dinslaken, Recklinghausen und Mönchengladbach täglich außer mittwochs statt. Die wichtigsten Rennen im westdeutschen Bereich werden dabei auf der Bahn in Gelsenkirchen gelaufen. Höhepunkt des Rennjahres ist das Gelsenkirchener Elite-Rennen-Meeting im Juli mit dem Elite-Rennen, einem Rennen des Europa-Zirkels, mit den aktuell besten europäischen Trabern. Die erfolgreichsten Fahrer und Trainer kommen ebenfalls aus dem Traberwesten. Allen voran Deutschlands Champion der Trabrennfahrer, Heinz Wewering aus Recklinghausen. Bis heute hat er bereits über 12.000 Rennen siegreich beendet. Eine große Anzahl der in Deutschland erfolgreichsten Trabrennpferde wird an Rhein und Ruhr sowie in den angrenzenden Gebieten Münsterland und Niederrhein gezüchtet und trainiert.

Was aber macht den Erfolg der Trabrennbahn Dinslaken und ihren besonderen Reiz aus? Das 800 Meter-Oval der Rennbahn bietet den Besuchern einen sehr guten Überblick über das Renngeschehen, man ist hautnah dabei. Ferner bietet Dinslaken einen qualitativ soliden Sport, der zwar nicht mit den ganz großen Ereignissen aufwartet, aber interessante Rennen auf gutem Niveau bietet. Darüber hinaus hat sich in den letzten Jahren sehr positiv bemerkbar gemacht, daß Trainer aus den Niederlanden und Belgien ihre Pferde für die Rennen in Dinslaken melden. Dieser Entwicklung ist auch die steigende Anzahl niederländischer Zuschauer in

Radtour von Oberhausen-Holten nach Wesel

Publikumsmagnet am Niederrhein: Trabrennen in Dinslaken

Dinslaken zu verdanken. Vereinzelt haben sich niederländische Trainer auch in Deutschland niedergelassen, wobei ein besonders interessantes Beispiel der Traberpark „den Heyberg" in Kevelaer-Twisteden ist. Dort ist auf dem Gelände eines ehemaligen Munitionsdepots ein Trabsportzentrum mit Unterkünften und Trainingsmöglichkeiten für bis zu 800 Trabrennpferde entstanden. Überhaupt werden die meisten Traber im benachbarten Münsterland oder Niederrhein auf die Rennen vorbereitet. In den Stallungen der Trabrennbahn sind lediglich ca. 200 Rennpferde bei 12 Trainern stationiert. Die meisten Startpferde werden am Renntag zur Bahn transportiert.

Die Trabrennbahn Dinslaken bietet dem Zuschauer das ganze Jahr interessanten und spannenden Trabrennsport. In den Sommermonaten beschränkt sich das Programm hauptsächlich auf den Montag, während in den Wintermonaten die Veranstaltungen samstags und montags stattfinden. Bei den großen Publikumsrenntagen wie dem „Renntag der NRZ" oder dem „Renntag der Rheinfelsquelle" findet neben dem Stammpublikum auch eine große Anzahl Besucher den Weg zur Rennbahn, die nicht regelmäßig Pferderennen besucht. Dabei stehen den Besuchern drei Tribünenhäuser mit 3.600 Sitzplätzen und einer Gesamtkapazität von 8.000 Plätzen sowie verschiedene gastronomische Angebote zur Verfügung.

Nachdem Sie dem Lohberger Entwässerungsgraben 800 m nach Westen gefolgt sind, rechts über eine Brücke, 200 m weiter wieder links und nach 700 m spitzwinklig rechts ab. Zum ersten Mal fahren Sie nicht durch besiedeltes oder industriell genutztes Gebiet, sondern durch eine offene Acker-, Wiesen- und Waldlandschaft (Gemeindegebiet von Hünxe). 500 m weiter, bei wenigen Häusern, links und nach 200 m rechts in den Tenderingsweg. Nach 1,0 km bei einem Reiterhof (Durchfahrt gesperrt) links und nach 600 m rechts (immer dem asphaltierten Weg und der 35 folgend). Nach weiteren 600 m erreichen Sie eine Kreuzung mit einer sehr guten Beschilderung: Geradeaus führt die Hauptroute der NiederRheinroute auf direktem Weg nach Wesel, während Sie nach links weiterhin der 35, Richtung Wesel (21,2 km), Spellen, Voerde, folgen.

Bei der folgenden Rechtskurve (1,0 km) erkennt der Eingeweihte eine Gemeindegrenze: An einem (leider etwas demolierten) Schild mitten im Wald wird aus dem Voerder Weg (nach Voerde) die Bruckhausener Straße (nach Hünxe-Bruckhausen). 700 m weiter erreichen Sie die breite Hindenburgstraße, überqueren sie vorsichtig und fahren nur kurz nach links, um gleich rechts in einen zwar schmalen, aber gut befahrbaren Weg einzubiegen, der Sie nach Voerde hineinführt und dort zum Schülerweg wird. Über eine Straße und eine kleine Brücke noch geradeaus, dann links und kurz darauf wieder rechts in die Bahnhofstraße (700 m), der Sie nun für geraume Zeit folgen.

Die Bahnhofstraße durchzieht rechtwinklig zur Eisenbahnstrecke Oberhausen – Wesel ganz Voerde und unterstreicht damit die Bedeutung, die der Bahnhof und die Bahn einst für Voerde hatten. Ausgehend vom Bahnhof entwickelte sich der Ort längs der Bahn und längs der Bahnhofstraße: Ein häufiges Siedlungsmuster, das den Vorteil hat, den Ort optimal durch die Eisenbahn und kurze Wege zu erschließen.

Voerde ist 1981 Stadt geworden, wirkt aber insgesamt kaum städtisch. Seit 1950 besteht es aus insgesamt sieben Orten. Der Name des Ortes leitet sich aus dem „Platz an der Furth" ab. Diese führte einst hier über den früher ganz anders verlaufenden Rhein. Haus Voerde, eine ehemalige, heute restaurierte Wasserburg von 1668, sehen Sie beim Verlassen des Ortes.

Am Beginn der großen Straßenunterführung fahren Sie halbrechts zum Bahnhof, der unsere Tour in etwa halbiert; bis hierhin sind es 25,5 Kilometer. Die Gleise selbst unterqueren Sie durch eine kleine Unterführung. 400 m weiter erreichen Sie eine große Straßenkreuzung, die heute den eigentlichen Mittelpunkt von Voerde darstellt; die Straße, die Sie überqueren, heißt zur Linken Dinslakener-, zur Rechten Friedrichsfelder Straße. Weiter durch die verkehrsberuhigte Zone zu einer Ampel mit etwas unklarer Verkehrsführung, kurz noch geradeaus und dann links ab, einem großen Schild „Haus Voerde" folgend (300 m). Kurz rechts, dann durch die „Allee" zum Haus Voerde links der Straße (700 m).

Beachten Sie den dort liegenden Stein, einen Tertiärquarzit, den man 1969 im Rhein gefunden hat; er ist vor 10 Mio. Jahren durch Verkieselung des damals sandigen Erdbodens entstanden. Die Gänge im Stein entsprechen den Wurzelröhren damaliger Bäume und Sträucher.

Sie fahren links herum einen kleinen Kreis durch den Park vor der Wasserburg, dann wieder auf der Straße, die Sie gekommen sind, kurz zurück und zweigen mit der Niederrhein-Nebenroute 35 links ab. Nun folgen Sie mit abwechslungsreicher Wegführung immer einem Grüngürtel am Westrand von Voerde, überqueren noch einmal die Bahnhofstraße, fahren mit drei S-Kurven jeweils über kleine Brücken und schieben das

Radtour von Oberhausen-Holten nach Wesel

Kraftwerk Voerde

Rad schließlich nach 1,2 km durch ein Absperrgitter mit einer dahinter zu überquerenden, unübersichtlichen Straße. 500 m hinter der „Radlerschikane" biegen Sie scharf links in die Mühlenstraße und erreichen 400 m später die Frankfurter Straße, der Sie kurz nach links folgen.

Hatten Sie bislang den Eindruck, daß Sie in immer ländlichere Regionen vordringen, bringt die Frankfurter Straße einen technischen Paukenschlag: Vor Ihnen liegt fast majestätisch das Kraftwerk von Voerde – technischer Gigantismus wirkt hier gar nicht einmal abstoßend, sondern läßt das Kraftwerk fast als eine Kathedrale des Energiezeitalters erscheinen. Doch dieser Eindruck hält nicht allzu lange an, denn die Weiterfahrt führt gleich wieder in ländliches Gebiet, nämlich in die ehemalige Schleife eines früheren Rheinverlaufes rings um Löhnen und Schanzenberg. Am deutlichsten erkennt man die interessante landschaftliche Situation auf der Radwanderkarte des Kreises Wesel: Auf ihr wird auch deutlich, weshalb Voerde einst an der namensgebenden Furt durch den Rhein lag. Mehrum hingegen, ein Ortsteil vier Kilometer südwestlich von Voerde, lag damals bereits auf der anderen, linken Rheinseite, so daß dort Siedlungsreste aus der Römerzeit gefunden werden konnten. Der Rhein bildete hier einst die Grenze zum römischen Herrschaftsgebiet.

120 m nach der Einbiegung in die Frankfurter Straße (Radweg zur Linken) rechts in eine schmale Straße und unter einer kurzen Bahnunterführung hindurch. 800 m weiter erreichen Sie den ehemaligen Rheinmäander, dem Sie nach rechts folgen.

Die schmale Asphaltstraße, die dem früheren Verlauf des Rheins folgt – wobei man den Bogen kaum merkt – beschreibt

Wesel, Berliner Tor

für die nächsten 3 km einen großen Halbkreis. Faszinierend sind die vielen, skurrilen Baumgestalten, welche die Straße säumen – man glaubt kaum, welche Wuchsformen an den Weiden und Eschen zu beobachten sind. Diese immer wieder „geköpften" Bäume sind zwar das Resultat menschlicher Tätigkeit, wirken aber dennoch sehr urtümlich: Sie durchfahren auf diesen drei Kilometern den beeindruckendsten Abschnitt der Radtour, ein großartiges Stück niederrheinischer Kulturlandschaft.

Nach rund 3 km, hinter einem würfelförmigen, blauen Wasserwerk müssen Sie aufpassen: Sie biegen rechts ab und folgen dabei der NiederRhein-Route, jetzt aber mit roten Pfeilen an der Spitze. Nach 1,0 km an einer Kreuzung geradeaus und 200 m später bei einer Weggabelung links weiter. Weitere 400 m später überqueren Sie die breite Mehrumer Straße und biegen nach 80 m rechts ab in die Kolkstraße. Nach 1,1 km folgt ein weiterer Paukenschlag: Sie fahren eine überraschend steile Wegstrecke hinunter zum Rhein – ein prachtvoller Platz (weiter hinten stehen Bänke), um das geschäftige und schnelle Fahren der Schiffe auf dem Rhein zu beobachten. Leider erfreut dieser landschaftlich sehr schöne Abschnitt nur für 300 m, dann gilt es Schwung zu holen, damit Sie nach rechts wieder den Hang hinaufkommen. Oben haben Sie einen weiten Blick in Richtung Wesel und zu den dortigen Hafenanlagen.

Sie fahren nun auf Spellen zu, das Sie aber links umfahren (hinter einem roten Haus bei der zweiten Straße links; 700 m, nachdem Sie den Rhein verlassen haben; ausgeschildert mit der NiederRhein-Route, roter Pfeil, und R 19). Nach weiteren 800 m, bei einem schwarzen Haus, wiederum links in die Straße Am Schied und gleich wieder rechts auf einen Damm (schöner Aussichtspunkt Richtung Wesel).

Die Weiterweg nach Wesel führt über weite Wiesen, vorbei an einzelnen Baumbeständen und Häusern, vor allem aber vorbei an großen Industrieanlagen und Hafeneinrichtungen. Die Struktur der verschiedenen Hafenbereiche – zunächst der Hafen Emmelsum, dann die Hafenbecken an der Schleuse Friedrichsfeld des Wesel-Datteln-Kanals und schließlich der Ölhafen – erkennt man am besten auf einer Karte.

Immer geradeaus, unter einem Förderband hindurch – es kommt vom links liegenden Hafen Emmelsum – und am Eingangsbereich des Hüttenwerks Hoogovens-Aluminium vorbei. Am Ende der Schleusenstraße – nach fast 2,5 km ohne Abbiegungen – links in die Weseler Straße und nach 360 m noch einmal links auf die Brücke, mit der Sie den Wesel-Datteln-Kanal überqueren (links und rechts Hafenbecken). Leider gibt es hier keinen Radweg; aufpassen muß man in der Woche, wenn hier häufig Lkws fahren.

Nach 1,2 km biegen Sie links in die breite Frankfurter Straße (jetzt immer gute Radwege neben den Hauptstraßen), durchqueren Lippedorf und erreichen nach einer kurzen Steigungsstrecke die noch breitere Bundesstraße B 8 (1,0 km). Links und hinter dem Lippeschlößchen (Gaststätte) über die Lippe, die gut zwei Kilometer weiter westlich in den Rhein mündet.

Wer hier die Lippe überquert, ahnt angesichts des nahen, viel größeren Rheins kaum, daß auch die Lippe ein 226 km langer, weithin kulturlandschaftsprägender Fluß ist. Immerhin kommt sie aus dem „dritten Landesteil" Nordrhein-Westfalens, dem „Land Lippe", das erst 1947, fünf Monate nach der Vereinigung der beiden früheren Provinzen Nordrhein und Westfalen, dem „Bindestrichland" beitrat. Früher, zur Zeit der Treidelschiffahrt, war die Lippe eine wichtige Verkehrsader.

Die B 8, der Sie auf dem Radweg links der Straße folgen, führt nun in eine langgezogene Linkskurve weiter. Hinter ihr geht es links zum Lippehafen; Sie aber überqueren an dieser Stelle die breite B 8 nach rechts (1,3 km) und fahren jenseits durch die Luisenstraße nach Wesel hinein. Dann kreuzen Sie die Schill-/Roonstraße (600 m), die einen Teil der Ringstraße um die Altstadt von Wesel bildet, und erreichen in Richtung des Fernmeldeturms nach 200 m das linksstehende Berliner Tor, das Sie kurzerhand mit dem Fahrrad umrunden.

Falls Sie jetzt nicht die Stadt erkunden wollen, bietet sich der Besuch einer Eisdiele in der am Berliner Tor beginnenden Fußgängerzone an. Anschließend fahren Sie nach rechts durch eine breite Straße zum schon vom Tor aus sichtbaren Bahnhof, an dem nach 45 Kilometern die Radtour endet.

Praktische Hinweise und Tips

Arena Oberhausen
Arenastraße 1
46047 Oberhausen
Tel.: 0208/82000
Fax: 0208/820022

Baumeister-Mühle
Homberger Straße 11
46149 Oberhausen
Tel.: 0208/657074
Besichtigungen nach Vereinbarung
Do, Fr 10-18 Uhr, Sa 10-13 Uhr Brotverkauf
Eintrittspreis: 3,00 DM

Bürgerzentrum Altenberg
Hansastraße 20
46049 Oberhausen
Tel.: 0208/8597817
Fax: 0208/8597819

Burg Vondern
Arminstraße 65
46117 Oberhausen
Tel.: 0208/ 893415
Öffnungszeiten: Jeden 3. Sonntag im Monat um 11 Uhr kostenlose Führung, Gruppenführungen auf Anfrage
Vermietung für private Feiern

CentrO.
Centroallee 1000
46047 Oberhausen
Tel.: 0208/828-2055
Geschäftszeiten: Mo-Fr 10-20 Uhr, Sa 9-16 Uhr
Oase: Mo-Fr 8-22 Uhr, Sa 8-24 Uhr
Freizeitpark: Kernöffnungszeiten: 11-18 Uhr, in den Sommermonaten verlängert.

Ebertbad
Ebertplatz 4
46045 Oberhausen
Tel. 0208/2054024
Fax 0208/2054027

Gasometer Oberhausen
Am Grafenbusch 90
46047 Oberhausen
Tel.: 0208/8503733
Öffnungszeiten während der Ausstellungszeit (Sommer): Mo-So 10-20 Uhr
Öffnungszeiten des Daches, ohne Ausstellung (Winter): Di + Do-So 10-17 Uhr, Mi 10-15 Uhr, Mo geschlossen
Eintrittspreise: Erwachsene 4,00 DM, ermäßigt 2,00 DM

Internationale Kurzfilmtage
Grillostraße 34
46045 Oberhausen
Tel.: 0208/825-2652
Fax: 0208/825-5413

Ludwig-Galerie Schloss Oberhausen
Konrad-Adenauer-Allee 46
46042 Oberhausen
Tel.: 0208/825-3811
Fax: 0208/825-3813
Öffnungszeiten Galerie: Di-So 11-18 Uhr
Eintrittspreise Galerie: Kombi Ticket 8,00 DM (gr. u. kl. Haus), ermäßigt 5,00 DM, Familienkarte 15,00 DM
Öffnungszeiten Gedenkhalle:
Di-So 10-18 Uhr
Eintritt frei

Luise-Albertz-Halle
Düppelstraße 1
46045 Oberhausen
Tel.: 0208/859080
Fax: 0208/8590811

Museum Eisenheim
Berliner Str. 10a
46117 Oberhausen
Tel.: 0208/8579-281
(Rheinisches Industriemuseum)
Öffnungszeiten: Ostersonntag bis 31. Oktober, an Sonn- und Feiertagen 10-17 Uhr

Führungen nach Vereinbarung
Eintritt: Erwachsene 2,00 DM, ermäßigt 1,00 DM

Peter-Behrens-Hauptlagerhaus
Essener Straße 80
46047 Oberhausen
0208/8579-281
(Rheinisches Industriemuseum)
Besichtigung und Führungen für Gruppen nach tel. Voranmeldung

Revierpark Vonderort
Bottroper Straße 322
46117 Oberhausen
Tel.: 0208/99968-0
Öffnungszeiten Solbad:
Mo-Sa 8-23 Uhr, So 8-21 Uhr
Öffnungszeiten Eislaufhalle:
(Sep-Apr): Mo 15-22 Uhr
Sa/So 9-22 Uhr, Fr/Sa 18-22 Uhr Disco
Schulklassen auf Anfrage zu Sonderzeiten
Eintrittspreise Sauna & Solbad & Freibad:
Erwachsene: 16,00 DM (2h), Kinder bis 5 J.: 5,00 DM (2h), Tageskarte: 22,00 DM
Eintrittspreise Solbad:
9,00 DM (2h), 10,00 DM (4h), 12,00 DM (Tageskarte)
Kassenschluss 21.30 Uhr, So. 19.30 Uhr
Eintrittspreise Eislaufhalle:
Erwachsene: 6,00 DM, Kinder: 6,00 DM (Schlittschuhverleih kostenlos)

Rheinisches Industriemuseum
Hansastraße 20
46049 Oberhausen
Tel.: 0208/8579-281
Fax: 0208/8579-282/101
Öffnungszeiten: Di-So 10-17 Uhr, Do 10-20 Uhr
Führungen nach Vereinbarung
Eintrittspreise: Erwachsene 5,00 DM, ermäßigt 4,00 DM

St. Antony-Hütte
Antoniestraße 32-34
46119 Oberhausen
Tel.: 0208/8579-281
(Rheinisches Industriemuseum)
Besichtigung, Archivnutzung und Führungen (bis max. 15 Pers.) nach tel. Voranmeldung

„Tabaluga & Lilli"
TheatrO CentrO. GmbH
Essener Straße 3
46047 Oberhausen
Tickets unter: 0208/824570

Technologiezentrum Umwelschutz (TZU)
Essener Straße 3
46047 Oberhausen
Tel.: 0208/850370
Fax: 0208/851518

Theater Oberhausen
Ebertstraße 82
46045 Oberhausen
Tel.: 0208/8578-184

Trabrennbahn Dinslaken
Bärenkampallee 25
46535 Dinslaken
Tel. 02064/ 4180
Rennveranstaltungen: jeden Mo 18.30 Uhr (freier Eintritt), Sa im Winterhalbjahr 15 Uhr, So/Fei 14 Uhr
Eintritt: 3,- DM

Turbinenhalle
Im Lipperfeld
46047 Oberhausen
Tel.: 0208/25050
Fax: 0208/801197
Öffnungszeiten: Do 22-5 Uhr (T-Club)
Fr/Sa/vor Feiertagen 22-7 Uhr
Eintritt: 10,- DM incl. 3,- DM Verzehr (Ausnahme Konzerte)

Quellen und weiterführende Literatur

Arntz, Marita: Oberhausen in alten Ansichten. Zaltbommel/NL 1988.
Basten, Ludger: Die Neue Mitte Oberhausen. Ein Großprojekt der Stadtentwicklung im Spannungsfeld von Politik und Planung. Basel 1998.
Bourée, Manfred: Oberhausen. Großer Kultur- und Freizeitführer, Bd. II. Essen 1988.
Dellwig, Magnus: Kommunale Wirtschaftspolitik in Oberhausen 1862 – 1938. 2 Bde. Oberhausen 1996.
Ellerbrock, Karl-Peter / Schuster, Marina (Hg.): 150 Jahre Köln-Mindener-Eisenbahn. Katalog zur gleichnamigen Ausstellungs- und Veranstaltungsreihe. Essen 1997.
Ganser, Karl / Höber, Andrea (Hg.): IndustrieKultur. Mythos und Moderne im Ruhrgebiet. Essen 1999.
Grohnke, Johann: Leben im Dunkelschlag. Erzählungen aus einer Arbeitersiedlung. (Landschaftsverband Rheinland, Kleine Reihe, H. 9). Köln 1993.
Günter, Janne / Günter, Roland: „Sprechende Straßen" in Eisenheim. Konzept und Texte sämtlicher Tafeln in der ältesten Siedlung (1846/1901) im Ruhrgebiet. Essen 1999.
Günter, Roland: Im Tal der Könige. Ein Reisebuch zu Emscher, Rhein und Ruhr. Essen 2000.
Günter, Roland: Poetische Orte. Essen 1998.
Hegermann, Günter: Steinkohlenbergbau in Oberhausen 1847 – 1992. Oberhausen 1992.
Historische Gesellschaft Oberhausen e.V. (Hg.): Ursprünge und Entwicklungen der Stadt Oberhausen. Quellen und Forschungen zu ihrer Geschichte. Bd. 1 – 6. Oberhausen 1991 – 1998.
Hoffmann, Hilmar: Geschichten aus Oberhausen. Freiburg 1991.

Internationale Bauausstellung Emscher Park GmbH (Hg.): Technologiezentrum Umweltschutz im Werksgasthaus an der „Allee der Industriekultur". (Emscher Park Wettbewerbe 9). Gelsenkirchen 1992.
Internationale Bauausstellung Emscher Park (Hg.): Katalog der Projekte 1999. Gelsenkirchen 1999.
Kommunalverband Ruhrgebiet (Hg.): Oberhausen: Industrie macht Stadt. (=Route Industriekultur, Bd. 4). Essen 2000.
Kreuzweg Bergwerk Prosper Haniel. o. O. o. J.
Kruse, Wilfried / Lichte, Rainer (Hg.): Krise und Aufbruch in Oberhausen. Zur Lage der Stadt und ihrer Bevölkerung am Ausgang der achtziger Jahre. Oberhausen 1991.
Landesgartenschau Oberhausen GmbH (Hg.): Neue Gärten Oberhausen. Landesgartenschau Oberhausen 1999 – das Projekt. Oberhausen o. J.
Landschaftsverband Rheinland (Hg.): Eisenheim. Die älteste Arbeitersiedlung im Ruhrgebiet. (Wanderwege zur Industriegeschichte, Bd. 1). Köln 1990.
Landschaftsverband Rheinland (Hg.): „... für tüchtige Meister und Arbeiter rechter Art". Eisenheim – Die älteste Arbeitersiedlung im Ruhrgebiet macht Geschichte. (Schriften, Bd. 12). Köln 1996.
Landschaftsverband Rheinland (Hg.): Der Riese am Kanal. Der Oberhausener Hochofengasbehälter im Verbund zwischen Kohle und Chemie. (Kleine Reihe, H. 13). Köln 1994.
Landschaftsverband Rheinland (Hg.): Blickpunkt Gasometer. (Kleine Reihe, H. 10). Köln 1995.
Landschaftsverband Rheinland / Rheinisches Industriemuseum Oberhausen (Hg.): Schwerindustrie. Essen 1997.

Lindemann, Alfred / Lindemann, Ulrich: 500 Kilometer Oberhausener Straßengeschichte. Oberhausen 1997.
Oehlert-Schellberg, Klaus / Kunig, Stefan: Straßenbahn in Oberhausen. Nordhorn 1997.
O.vision – Zukunftspark Oberhausen GmbH (Hg.): O.vision. Zukunftspark Oberhausen. Oberhausen o. J.
Philipp Holzmann AG (Hg.): Neue Schleusen für den Rhein-Herne-Kanal. Technischer Bericht. Frankfurt/M. 1993.
Planungsbüro Decker (Hg.): [Schichten]. Der Garten Osterfeld. Landesgartenschau 1999. Bottrop 1999.
Plitt Druck- und Verlags GmbH (Hg.): Oberhausen 1984 ff. Ein Jahrbuch. Oberhausen 1983 ff.
Reif, Heinz: Städtebildung im Ruhrgebiet – die Emscherstadt Oberhausen 1850-1914. In: Vierteljahrschrift für Sozial- und Wirtschaftsgeschichte 69. 1982: 457-487.
Reif, Heinz: Die verspätete Stadt. Industrialisierung, städtischer Raum und Politik in Oberhausen 1846 – 1929. (Landschaftsverband Rheinland: Schriften, Bd. 7). Köln 1993.
Rheinisches Industriemuseum: Hütten-Panorama Oberhausen. Ein Landschaftsbild aus dem Jahre 1951. (Kleine Reihe, H. 30). Oberhausen 1999.
Seipp, Wilhelm: Oberhausener Heimatbuch. Oberhausen 1964.
Stadt Oberhausen (Hg.): Die Knappenhalde in Oberhausen. Kunst im öffentlichen Raum. Wohnumfeldverbesserungs-Maßnahme Brücktorviertel Kunstrahmenprogramm 1993/94. Oberhausen o. J.
Stadt Oberhausen (Hg.): Oberhausen live. Oberhausen o. J.
Stadt Oberhausen (Hg.): Die NEUE MITTE Oberhausen. Chance und Herausforderung. Zahlen, Daten, Fakten. Oberhausen 1994.
Stadt Oberhausen (Hg.): Abenteuer Industriestadt. Oberhausen 1874 – 1999. Oberhausen 1999.
Stadt Oberhausen (Hg.): Oberhausen 2000. Der Strukturwandel. Ziele und Projekte. Oberhausen 1995.
Stadt Oberhausen (Hg.): Oberhausen 2000. Eine Stadt verändert sich. Ziele und Projekte. Oberhausen 1997.
Stadt Oberhausen (Hg.): Willkommen in Oberhausen. Oberhausen o. J.
Stadt Oberhausen (Hg.): Das offene Museum. Kunstwerke im öffentlichen Raum. Oberhausen 1999.
STOAG (Hg.): 100 Jahre STOAG. Eine Stadt in Bewegung. Oberhausen o. J.
Tourismus & Marketing Oberhausen GmbH (Hg.): Neues Ziel Oberhausen 2001. Oberhausen 2000.

Abbildungsverzeichnis

Benning, Gluth & Partner, Oberhausen: S. 30

CentrO., Oberhausen: S. 77, 81, 82

Deutsche Bahn AG, Düsseldorf: S. 17

Emschergenossenschaft, Essen: S. 154

Friedensdorf International, Dinslaken und Oberhausen: S. 158

Galerie Schloß Oberhausen, Foto: Manfred Vollmer: S. 67

Grafit Werbeagentur Verfürth und Kraska, Essen: S. 58

Internationale Kurzfilmtage, Oberhausen: S. 35

Landschaftsverband Rheinland, Rheinisches Industriemuseum, Oberhausen: S. 19, 20, 21, 47

Landschaftsverband Rheinland, Rheinisches Industriemuseum, Archiv St. Antony-Hütte, Oberhausen: S. 50 o., 76, 86, 99, 101, 103, 106, 120

Karl-Heinz Rochlitz, Berlin: S. 157, 160, 165, 166

Rainer Schlautmann, Oberhausen: S. 18, 33 u., 39, 72 o., 74, 127, 137, 155

Rheinisch-Westfälisches Wirtschaftsarchiv zu Köln e.V.: S. 53, 54

Rheinland Verlag, Köln: S. 115

Stadtarchiv Oberhausen: S. 13, 14, 22, 23, 24, 25, 26, 227, 28, 29, 32, 33 o., 34, 37, 38, 41, 42, 43, 48, 50 u., 51, 56, 60, 61, 63, 64, 65 o., 68, 69, 70, 71, 72 u., 73, 79, 88, 90, 91, 93, 97, 98, 104, 107, 109, 110, 113, 119, 121, 122, 124, 125, 126, 128, 129, 130, 131, 132, 133, 134, 135, 136, 139, 140, 141, 142, 144, 145, 146, 147, 148, 149, 151, 152, 153

Trabrennbahn Dinslaken: S. 163

Westfälisches Landesmuseum für Kunst und Kulturgeschichte, Münster: S. 65 u.

Alle in diesem Buch enthaltenen Angaben wurden von den Autoren und Herausgebern nach bestem Wissen erstellt und von ihnen und dem Verlag mit größtmöglicher Sorgfalt überprüft. Gleichwohl sind – wie wir im Sinne des Produkthaftungsrechts betonen müssen – inhaltliche Fehler nicht vollständig auszuschließen. Daher erfolgen die Angaben ohne jegliche Verpflichtung oder Garantie des Verlages oder der Autoren oder der Herausgeber. Alle Genannten übernehmen keinerlei Verantwortung und Haftung für etwaige inhaltliche Unstimmigkeiten. Wir bitten dafür um Verständnis und werden Korrekturhinweise gerne aufgreifen:
Klartext Verlag,
Dickmannstr. 2-4, 45134 Essen

Autorenverzeichnis

Werner Becker, Betriebswirt, Wissenschaftlicher Mitarbeiter an der Fachhochschule Gelsenkirchen, Fachbereich Wirtschaft, Abteilung Bocholt, Studienschwerpunkt Tourismus

Klaus Bielecki, Autor von postgeschichtlichen und heimatkundlichen Beiträgen

Axel Biermann, Diplom-Geograph, Geschäftsführer der Tourismus & Marketing Oberhausen GmbH

Claudia Bruch, Wissenschaftliche Referentin am Rheinischen Industriemuseum Oberhausen

Roswitha Czajkowski, Historikerin, Gästeführerin

Sabine Deckers, Lehrerin für die Fächer Erdkunde und Technik

Dr. Otto Dickau, Historiker, Leiter des Stadtarchivs Oberhausen

Monika Elm, Studium der Pädagogik, Kursleiterin des Kurses „Stadtteilgeschichte Holten" an der Volkshochschule Oberhausen

Christine Ferrau, M.A., Wissenschaftliche Referentin am Rheinischen Industriemuseum Oberhausen

Johann Grohnke, gest. 1997, Hauer auf der Zeche Sterkrade, Gewerkschaftssekretär der IG Bergbau und Energie

Roland Günter, Kunsthistoriker, Hochschullehrer für Kultur- und Kunstgeschichte, lebt seit 1974 in Eisenheim

Prof. Dr. Hilmar Hoffmann, Gründer der Internationalen Kurzfilmtage Oberhausen, Leiter der Kurzfilmtage (1954-1970), Kulturdezernent der Stadt Oberhausen (1965-1970), Kulturdezernent der Stadt Frankfurt/M. (1970-1990), seit 1993 Präsident des Goethe-Instituts

Axel Hoppe, Stabsstelle Öffentlichkeitsarbeit der Stadtwerke Oberhausen AG

Katja Illmann, Lehrerin für die Fächer Biologie und Erdkunde, Freie Gästeführerin bei ConTour, Essen

Gerburg Jahnke, von den „Missfits", „die etwas Dickere mit den roten Haaren"

Milena Karabaic, M.A., Museumsleiterin des Rheinischen Industriemuseums

Anette Kolkau, Diplom-Pädagogin und Journalistin, Pressesprecherin der Internationalen Bauausstellung Emscher Park GmbH (1992-1999)

Claudia Leyendecker, M.A., Publizistin

Eckhard Piennak, M.A., Kommunikationswissenschaftler, Mitarbeiter Stadtmarketing der Stadt Herne, Freier Gästeführer bei ConTour, Essen

Dr. Karl-Heinz Rochlitz, Diplom-Geograph, Wissenschaftlicher Mitarbeiter bei MdB Albert Schmidt (Schwerpunkt Verkehrspolitik)

Rainer Schlautmann, Studium der Germanistik, Anglistik und Geschichte, Journalist

Caroline Schumacher-Kethler, M.A., stellvertretende Leiterin der Ludwig Galerie Schloß Oberhausen

Dr. Daniel Stemmrich, Kurator für Fotografie am Rheinischen Industriemuseum

Alexandra Stößel, M.A. Germanistin, Texterin in einer Werbeagentur

Barbara Tünnemann, M.A., Pressereferentin bei der Stinnes AG Mülheim a.d. Ruhr

Michael Weier, Diplom-Geograph, Inhaber des Tourismusunternehmens ConTour in Essen, Dozent für Tourismus und Gästeführer-Trainer

Dr. Burkhard Zeppenfeld, Wissenschaftlicher Referent am Rheinischen Industriemuseum Oberhausen

Sport/Freizeit   Geschichte   Sachbücher   **Ruhrgebiet/NRW**   Kultur   Industriekultur

Michael Weier,
Friedrich Schulte-Derne,
Michael Franke (Hg.)

Essen entdecken

18 Rundgänge
322 S., über 150 Abb.,
broschiert,
ISBN 3-88474-267-1

Essen entdecken bedeutet, auf interessanten Rundgängen in die verschiedenen Gesichter der Stadt zu blicken. Kenner Essens führen auf ungewöhnlichen und überraschenden Pfaden zu historischen Orten, Baudenkmälern, Kunstwerken und Grünanlagen.
Neben der Möglichkeit, Essen zu Fuß oder mit dem Fahrrad zu erkunden, bietet sich der vorliegende Band auch als Lesebuch an, das detailliert und spannend sowohl über Aspekte der Stadtgeschichte als auch des Alltagslebens seiner Bewohner informiert.

Dickmannstraße 2-4 – 45143 Essen
Tel. 0201 / 86206-31/32 – Fax 86206-22

Klartext

Peter Döring / Ralf Ebert
Barbara Posthoff (Hg.)

Dortmund entdecken

25 Stadtrundgänge

363 S., zahlr. Abb., broschiert
ISBN 3-88474-268-X

Dortmund – spannende Metropole im Herzen Westfalens – für die einen immer noch eine Stadt von Kohle und Stahl, für die anderen längst eine moderne Großstadt, geprägt von Dienstleistungen, innovativen Industriezweigen, überregional bekannten Großveranstaltungen und natürlich Fußball.

Dortmund entdecken heißt, sich von ausgewiesenen Kennern der Stadt zu ungewöhnlichen, interessanten und überraschenden Rundgängen verführen zu lassen – von alten Vororten und stillgelegten Zechen über die historische Innenstadt und sehenswerte Architektur bis hin zu Grün- und Erholungsanlagen.

Doch neben den Möglichkeiten, Dortmund zu Fuß oder mit dem Auto zu erkunden, bietet sich der vorliegende Band vor allem als Lesebuch an, das detailliert und kenntnisreich die Mentalität der Stadt und ihrer Bewohner vermittelt.

Dickmannstraße 2-4 – 45143 Essen
Tel. 0201 / 86206-31/32 – Fax 86206-22   **Klartext**

Wir zeigen Ihnen das Ruhrgebiet

- **StädteReisen**
- **TagesTouren**
- **StadtFührungen**
- **FachExkursionen**
- **FirmenService**

ConTour · ReiseVeranstalter
Inh.: Michael Weier · Dipl.-Geograph
Gärtnerstraße 32 · D-45128 Essen
Fon: (02 01) 23 47 96 · Fax: (02 01) 23 40 20
E-Mail: contour@cityweb.de
http://www.comkom.de/contour